U0487292

舊時故鄉圖

旧时故乡图

宁波市江北区史志中心（档案馆）
编

慈城之春

SPRING OF CICHENG

戴光中　执行主编

慈城镇历史文化与旅游开发

The Historical Culture
and Tourism Development
of Cicheng Town

社会科学文献出版社
SOCIAL SCIENCES ACADEMIC PRESS (CHINA)

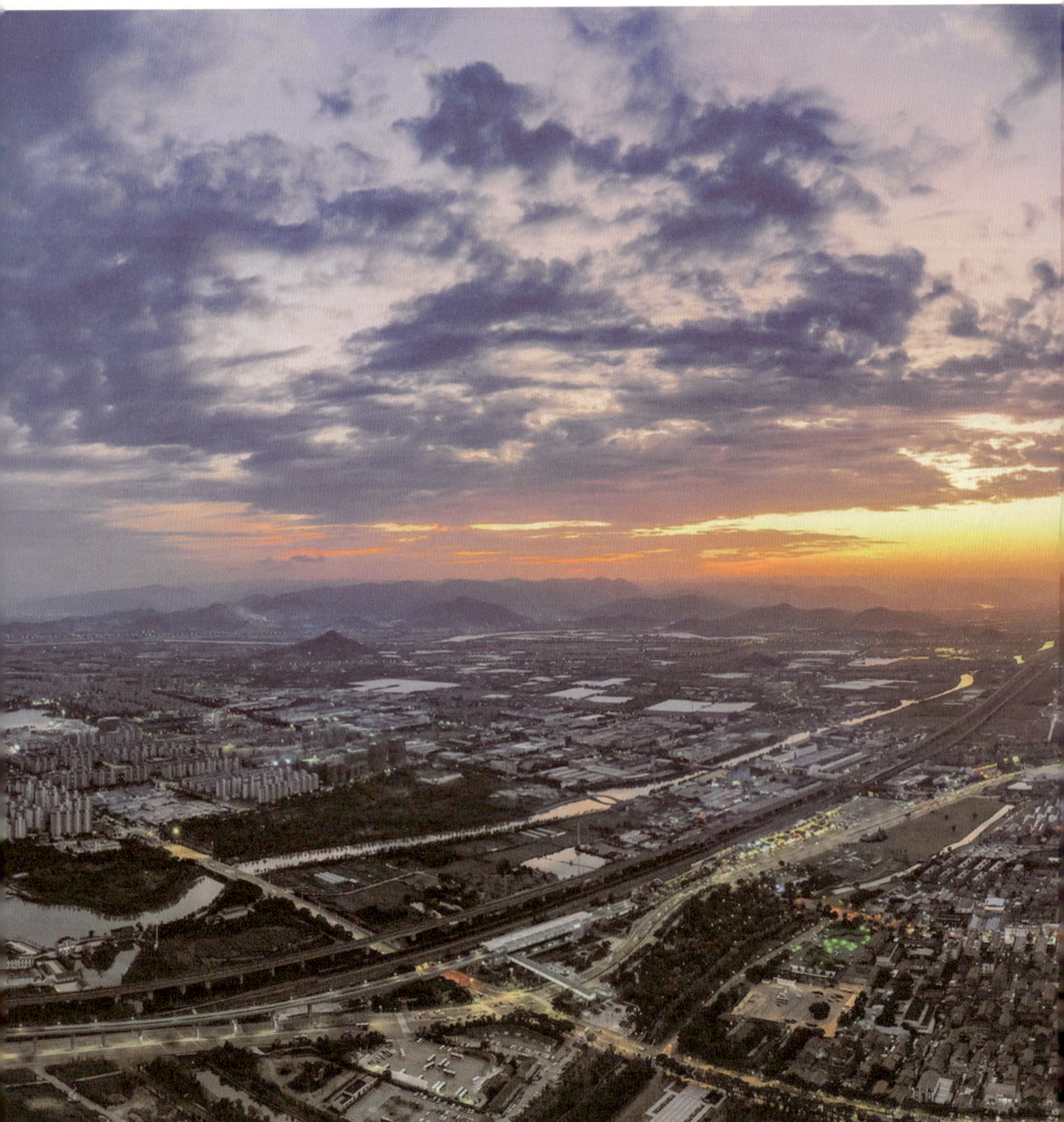

慈城古县城

云雾毛岙

慈城秀水

慈城古建筑群（一）

慈城古建筑群（二）

慈城民居局部

三娘井

慈城人做年糕

慈城太湖路

半浦古渡

布政房

江北区姚江干流堤防维修加固工程（慈城段）

半浦村稻田

慈城旧影

慈城原市心口

编写委员会

主　　编　姚　英
副 主 编　童荣辉　王艳春
执行主编　戴光中
成　　员　刘效壮　张文鸢　夏方文　徐　翎　余凌云

前　言

慈城，这是一片钟灵毓秀的神奇土地！

慈城镇隶属浙江省宁波市江北区，面积102平方千米，漫漫7000年来，始终有人类在劳作活动、繁衍生息。原始社会，慈城先民对稻作文明、干栏式建筑多有贡献，留下了河姆渡文化到马桥文化的完整序列。春秋战国，越王勾践在这里建立了宁波第一城和浙江第一港。从秦始皇一统天下到新中国成立初期，这里又是句章县和慈溪县的县治。东汉董黯，为这里开启了慈孝传统；三国阚泽，使儒学文化在这里生根发芽；唐代房琯，让廉政清风吹拂县衙官场；北宋王安石，推动了这里的科举教育；南宋杨简，创立了承前启后的慈湖学派。这里的明代科举，出现了"进士盈城，举人比肩"的盛况。浙东学派领军人物王阳明和黄宗羲的学说，又使这里形成了儒商合流的超前景象；而作为通商口岸的老外滩，则令近在咫尺的慈城经受了西学东渐的欧风美雨，促使一批寒门子弟"睁眼看世界"，奋起学习，成为走在时代前列的中国科学院院士、物理家、教育家、革命家、哲学家、京剧改革家……"慈城代有才人出，领略风骚上千年！"或许，这也是北纬30°线上的一个奇迹。

1954年慈溪县县治从慈城迁往浒山之后，慈城在人们的视野中渐行渐远。2001年，宁波市委、市政府作出保护开发慈城古县城的决定。2003年，时任浙江省委书记习近平提出了面向未来发展的"八八战略"，慈城才以其得天独厚的文化与旅游优势，再度引起各方关注。古县城的格局风貌和大批历史文化遗存，使慈城人民认识到，保护开发、推进农文旅融合发展的举措，就是对"八八战略"的忠实践行。

2005年5月18日，时任浙江省委书记习近平在慈城对加快文化大省建设进行专题调研。江北区委区政府立即贯彻省委书记习近平的调研讲话精神，全力以赴推动慈城大开发大建设，揭开了慈城镇历史文化和旅游开发比翼双飞的跨越式发展的序幕。

2005年，古县城累计完成投资1.12亿元，游客接待量16万人次，旅游总收入120万元。2024年，古县城完成投资18.8亿元，游客接待量303.41万人次，旅游总收入1.19亿元，较2005年，此三项分别增长15.79倍、17.96倍和98.17倍。慈城镇的综合实力在全国千强镇中排名浙江前三、宁波第一，获得市级以上荣誉多达45项，顺利通过国家4A级景区复评，上榜长三角古镇文旅消费新场景，获评宁波市最具人气景区。

"八八战略"开辟了中国特色社会主义在浙江生动实践的新境界，成为引领浙江发展的总纲领。为了进一步落实习近平总书记慈城调研讲话精神，需要回顾过往、总结经验，《慈城之春——慈城镇历史文化与旅游开发》便因此应运而生。全书分成上、下两篇：上篇为"底蕴至深的中国历史文化名镇"，概述原始文化、儒学文化、浙东文化、外来文化、非物质文化遗产对于慈城的影响与取得的成就；下篇为"双翼齐飞的保护开发建设"，概述古城保护、新城建设、旅游开发等方面的惊人变化。本书得到了慈城镇人民政府、江北区农业农村局、江北区文化广电旅游局、江北开投等单位的大力支持；同时感谢社会科学文献出版社及时出版。

（本书除特别注明图片来源外，其余景物图片均由摄影师沈国峰提供。）

目录 CONTENTS

上篇　底蕴至深的中国历史文化名镇 / 1

史前聚落　序列完整——慈城先民的原始文化 / 3
科举联捷　冠盖相望——儒学文化影响之一 / 12
廉政一方　修身一世——儒学文化影响之二 / 33
慈孝齐家　友善和谐——儒学文化影响之三 / 49
工商皆本　义中求利——浙东文化之影响 / 65
西学东渐　人才荟萃——外来文化之影响 / 81
源于生活　美于生活——慈城民间之非遗 / 97

下篇　双翼齐飞的保护开发建设 / 107

　　八八战略　春到慈城 / 109
　　古城保护　旧貌新颜 / 117
　　新城建设　蓝图初绘 / 163
　　旅游开发　全域春色 / 182

附录 / 220

　　附录一　《宁波市慈城古县城保护条例》/ 220
　　附录二　慈城文物保护单位保护范围 / 227
　　附录三　慈城文物保护点 / 230
　　附录四　慈城建议文物保护点 / 233
　　附录五　慈城镇历史建筑 / 234
　　附录六　慈城镇非物质文化遗产代表性项目名录 / 239
　　附录七　慈城镇景区村（镇）民宿、农家乐与获奖统计 / 240

上 篇

底蕴至深的中国历史文化名镇

史前聚落　序列完整
——慈城先民的原始文化

　　1973年河姆渡遗址的发现，石破天惊、轰动世界。它证明长江流域和黄河流域一样，都是中华民族的摇篮，也是稻作文明的发祥地。7000年前，人类就在这里劳作生活、繁衍生息，创造了灿烂而古老的河姆渡文化。此后30年间，在距离河姆渡不到10千米的慈城镇，又先后发现八字桥遗址、五星遗址、妙山遗址、慈湖遗址、汤山遗址、东门村遗址、傅家山遗址。考古研究表明，它们全都属于新石器时代的河姆渡文化。尤其是傅家山遗址，大量的实物遗存反映了慈城先民在远古时代的生产、生活文明发展史，为研究河姆渡文化的分布特征、聚落形态、建筑构造以及文化内涵提供了新的考古学实例。而2020年东门村遗址的发现，更是证明慈城区域还存在着河姆渡文化之后的良渚文化、广富林文化和马桥文化。东门村遗址第一次证明宁绍地区存在着完整的史前文化序列，也证明了慈城区域在人类考古史上的重要地位与作用，对于充实慈城国家历史文化名镇的内涵也有重要意义。

傅家山遗址[①]

　　傅家山遗址位于慈城镇八字村，是为配合杭州湾跨海大桥南岸连接线高速公路建设工程而进行的抢救性考古发掘项目，时间在2004年5

---

① 本部分数据及图片均出自《傅家山：新石器时代遗址发掘报告》（科学出版社，2013）。

月至8月。遗址发掘面积共725平方米，出土可复原器物470余件，其中包括石器、玉石器、骨器、陶器、木器和象牙器在内的生产工具、生活用具和雕刻艺术品。这是继河姆渡遗址之后，慈城镇也是宁波市内规模最大、出土器物最多、保存遗迹较为完整的原始聚落遗址。遗址叠压着8个文化层，可分为四个不同时期。经碳-14测定，第一期的年代距今7000~6360年；第二期的年代距今6300~6000年；第三期的年代距今6000~5700年；第四期的年代距今5700~5300年。

2013年，宁波市文物考古研究所编著的《傅家山：新石器时代遗址发掘报告》，在国家重点文物保护专项补助经费的资助下由科学出版社出版。报告指出：傅家山遗址距离河姆渡不足10千米，聚落的干栏式建筑，先民使用的生产工具、生活用具无不显现河姆渡文化的面貌，是河姆渡遗址的同宗兄弟。遗址客观地反映了当时的生态环境与气候特点，揭示傅家山先民从事生产劳动、生活创造过程中的文化特色、经济生活和意识形态，丰富和发展了河姆渡文化内涵，为宁绍平原的区域文化研究提供了更为翔实的资料。

河姆渡文化的建筑形式主要是栽桩架板高于地面的干栏式建筑。报告指出：傅家山遗址的干栏式建筑基址遗迹保存得相对完整，从中发现了有些构件的制造技术比河姆渡遗址发现的更胜一筹。搭建技术上，从众多的木构件中，加工成榫卯构件的只是少数，由此推测构架以捆扎为主，关键部位采用榫卯相结合，重要部位可能用上带有装饰性的建筑连接构件。总之，搭建技术并不严格，采用榫卯与捆扎相结合，以牢固为主。遗址中有一件扣榫木构件，从中看到榫卯与捆扎两种不同的制作技术。前端方榫是用于相交捆扎的，有了扣榫，捆扎会更牢固，而后面的卯眼则是穿榫的孔。值得一提的是梁头榫和双榫槽板。前者榫长方正；后者背面制作颇为讲究，四周剔地，显示凸起一块，顶端双榫，底端齐平，单面斜向削薄，制作非常别致，特别是背面切割出的直线条清楚干净，侧面凹槽圆滑。这不仅是石器工具加工的代表作，即便用现代金属工具加工也不过如此。[1] 还有四柱桩的出现，"现象上分析不属于排桩的

---

[1]《傅家山：新石器时代遗址发掘报告》，科学出版社，2013。

行列，但又处在排桩之间，四根柱桩形成了建筑上四柱为间的空间概念，分析是一种高于干栏式建筑的瞭台。这种柱桩，演变为第 7 文化层中柱子底下垫有木板来承托建筑荷载的木质型柱础，是建筑发展方向的更高形式"。[①] 这无疑对探索干栏式建筑技术的发展具有特殊价值。报告的结论是"干栏式建筑的产生，奠定了原始人类由树上巢居移向地面架空定居的发展轨迹，榫卯技术的应用，开创了中国建筑史的里程碑"。

河姆渡文化的农具，最具有代表性的是耒耜。而傅家山遗址中数量最多、品种最丰富的生产工具，就是骨耜，不但留下了使用过程中的磨损痕迹，还为耜柄的安装方式留下了专门的加工形制。如十字安装法的耜形共性是：肩臼小，外形似梯形，肩臼下都有一个横向的釜孔，脊椎缘中部有两个竖向长方孔。安柄方法是在横向的釜孔中插上小棒，竖向耜柄与横棒十字相交，延伸至两个竖向长方孔下，然后用藤条在十字交叉点和竖向长方孔将耜柄捆扎，达到耜体与柄的牢固结合，用于耜耕农业中的翻土、开沟排水等活动。出土骨器中数量最多的渔猎工具是镞，共有四种形状，而最具杀伤力的一种，其锋部呈纵向三角形，锋后部中脊凸起并有凹槽，横断面接近三棱形，锋长于铤，射进动物体内不容易脱落，动物血从镞凹槽里外流。管形镞也是同样原理，血将从管孔中流出，形似金属兵器上的血槽。报告赞叹："不管是有意设计，还是无意制作，这种狩猎工具已经在距今 7000 年前使用了。"

遗址出土的大量菱角、橡子植物、动物骨骼、鱼鳃骨、龟骨等遗物，说明当时存在采集、渔猎和稻作农业三种并存的经济形态。报告认为："傅家山遗址的初期阶段，采集和渔猎经济可能占了较大的比重；二期阶段，稻作的农业经济可能成为经济的主导地位。"而出土的猪的标本中发现有驯养的家猪，证明傅家山遗址已经有了原始的畜牧业。

在出土的大量文物中，考古学家们发现了不少有着生动刻画的鹰形象。其中最为精美的是一件象牙双面圆雕的鹰首器，鹰首器头部造型精致，形象逼真，宽鼻钩喙，圆睁双目，显示出凶猛威慑的力量。还有一件

[①] 《傅家山：新石器时代遗址发掘报告》，科学出版社，2013。

鹰形陶豆，鹰首昂立，尾部伸展，两侧翅膀半展，做成大鹏展翅的形状，栩栩如生。报告认为："两件作品逼真地刻划了鹰的形象，说明鹰鸟在傅家山人生活中的形象和地位。无独有偶，河姆渡遗址出土的骨匕，骨、木蝶（鸟）形器上也刻类似鹰形纹饰，这不是两个遗址巧合，而是信仰鹰鸟图腾文化的共性，或许，傅家山人表现得更为淋漓尽致。鹰形陶豆的形制，不是一般的实用器，可能是一种祭祀天地、祖先用的礼器，寓意是让飞鹰传递人们祈求的信息。如是这样，傅家山遗址便有了最早的宗教形式。"反映了他们"信仰鸟图腾，将鹰类鸟视为崇拜对象"。

象牙鹰首器 　　　　　　　　　**鹰形陶豆**

近几年考古发掘的重要遗址，除了傅家山遗址，还有相邻的鲻山遗址和田螺山遗址。这三处遗址距离河姆渡均不足 10 千米，在远古时期与河姆渡连成一片，文化内涵与河姆渡遗址也是一致的。这些遗址的发现发掘，丰富了河姆渡文化内涵，说明 7000 年前，我们的祖先就在慈城这一带富饶的土地上劳动生息，为中华民族的形成和发展做出了重大贡献。

慈湖遗址 [①]

慈湖遗址位于慈城镇西北角，西南距河姆渡遗址约 8 千米。遗址是

[①] 本部分数据及图片均出自《宁波慈湖遗址发掘简报》，见《浙江省文物考古研究院学刊》，科学出版社，1993，第 104~118 页。

1986年10月慈城砖瓦厂取土时发现的，现存面积约2000平方米，文化堆积层厚2.1米；1986年和1988年进行了两次发掘，发掘面积约300平方米。遗址叠压着7个文化层，可分为上下两个不同时期。经碳-14测定，上层距今约5300年；下层距今约5700年。出土骨、石、木、陶质文物数百件。陶器有釜、罐、盘、盆、钵、豆、杯、鼎和釜支架。石器有石斧、石锛、石镞和石纺轮。木器较多，有木耜、木锛柄、木锄、木桨、点种棒、轭形器、木陀螺等。骨器较少，仅有骨尖片和骨针。这与河姆渡遗址出土文物中骨器多而木器少恰好相反，丰富了河姆渡文化的内容。由于发掘时只能在砖瓦厂取土范围内布方，发掘区正处在遗址的边缘，出土完整器不甚丰富，但尽管如此，发掘仍然取得可喜收获，不仅丰富了河姆渡文化的内容，更是宁绍地区河姆渡文化向良渚文化过渡的发展阶段上的一种新的文化内涵。

第一，慈湖遗址下层文化发现的陶系，分为夹炭有色陶、夹砂灰陶和泥质黑皮陶。其中的夹炭有色陶最多，占陶片总数的72.6%，且最具特征。据专家研究：其陶胎与河姆渡一、二期的陶胎惊人相似，但在器物造型方面却与河姆渡一、二期完全不同，某些器形与河姆渡三期同类器物相似。经碳-14测定的年代，约在河姆渡三期稍后。从器表盛行陶色、某些器物又近似河姆渡三期同类器物看，慈湖遗址下层文化填补了河姆渡三期与四期之间文化发展序列上的缺环。

第二，上层文化遗物从陶系到器型，与太湖周围的良渚文化有不少相似之处。但是从器物组合看又有差异，慈湖遗址以鼎、豆、罐为主要器物组合，而太湖地区则以鼎、豆、壶为器物组合。这些具有良渚文化因素的遗物，为研究河姆渡文化的后续发展提供了实物资料。

第三，慈湖遗址发现了一批难得而又少见的生产工具和生活用具。一是木质钻头［镶嵌骨（牙）质钻刀］的发现，使我们了解到当时人们除已经学会使用管钻穿孔技术外，还发明了使用活动钻头钻孔的新技术，达到省时省力的效果。这种运用机械力推动钻头钻孔的实物标本，尚属首次发现，为研究生产工具的发展史填补了空白。二是慈湖遗址发现了较多的木耜，与河姆渡遗址众多骨耜形成鲜明对比，这些木耜证明了居住在这里的先民，过着从事以耜耕农业为主要生产活动的经济生活。三是木质双翼长锋箭镞，与后来双翼短锋青铜箭镞颇为相似，推测前者是后者的雏形。四是两端尖陀螺和连体陀螺均有一周浅凹槽，并在两端尖的陀螺凹槽内发现残留一段双股细绳，表明陀螺乃是一种游戏玩具。五是牛轭形器，根据弓状两端切割凹槽，中间外表制作精致，内壁刮削光滑，推测可能是一种牵引工具。

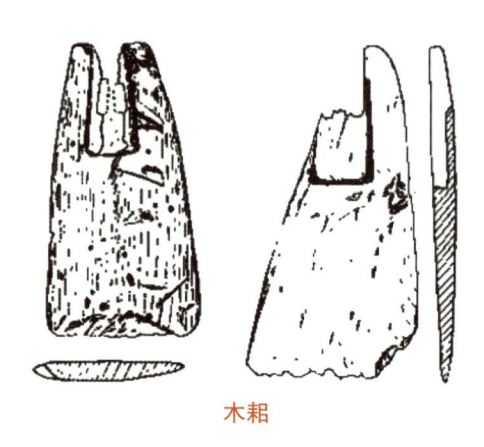

木耜

第四，出土木器中有木屐（木拖鞋）2件。器形为前宽后窄，圆头方跟，屐长 21.2 厘米，头宽 8.4 厘米，跟宽 7.4 厘米，底部有小孔，两孔之间挖有凹槽，推测木屐是用绳子穿过小孔嵌于槽内和足面系牢的。木屐的出土意义重大：不但证明中国远在新石器时代就已有了木屐，而且这是迄今发现的人类最早的一双鞋子——"中华木屐"！此外，这一发现也否定了木屐由日本传入中国的说法。

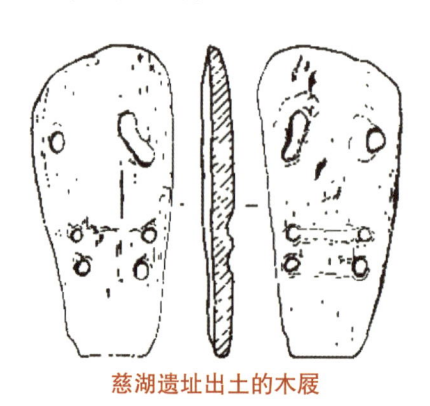

慈湖遗址出土的木屐

东门村遗址[①]

东门村遗址位于慈城镇东门村北，坐落在一个小盆地的东南缘。2020年3月至4月，为配合慈城古县城建设，对该地进行了抢救性考古勘探，面积近2600平方米。宁波市文化遗产管理研究院联合中国人民大学和中央民族大学，对该遗址开展了1500平方米的抢救性考古发掘。这是一处延续了5000余年的聚落，从中发掘清理出各时期遗迹现象174处，出土完整或可修复文物标本近600件。遗址核心区地层自上至下可分为8层，年代可划分为河姆渡文化四期、良渚文化、广富林文化、马桥文化、商周、春秋战国、汉晋、唐宋和明清9个时段，最早可追溯到5600年前。主体遗存年代为新石器时代晚期至青铜时代。经考古发掘初步判断，该遗址具有十分重要的研究和展示价值。本书重点关注广富林文化和马桥文化时段。

第一，该遗址发现了广富林文化遗存，填补了宁绍文化序列此段空白。

出土文物中，有一批陶器显得与众不同。它们被发现于遗址第4层和该层下遗迹单位，距今4200~3900年。典型陶器有素面侧扁足鼎、釜、细高柄豆、鬶、条纹杯、肩部饰刻花纹的瓮和罐、圈足盘、盆等。器表纹饰常见压印绳纹、篮纹、方格纹或刻画错向斜线纹、相交斜线纹、交叉纹、水波纹等。东门村遗址现场负责人丁风雅指出："无论从器物类型、装饰手法，还是纹饰图案来看，这都具有典型的广富林文化特征。"

广富林文化遗存中的陶器口沿

[①] 本部分数据及文物图片均由宁波市文化遗产管理研究院提供。

广富林文化遗存中的陶盆、鬹、豆柄

广富林文化遗存中的石器

广富林文化是关于新石器时代末期的考古学文化，主要分布在环太湖地区，但是否延伸到了杭州湾南岸的宁绍平原？"我们以前不太清楚，因为只在慈城小东门遗址零星发现过此类陶器，且数量少、证据不充分，体现不出整体文化面貌。"丁风雅说，发掘出土的广富林文化遗存非常丰富、典型，因而填补了宁绍地区文化序列上这一时段的空白。这同时也表明，从广富林文化时期开始，宁绍平原和环太湖区域从文化分野逐渐走向文化融合。

第二，该遗址发现的马桥文化遗存，不仅丰富了宁波地区文化序列，而且在探讨这一时期钱塘江两岸文化交流等方面具有重要意义。

在东门村遗址第3层及被该地层叠压的房址、灰坑、灰沟、水井及大量烧土堆中，考古人员发现了距今3900~3200年的马桥文化遗存。马桥文化是因这类遗存最早发现于上海马桥遗址而被命名，其年代大致与中原的夏和商相当。东门村遗址出土的陶器，按陶系可分为夹砂红陶、灰陶、泥质红陶、灰陶、印纹硬陶等，器表纹饰种类丰富，常见拍印或压印的叶脉纹、方格纹、席纹、折线纹、绳纹、水波纹、云雷纹，也有少量刻画纹及刻画符号。器形包括鼎、罐、豆、钵、盆、三足盘、觯、觚、杯、支脚、陶垫等，原始瓷器有盅、杯、碟、豆等。石器有刀、锛、斧、犁、凿、戈、镞、镰等。玉器有玉钺。此外，还发现铜渣、铜器足和大量红烧土遗址。

马桥文化遗存中的陶器

马桥文化遗存中的石器（一）

马桥文化遗存中的石器（二）

科举联捷　冠盖相望
——儒学文化影响之一

慈城有史以来第一位名人阚泽（字德润），是三国时期吴国大儒，曾任太子太傅、中书令，"每朝廷大议，经典所疑，辄咨访之。以儒学勤劳，封都乡侯"。[1] 晚年定居慈城，以居所办学，传道授业，从此开创了慈城源远流长的儒学文化。为纪念这位大儒，阚泽旧居后来峰名阚泽峰，湖名德润湖。北宋雍熙元年（984），慈溪县令李昭文在慈城兴建孔庙（亦称县学），开始了官方的儒学教育。庆历八年（1048），慈溪县令林肇重建孔庙，请时任鄞县县令的王安石撰《慈溪县学记》，勒石立碑（现存于孔庙大成门东侧墙中）。据记载，历代学官共有228名，培养了成千上万的童生学子。与官学相对应的私人书院，也是兴盛于宋代，其中以一代大儒杨简创办的慈湖书院最为著名，晚年亲自讲学，影响深远。古县城内书院林立，学风浓厚，载入县志的就有德润书院、宝峰书院、石坡书院、西溪书院、石峰书院、冬泉书院、阚湖书院、宝阴书院、崧生书院、山后峰书院、屿湖书院、慈湖精舍、长冈书院等。同时，那些名门望族也各有家学渊源，悉心培养子弟。所以自南宋以来，尤其在大明王朝，科举联捷，冠盖相望，号称"进士盈城，举人比肩"，秀才更是不胜枚举。

状元、榜眼和探花

中国历史文化名镇慈城，自北宋设立官学以来，秀才层出不穷，举

---

[1] 《三国志》，中华书局，1959，第1249页。

人代有高中，进士并不鲜见。明清时期，更是出现了两名状元、一名榜眼、两名探花。一个小小县城，有此卓越成就，在科举史上也难得一见，为慈城的历史文化抹上了浓墨重彩的一笔。

状元姚涞

姚涞（？—1538），字维东、遂东，号明山，出身于慈城望族。先祖姚嗣宗，北宋广西浔州郡守。后迁居浙江越州云楼村。其四世孙姚榛，南宋初再迁至慈城，在联桂坊旁边建造植本堂，从此定居，并以科第起家。据清光绪二十年（1894）植本堂木活字本《慈溪姚氏宗谱》记载，南宋元朝之间，科举为官或文翰名世者多达十一人。到明代，姚氏家族科名更盛、官职愈显。代表人物姚堂，正统己未进士，累官至广东参政。其子姚鈇，举成化辛卯乡贡；其从子姚镆，登弘治癸丑进士，累官至兵部尚书。姚鈇之子姚汀和姚潽再接再厉，前者为弘治己未进士，历任袁州知府；后者为辛酉乡贡进士，官南京兵部郎中。而姚镆之子姚涞，更是夺得进士第一，成为状元。据说，他出生时，母亲"梦吞白华与五色鸟投怀"；七岁就学，聪慧强记。才思敏捷，父亲命为龙文，他答以"代天行雨，闵世救民"。明正德十一年（1516）丙子科乡试，他考取第七名举人。明嘉靖二年（1523）癸未科礼部会试，他屈居第二名。接着殿试，由刚刚登基的嘉靖皇帝主持，亲自策问。姚涞廷对，侃侃而谈、见解精辟，连皇帝也为之动容，从而力压群儒，夺得进士第一，成为慈城史上第一位状元。说来凑巧，姚镆此时正好从延绥回京升任工部左侍郎，于是父子一同诣阙谢恩，传为佳话。家乡缙绅咸以为荣，特地为姚涞建立了"状元坊"。

姚涞按例入翰林院任修撰。本来，凭借自身才华实力和皇帝的赏识，仕途想必平坦。然而谁曾料到，第二年朝廷发生了"大礼仪"之争。许多官员坚决反对朝廷违背儒家正统礼仪之举，姚涞也是其中一员，嘉靖三年（1524），他和200余名朝臣一起，在左顺门跪请朱厚熜改变旨意。朱厚熜龙颜大怒，下令严惩。姚涞也在劫难逃，下诏狱、受廷杖，所幸没被打死，后得以官复原职。两年后，作为礼部会试考官，姚涞选拔了连白石、赵时春等英才，前者官至都御史，后者官至山西巡抚。不久姚涞担任经筵日讲，为明世宗讲论经史。姚涞丰仪俊伟，学问渊博，陈义诚切，进对颇合帝意，升迁左春坊左谕德。又奉敕校阅《历朝宝训》。该书按敬天尊祖、仁政节俭、重农爱民、明刑恤刑、求贤纳谏、救灾恤民、教育子孙、军事武备、对外交往、民族关系等方面来划分归类，工作难度不言而喻。所以完成后朱厚熜亲自赐宴内廷，加锦绣袭衣，晋升侍读学士。嘉靖十六年（1537）姚涞主持北畿乡试，其试文成为天下范式。次年父亲去世，他丁忧回乡，皇上"特赐驰驿归葬"。姚涞孝勤备至，不幸哀伤过度，罹患重病而随父西去了。据墓志铭记载，"后（皇）上尝问：'髯状元何在？'或以公忧去及卒对者，深悼惜之，特赐祭"。

"连中三元"杨守勤

杨守勤（1559—1620），字克之，别号昆阜，出身于慈城望族。杨氏先祖为隋朝骠骑将军杨恂，三传至唐朝杨广，官至右武卫将军、封上蔡开国男、赠工部尚书，迁居浙江睦州。杨广有八子，俱为节度使、刺史等高官，长子杨岩，官至吴越左相国。杨岩之子杨实，自睦州迁慈溪，遂世居慈城。到明代，杨氏家族不再如此显赫，逐渐成为书香门第。杨守勤的祖父杨孙仲，嘉靖壬午科举人，任仪真县令；父亲杨世思，传承慈湖心学，倡导"即至善即精神"，著有《慈湖遗抄》《四书训录》《印心录》等书。杨守勤则为慈城杨氏再创辉煌，万历丁酉年（1597）浙江乡试，杨守勤考取举人第二名，并夺得"五经"考试的魁首，称为"解元"；万历三十二年（1604）甲辰科京城礼部会试，他又夺得"会元"；接着殿试，再次高中进士第一名，成为万众瞩目的"状元"。杨守勤"连中三元"（解元、会元、状元）在千年科举史上也是鲜有的事。

杨守勤状元及第后，按例被授予翰林院修撰之职。1606年，父亲病逝，他丁忧回家，守孝三年；本该回京复职，但因母亲年迈多病，便上书乞求养老送终。1610年，母亲去世，他又守墓三年，恪尽孝道，才服阕返京。1614年，他官复原职，任翰林院修撰。1615年，他到太子辅导机构詹事府任职，为左春坊左中允，掌侍从礼仪驳正启奏等事。同年，奉旨主持顺天乡试，取得人才甚多。其中的门生钱士升，翌年也是状元及第，后来官至文渊阁大学士加太子少保，曾为恩师撰写《少詹昆阜杨公暨配严宜人合葬墓志铭》。事后再迁左谕德，充东宫讲读官，遇古今善败可备法戒之史实，随时提醒太子朱常洛。1618年，奉使册封晋藩；事毕，擢升为右庶子兼侍读学士。万历四十八年（1620）四月十四日，杨守勤因病逝世。七月二十一日，万历皇帝朱翊钧驾崩。八月初一日，皇太子朱常洛登基称帝。朱常洛念及杨守勤辅佐有功，决定下诏赏赐；不料天不假年，到九月初一就病重身亡了，庙号光宗。崇祯皇帝即位后，遵照先帝遗诏，对杨守勤赠少詹事，荫一子，赐御祭。如此殊荣，门生钱士升认为"亦异数也"！

榜眼杨九畹

杨九畹（1783—1842），字余田，号兰畲，慈城人。清嘉庆二十四年（1819）一甲第二名进士（榜眼），授翰林院编修，道光三年（1823）擢陕西道监察御史。他关注国计民生，深知清廷漕运弊端所在及经济运行的不合理，乃六上奏章，分别论述改革海运漕运，折征济赈、整饬八旗子弟，开垦边疆荒地、安置赦犯工匠，统一各地税额、鼓励商品流通等当时亟待解决的经济问题。所言皆切中时弊，为世所重。道光六年（1826），杨九畹外放西北，历任甘肃庆阳知府、西宁道台、喀拉沙尔粮台、宁夏知府、平庆泾道台等职。所到之处，他都教以耕作，兴修水利，开启边境文风，注重民族团结。道光十五年（1835），升任广东南韶连道道台，整顿税务，清除积弊，缉捕群盗，安定地方，吏治为之一清。鸦片战争爆发，英军进犯广东，杨九畹负责供给粮饷，并根据当地民情和英军进犯之势，向清军统帅提出攻防策略，可惜不被采纳，壮志未酬，郁郁而终。

探花兼会元袁炜

袁炜（1507—1565），字懋中，号元峰，汉朝太尉袁安之后，原籍慈溪袁马村（今属余姚市），定居在慈城，袁炜少有"神童"之誉，读书过目成诵。17岁补县学生，而立之年乡试第二名。明嘉靖十七年（1538）

参加礼部会试，夺得第一名（会元）。殿试时因言辞过于率直，最终被定为第三名（探花）。此后，被授予翰林院编修。袁炜性行不羁，曾被御史包孝弹劾。嘉靖皇帝不但恕他无罪，还擢为侍读。此后，袁炜入值西苑，服侍明世宗修道，靠撰写"青词"得宠，眷遇日隆。

袁炜才思敏捷，明世宗常于夜半传出片纸，命阁臣们撰写青词。袁炜举笔立就，而且最为工巧，最称上意，因此官运亨通、青云直上。诰封三代，他先是升任礼部右侍郎、礼部左侍郎，被加封太子宾客兼学士；嘉靖四十年（1561）则是连续狂升，从吏部左侍郎到礼部尚书，被加封太子少保；再被加封太子太保、武英殿大学士，升任户部尚书，同严嵩、徐阶一起于内阁办事，被人讥为"青词宰相"。嘉靖四十三年（1564），明世宗又加封袁炜少傅兼太子太傅、建极殿大学士，授柱国，诰封三代；成为明朝首位建极殿大学士。其晋升之速，可谓空前。翌年，袁炜因病致仕，归途中，病重不治而逝，魂归慈城。朝廷追赠少师，谥文荣，荫一子中书舍人。

探花姜宸英

姜宸英（1628—1699），字西溟，号湛园，出身慈城望族东镇桥姜氏。高祖姜国华，明嘉靖三十八年（1559）进士，官至陕西布政使司右参议。曾祖姜应麟，万历十一年（1583）进士，官至太仆寺少卿，《明史》有传。祖父姜思简，官至户部司务。伯祖姜思睿，天启二年（1622）进士，官至云南巡按御史，《明史》亦有传。父亲姜晋珪，乡贡士，精理学，有文名。而姜宸英更是名重一时，为文宏博雅健，兼乎醇肆之间，"诗文倾折海内士"。他与朱彝尊、严绳孙并称"江南三布衣"，连当朝皇帝康熙都有耳闻，曾对侍臣说："闻江南有三布衣，尚未仕耶？"又曾呼姜宸英之字曰："姜西溟古文，当今作者。"消息传出，京师之人闻风而动，来求文者户外恒满，高官座师抢着要收门生。然而，姜宸英是个性情中人，爱憎分明，嫉恶如仇，而且直言无忌，得罪了不少权贵。因此，纵然皇上亲口嘉许，但每逢科考，才华横溢的姜宸英总是阴差阳错地无缘功名。直到康熙三十六年（1697）礼部会试，已经70岁的姜宸英才侥幸通过。殿试时，主持廷对的康熙亲自过问："进呈十卷中，有浙人姜宸英乎？"由于他的书法飘逸俊秀，小楷已达神品，所以极易辨认，礼部尚书韩菼奏曰："第八卷当是。"皇上断然道："宸英绩学能文，至老不倦，可置一甲，为天下读书人劝。"遂以探花赐进士及第，授翰林院编修。①

但真所谓"福兮祸所伏"！据严虞惇记载："己卯（1699），副修撰李蟠典顺天乡试。比揭榜，为御史鹿佑所纠，蟠遭戍。先生以目昏不能视，为同官所欺，牵连下吏。"当时，"举朝知其无罪"，却都冷眼旁观，"未置对"。这对心高气傲的姜宸英来说，无异于奇耻大辱。士可杀而不可辱，"遂发愤死刑部狱中"。事后，刑部尚书王士禛竟还惺惺作态地说："某在西曹，使湛园以非罪死狱中，愧死矣。"

学优而仕的官员

科举制度使"朝为田舍郎，暮登天子堂"成为可能。"学而优则仕"，从慈城走出来的大批进士和举人，被朝廷选拔进入各级管理机构，他们凭着自身才能和机缘，成为不同层级官员，并且成为名门望族。如袁炜，官至内阁宰相（建极殿大学士）；冯开，屈居县学训导。这里罗列部分有影响的官员及其职级，可见一斑。

检正中书门下省诸房公事王庭秀

王庭秀（？—1136），字颖彦，慈城人。登宋政和二年（1112）上舍第，历官州县，升为御史台检法官。南宋定都杭州后，历任监察御史、殿中侍御史。当时，权相黄潜善猥持国柄，诬陷逐走主战派领袖李纲；嫉害忠良，斩杀反对他的欧阳澈和陈东，张悫、宗泽、许景衡也相继被贬。但王庭秀不怕，再次上奏，历数黄潜善祸国殃民的事实，终于罢免了这个大奸臣。可自己也因此被外放瑞州。幸亏有人为之抱不平："朝廷今日缘论大臣移一言官，明日罢一言官，则后日大臣行事有失，

---

① 为同科第二名榜眼严虞惇在《姜西溟先生事略》中所记。

谁敢言者。"①宋高宗无奈召回，任吏部郎，改左司；再升为检正中书门下省诸房公事，后因观点常与宰相不合，托病求去。诏直秘阁、主管崇道观而归。

宝谟阁学士杨简

杨简（1141—1225），字敬仲，慈城人。南宋乾道五年（1169）举进士，历任富阳主簿、嵊县知县、乐平知县；召为国子博士，因秉公直言遭斥，主管崇道观。再任转朝奉郎、秘书郎、朝请郎、秘书省著作佐郎兼权兵部郎官、兼考功郎官、兼礼部郎官，授著作郎将作少监、兼国史院编修官、兼实录院检讨官。因所提建议均未被采纳，求外放为温州知州。又入朝，历任驾部员外郎、工部员外郎、军器监兼工部郎官，转朝奉大夫，又迁将作监兼国史院编修官、兼实录院检讨官，转朝散大夫。后以耆宿大儒膺宝谟阁直学士、太中大夫，赐金带，封爵慈溪县男，食邑三百户。去世时赠正奉大夫，谥文元。

宝章阁直学士桂万荣

桂万荣（1154—1243），字梦协，慈城石坡桂氏始祖。南宋庆元二年（1196）进士，历任饶州余干尉、建康司理参军、户部架阁主管、兼礼兵部始关，升从政郎、宣议郎、平江府通判、承议郎、朝奉郎，转朝散郎、朝请郎、朝奉大夫、考功郎、尚书右郎，端平元年（1234）以宝章阁直学士致仕。

慈溪县男罗仲舒

罗仲舒（1156—1229），字宗之，慈城镇人。南宋淳熙十四年（1187）登进士第，历任宜兴知县、太常博士、宗正博士、秘书郎、著作佐郎兼屯田郎、著作郎兼权仓部郎，外放为福建提举常平茶盐。上任时，适逢水灾，当即编竹筏抢救溺水者，人数以万计，并且发粟赈济灾

---

① 《宋史·列传第一百五十八》，中华书局，1977，第12124页。

民。又改任提点江东，发现贪官污吏垄断盐利，舟运不通，民乏盐数月。他杀一儆百，对首事者痛加鞭笞并流放，一切遂恢复如初。后召为国子司业，被加封金紫光禄大夫。当时皇族请托横行，营私滋甚，他不愿容默隐忍以避权贵，上疏论罢之。其刚风义烈，震动朝野。后因病重恳请退休。皇帝命以本官特封爵慈溪县男，食邑三百户，主管绍兴府千秋鸿禧观致仕。

国子监祭酒张虙

张虙（生卒年不详），字子宓，慈城人。南宋庆元二年（1196）与桂万荣同科进士，历任州教授、太学正、太常博士、国子博士、国子监丞、秘书郎，先后兼吴王府、益王府、庄文府的教授。再迁著作佐郎兼权都宫郎官、秘书丞、著作郎；外放出任南康知府、处州知府、温州知府，力辞，遂回朝廷任直秘阁主管千秋鸿禧观、玉局观。又历任国子司业兼侍讲、国子祭酒，又兼权工部侍郎。

监察御史桂锡孙

桂锡孙（生卒年不详），字予之，号芳所，桂万荣弟桂万善之子。十岁试童子科，号为神童。荫补入仕，累迁朝奉郎。南宋绍定五年（1232）登进士第。历任昌化主簿、严陵教授、宜兴知县、校书郎、监察御史。因党附贾似道而忤旨罢官。后再起为集英殿修撰，辞却不就。

晋王左长史桂彦良

桂彦良（1321—1387），名德偁，号清节，慈城人。元末以《诗经》中浙江乡举，曾任平江路学教授。明洪武六年（1373），有司举秀才赴京师数千人，天官精拔七人，以他为首。授太子正字，在文华堂为太子以下多位青年官员讲学，又奉旨出任通奉大夫，晋王右傅，随晋王至山西开国，被帝称为："江南大儒，惟卿一人。"后升任左长史，得推恩三代，封其祖俊卿为嘉议大夫、两浙盐运使，妣娄氏赠淑人，父与绍赠中奉大夫、浙江布政司右参政，妣顾氏赠夫人，先生前妻岑氏赠夫人，今妻陈氏封夫人。洪武二十年（1387）浙江乡试，已经告老还乡的桂彦良又被任命为主文官，扶病往，既归，遂以疾终，谥文裕。《明史》有传。

礼部侍郎陈敬宗

陈敬宗（1377—1459），字光世，号澹然居士，慈城人。明永乐二年（1404）进士，被选为庶吉士，进学文渊阁，参与纂修《永乐大典》，书成，被授予刑部主事。又与修《五经四书大全》《太祖实录》，后被授予翰林侍讲。转南京国子监司业，升国子监祭酒。去世时被赠礼部侍郎，谥文定。

南京工部尚书王来

王来（1395—1470），字原之，号抑斋，慈城人。明宣德二年（1427）以会试乙榜被授新建教谕。后历任江西道监察御史，山西左参政兼总督大同宣府边储，迁河南左布政使，左副都御史，巡抚河南及湖广襄阳诸府。升右都御史，总督湖广、贵州军务，兼贵州巡抚，后召为南京工部尚书。

广东参政姚堂

姚堂（生卒年不详），字彦容，明正统四年（1439）进士，被授工部虞衡司主事，继升郎中；外放后历任广信知府、苏州知府、镇江知府、广东参政。

河南左布政使杨子器

杨子器（1458—1513），字名父，号柳塘，曾从祖杨守勤。明成化二十三年（1487）进士。初为昆山知县，下令拆毁城市乡村的庵院神祠百余所，以其建材修理学校、仓廪、公馆、楼橹等房舍，物尽其用，一时完美。转令高平、常熟两县，均有惠政；治县谱，事皆禀式，门如止水。升考功主事，倡五经会；晋验封员外郎郎中。其时太监王瑾权倾朝野，附者如蚁，唯独杨子器不屈当道，结果以矫亢不阿，出为湖广参议，分守辰常。转福建督学副使，升河南右参政，晋河南右布政使，转左布政使。朝廷命其改任河南左布政使，前往平定叛逆，不幸在入觐途中病重逝世。

应天府尹孙懋

孙懋（生卒年不详），字德夫，慈城人。明正德六年（1511）进士。授浦城知县，当道荐为八闽县令第一。擢南京吏科给事中，出为广东参议、迁副使，再迁广西按察使、右布政使，升河南左布政使、应天府尹，去世后赠都察院右副都御史。

都察院右副都御史秦钺

秦钺，字懋功，出身慈城望族秦氏。明正德八年（1513），与从叔秦吉、从弟秦吉安守金同举于乡，人称其盛。翌年登进士第，授湖广攸县知县，擢江西道监察御史，升山东副按察使，补江西九江兵备；迁山东布政司右参政，再升按察使、右布政使；升江西左布政使。未任而擢都察院右副都御史，巡抚江西。两年后，皇上简命佐理院事，适逢外官考察之期，缘以不阿时好，言者妄加论列，秦钺不辩不争，引疾求退。上览疏久之，乃可其奏。其子秦宗道，字仲学，号后湖，明嘉靖三十二年（1553）进士。授刑部主事，补兵部武选司主事；转职方员外郎，补福建按察司佥事，分巡延邵。升本省参议。改知山东泰安府，再升广西布政司参议。慈城父老为秦钺和秦宗道立有"父子进士坊"。

兵部尚书姚镆

姚镆（1465—1538），字英之，号东泉，慈城人。明弘治六年（1493）进士，除礼部主事，进员外郎。擢广西提学佥事，迁福建副使，贵州按察使。拜右副都御史，巡抚延绥；召为工部右侍郎，出督漕运；又改兵部左侍郎；迁右都御史，提督两广军务兼巡抚。进左都御史，加太子少保。帝命姚镆以兵部尚书总制三边军务辞职。

刑部尚书冯岳

冯岳（1495—1581），字望之，号贞新，出身慈城望族冯氏，始祖冯冕，汉献帝时任句章尉，遂定居句章之金川乡（今慈城）。明嘉靖五年（1526）进士，授南京工部主事，迁刑部员外郎、再迁刑部郎中；外放任山东济南知府、福建延平知府；擢山东按察副使、河南参政；再擢江西按察使，改右布政使，转左布政使。此后不断晋升，历任顺天府尹、右副都御史巡抚湖广、兵部右侍郎总督广川贵三省军务、右都御史、南京刑部尚书。告老还乡时，皇帝赐宅，名曰"彩绘台门"，至今犹存，现为浙江省重点文物保护单位。

凤阳知府刘安

刘安（生卒年不详），字汝勉，明慈城人。明嘉靖五年（1526）进士，授南京工部主事，改河南道御史。外放历任湖南攸县主簿、典史，长沙同知，安徽凤阳知府。因治行卓异，朝廷赐正三品官服。其子志业，嘉靖四十四年（1565）进士，累官至江西兵备副使。父子去世后都从祀慈湖祠。

四川松潘兵备副使顾翀

顾翀（生卒年不详），字曰翔，慈城人。明嘉靖十一年（1532）进士，授工部都水司主事，升兵部主事，转员外郎，擢河南按察佥事、福建参议、四川松潘兵备副使，致仕诏晋三品。子时俊，万历二十九年（1601）进士，官工部主事，有文名。

福建海道副使冯璋

冯璋（生卒年不详），字如之，号养虚，从弟冯岳。明嘉靖十七年（1538）戊戌科进士，授官南京广西道监察御史，历按江淮诸郡，贪官污吏望风辞官；改北道监察御史，巡按畿辅，振肃纲纪，贵戚敛手；巡按全蜀，扫除叛逆，地方始晏。曾因故被下诏狱，据说，适逢连月昏雾不雨，于是获释复职，当晚遂雨。不久外放为福建海道副使，虽立军功，因遭中伤而辞职归里。

江西左布政使秦钫

秦钫（1522—1579），字鸣和，别号怀庭，出身慈城望族秦氏。明嘉靖二十九年（1550）进士，南京太常博士，迁南京吏部郎考功。再晋山东副按察使，治兵青州；转湖广辰沅兵使，云南参政。升陕西右布政使，转江西左布政使。

湖广提学副使颜鲸

颜鲸（1515—1589），慈城人。明嘉靖三十五年（1556）进士，授行人，擢山西道御史，后出任湖广提学副使，因拒绝大学士张居正请托。降为山东参议，改任太仆少卿，终以湖广提学副使致仕。

湖广左布政使冯叔吉

冯叔吉（1533—1605），字汝迪，冯岳和冯璋的族侄。明嘉靖三十一年（1552）乡试第四名举人；翌年中进士，授江西泰和县知县，不久回京任刑部主事。后左迁两淮盐运司判官，擢徽州府丞，迁池州知府，进江西按察副使，左迁山西参议；又升任湖广右布政使、左布政使。后因父亲逝世丁忧，返回慈城，遂绝意仕进。

其弟冯季兆和冯少占，一同中嘉靖四十三年（1564）举人，冯少占官至工部司务。其长子冯若吕，万历十年（1582）应天乡试举人，任东流知县；次子冯若舒，万历二十年（1592）进士，授刑部主事。其孙冯元仲，崇祯十二年（1639）被保举应试吏部，因批评内外大臣贿赂、养寇、干政之祸，被斥为"草野狂肆"，仅授县丞，他不屑为之而归隐。

右佥都御史提督操江刘志选

刘志选（生卒年不详），慈城人。明万历中进士，授刑部主事，谪福宁州判官。稍迁合肥知县，以大计罢归，家居三十年，起为南京工部主事，进郎中，晋升尚宝少卿，迁顺天府丞，擢右佥都御史、提督操江。因依附魏忠贤获罪自杀。

右佥都御史巡抚天津冯元飏

冯元飏（1586—1644），字尔赓，号留仙，出身慈城冯氏，父亲冯若愚，明万历乙未（1595）进士，官至太仆寺卿，赠太常寺卿。冯元飏于崇祯元年（1628）进士及第，授工部都水司主事。崇祯皇帝派太监张彝宪总理户、工二部事。他抗疏反对遭责。转礼部主事，进员外郎中；外放任苏松兵备参议，捕获当地盗魁，竟是都御史的族子，他铁面无私，绳之以法。其时"复社"初立，有人因私怨上疏参劾主事者"乱天下"，朝廷下旨察治。冯元飏不惜触怒权贵，盛赞复社，力辩其诬，因而被降职为山东盐运司判官。后晋升济宁兵备事、天津兵备副使，再迁右佥都御史，代理巡抚天津，兼督辽饷。当时李自成大军即将攻陷北京，冯元飏密报崇祯，请皇帝从海道南下南京，他已具海舟二百艘以备缓急，旋又派其子恺章入京迎天子。但群臣意见不一，恺章傍徨七日不得要领，只好回津，未四日而京师失陷。冯元飏聚将士泣血誓勿二。而手下兵备道原毓宗已内叛，劫持冯元飏迎贼。他不屈，由海道脱身南归。

兵部尚书冯元飙

冯元飙（1598—1644），字尔弢，元飏二弟。天启元年（1621），元飙与兄元飏同举于乡，次年成进士，出任澄海知县，转揭阳知县。他亲率乡勇破来犯之敌，又建文起书院，振兴岭东之文教。征授户科给事中，正直敢言，批评太监和大臣，被旨切责，愤而告病回家。起为礼科右给事中，再迁刑科左给事中、户科都给事中，擢太常少卿，改南京太仆卿，迁通政使；召拜兵部右、左侍郎，终升兵部尚书。他足智多谋，在复社中地位举足轻重。相传复社门户甚严，由于元飙、元飏并好纳结，复社始有"佛门广大"之说，士林中一时翕然称"二冯"。当时朝廷受到义军和清军的两面夹攻,崇祯皇帝焦头烂额、一筹莫展,寄厚望于兵部尚书冯元飙。但他深知崇祯多疑、刚愎自用,况且大势已去、无力回天,乃以病重辞职,与兄元飚同归慈城。等到崇祯自缢,两人呼天抢地,同在九月病故。

冯元飚和冯元飙之幼弟冯元飂(1613—1645),字沛祖,别号眉仙,崇祯十六年(1643)进士。京师为清兵所陷后,赴南都,授兵部主事,改江上兵备佥事;鲁王监国授太仆少卿,进右佥都御史。鲁王兵败入闽后,忧愤致病而死。

武骑将军向腾蛟

向腾蛟,字文赤,慈城人。清顺治十八年(1661)考中武进士,历任守备、游击将军、副将三十余年,兵民和谐,为维护和巩固清王朝的统治立下汗马功劳。同时,向腾蛟善画水墨葡萄,颇负盛名。后因年迈而告老回乡,人称完节。为表彰其效忠朝廷的功绩,清高宗于乾隆四十一年(1776)追封向腾蛟为武骑将军,诰封三代,并下旨在慈城为其建造"恩荣坊"。

广东高州知府郑梁

郑梁(1637—1713),字禹梅,号香眉、踽庵、寒村,慈城镇半浦村人。清康熙二十七年(1688)进士,选翰林院庶吉士,改任工部湖广司主事,继升工部员外郎、刑部郎中。出任广东高州知府,政绩卓著。丁艰归里,痛悼过度,致半身瘫痪,不再出仕。

丽水县学训导冯君木

冯君木(1873—1931),名开,原名鸿墀,字阶青,学者称回风先生,慈城人。清光绪十八年(1892)补诸生,光绪二十三年(1897)以拔贡参加会试,列二等。光绪二十六年(1900)出任丽水县学训导,不久调宣平县,因病未赴任。清末"慈溪四才子"之一,国学家,参与开办多所学校,后任上海修能学社社长,弟子中有陈布雷、沙孟海、冯定等著名人士。

慈溪首任县长杨敏曾

杨敏曾（1858—1939），字逊斋，杨九畹曾孙。自幼丧父，由母亲督促攻读，清光绪四年（1878）浙江乡试中举。光绪二十四年（1898），出任宁波第一所中西式学校储才学堂（宁波中学前身）的首任监堂（校长）兼总教习。两年后北京京师大学堂（北京大学前身）成立，应聘赴任文科预科教授，主讲历史。后到杭州任求是学堂（浙江大学前身）国文教员。辛亥革命期间慈溪县城光复，被邑人推举为新政府第一任知事（县长），百废待兴，半年草成，辞职归去。1933年发起创办慈溪县立初中（慈湖中学前身）。

科举仕宦的牌坊

牌坊，是古代为表彰人物而设立的一种纪念性建筑物。慈城这座古县城中，曾有许多为表彰新晋的进士、举人或达官贵人而设立的牌坊，琳琅满目，寓意深厚，形成了一道亮丽的历史文化风景线。如今只能通过《宁波市江北区志》对此的详细记载来观古慈城科举仕宦之盛景。

状元坊　为明嘉靖癸未（1523）科状元姚涞立。
会元及第坊　在慈城，为明嘉靖戊戌（1538）科会元袁炜立。
黄阁调元坊　在慈城，为明大学士袁炜立。
攀桂坊　在竺巷口，宋景定间（1260—1264），为桂万荣登第立。
觐天坊　在西镇桥西，为宋桂锡孙任御史立。
两京廷尉坊　在德星桥，明永乐间（1403—1424），为沈光大立。
进士坊　明景泰五年（1454），为郑岑立。
进士坊　在慈城，明天顺间（1457—1464），为罗信佳立。
进士坊　在孙家弄，明天顺间（1457—1464），为孙忱立。

都堂里　在东镇桥堍，明天顺二年（1458），为佥都御史张楷立。

进士坊　明天顺三年（1459），为张琦立。

进士第　在骢马桥南，明天顺三年（1459），为进士王应奎立。

绣衣坊　明天顺七年（1463），为御史葛渊立。

（绣衣，表示受君主尊宠，行事正直无私，有所谓"绣衣御史"，但非正式官名）

尚书坊　在骢马桥南，明天顺间（1457—1464），为王来立。

进士坊　在东南街，明成化元年（1465），为姚堂立。

清白街　明成化间（1465—1487），为参政姚堂立。

进士坊　湖湫桥南，明成化初，为冯琪建。

绣衣坊　在大方桥北，明成化壬辰（1472），为桂镐立。

进士坊　明成化甲辰（1484），为王纶立。

进士坊　明成化丁未（1487），为袁㷋立。

进士坊　明成化间（1465—1487），为余浚立。

绣衣坊　明成化间（1465—1487），为冯琪立。

科第坊、丹山起凤坊　明成化间（1465—1487），为杜焞立。

柱史坊　明弘治庚戌（1490），为陈熙立。

五马桥坊　为明弘治己未（1499）进士冯本澄立。

冬官坊　在慈城西南街（今民主路26号），为明弘治己未（1499）进士赵睐立。今存。

桥梓骈秀坊　明弘治辛酉（1501），为周旋之子周士英立。

绣衣坊　明弘治十四年（1501），为余浚立。

进士街　明弘治十五年（1502），为刘乔立。

柱史坊　明弘治间（1488—1505），为御史周津立。

外台总宪坊　明弘治间（1488—1505），为按察使茅维扬立。

清华街　明弘治间（1488—1505），为大理寺卿夏时正立。

黄门第　明弘治间（1488—1505），为给事中周旋立。

进士坊　在费家桥，明正德戊辰（1508），为沈元立。

大司成坊　在文庙东，明正德五年（1510），为陈正宗立。

会魁坊　明正德间（1506—1521），为姚汀立。

内台总宪坊　为明嘉靖癸未（1523）进士叶照立。

世恩坊　在德星桥北（今慈城镇永明路南口），明嘉靖乙巳（1545）为进士周翔、周文进、周镐立。今存。

甲科济美坊　在德星桥，为明永乐丙戌（1406）进士刘本、弘治乙丑（1505）进士刘滂、嘉靖丙辰（1556）刘志伊、隆庆戊辰（1568）进士刘廷诰立。

大司寇坊　明嘉靖壬戌（1562），为嘉靖丙戌（1526）进士冯岳立。

国学师臣坊　在城隍庙门东，明嘉靖壬戌（1562），为敕赠主事国子监助教韩秉文立。

刺史坊　西闸桥东，明隆庆丁卯（1567），为袁大轮立。

父子进士坊　明隆庆二年（1568），为秦钺、秦宗道立。

济美坊　为明景泰庚午（1450）举人费灿，成化庚子（1480）举人、甲辰（1484）进士费铠，正德丁卯（1507）举人、嘉靖己丑（1529）进士费渊，正德丙子（1516）举人费沐，嘉靖乙卯（1555）举人费桂，嘉靖辛丑（1541）举人、隆庆辛未（1571）进士费标立。

九凤联飞坊　明嘉靖壬寅（1542），为正德甲戌（1514）进士姚铧、周士英、冯泾、朱良、秦钺、沈教、徐州、李浑、王峪立。

都宪坊　又名父子进士坊，明万历辛亥（1611），为弘治癸丑（1493）进士王纯、正德丁丑（1517）进士王镕立。

尚书坊　在慈城，为明兵部尚书姚镆立。

司谏坊　在慈城，为明孙懋立。

绣衣坊　在慈城，为明冯震立。

黄门坊　在慈城，为明冯景浩立。

黄门坊　在慈城，为明冯彰立。

骢马坊　在骢马桥南，为明御史王钥立。

太子宾客坊　在县学前，为明袁炜立。

御史台坊　在东镇桥，为明张楷、张昺立。

副使坊　在东郭桥西，为明敕封知县、诰封副使叶林立。

三凤坊　为明工部尚书王来、清吏司主事王复、监察御史王鼎立。

宫保坊　在西南街，为明姚镆立。

大司空坊　在下横街，为明王来立。

柱史坊　为明敕赠监察御史冯垔立。

豸绣坊　为明韩彦起、韩元立。

累世登瀛坊　为明陈链、陈应龙、陈原理立。

世儒坊　为明知府葛继宋立。

五俊坊　为明姚涞、秦金、陈文誉、袁载、叶照立。

进士坊　为明周元立。

父子进士坊　为明刘安、刘志业立。

江山会秀坊　为明赵文华立。

天官大夫坊　为明吏部员外韩彦起立；又名南曹武库，为韩子允立。

绣衣坊　为明东山道监察御史费铠立。

进士绣衣坊　为明沈賨立。

绣衣坊　为明御史魏英立。

恩命重光坊　为明左布政使刘廷诰立。

中书第　明王汾为父王旸立。

完节、惇德二坊　为明刑部尚书冯岳立。

世司风纪坊　为明进士沈元、沈一定立。

五马坊　为明汤理立。

紫薇坊　在东南街，为明秦岳立。

三骥坊　为明周冕、周宏、周晟、周时徵立。

三凤坊　在东南街，为明周澜、周津、周沂立。

世受国恩坊　在东南街，为明尚宝卿陈鲸立。

都谏坊　在莫家巷口，为明户部给事中徐仁立。

亚魁进士坊　为明姚鈢、姚潛立。

恩荣坊　在慈城西街（今慈城镇民主路 26 号），为清顺治间（1644—1661）武进士诰授武骑将军向腾蛟立。今存。

恩荣坊

解元坊　在下颜巷，明永乐十二年（1414），为郑维桓立。

解元坊　为明天顺间（1457—1464）魏英中京闱第一名立。

解元坊　为明嘉靖乙卯（1555）乡试第一名郑卿建。

解元坊　为明万历乙酉（1585）冯梴立。

解元坊　明崇祯戊辰（1628），为元至正癸卯（1363）乡贡第一名沈邦立。

三元坊　为明解元王交、会元袁炜、状元姚涞立。

经元坊　明成化间（1465—1487），为姜森立。

经元绣衣坊　在下横街，为明汤理立。

攀桂坊　明永乐十八年（1420），为举人叶郊立。

奎昭坊　在骢马桥南，明正统间（1436—1449），为举人钱森立。

青云坊　明正统间（1436—1449），为举人刘炜立。

登俊坊　竺巷内，明正统三年（1438），为举人张瑭立。

奎璧坊　明正统六年（1441），为举人林垚立。

传桂坊　明正统六年（1441），为举人陈塾立。

奎璧坊　明正统十年（1445），为举人周翔立。

登科坊　明正统十二年（1447），为举人桂怡立。
登云坊　明正统十二年（1447），为举人姚埙立。
联奎坊　明正统十二年（1447），为举人张瑗立。
文英坊　明正统十二年（1447），为举人王旸立。
延桂坊　明景泰元年（1450），为举人冯彰立。
文奎坊　明景泰元年（1450），为举人罗信佳立。
传桂坊　明景泰元年（1450），为举人桂琛立。
承芳第　明景泰七年（1456），为举人王钥立。
光世坊　明景泰七年（1456），为举人张森立。
联桂坊　明天顺间（1457—1464），为举人姚垌立。
文魁坊　明天顺七年（1463），为举人向秉直立。
世美坊　明天顺间（1457—1464），为举人时中立。
桂林坊　明成化辛卯（1471），为举人孙颖立。
连奎坊　明成化辛卯（1471），为举人周鉴立。
翔凤坊　明成化甲午（1474），为举人冯钢立。
应璧坊　明成化甲午（1474），为举人周锴立。
步云坊　明成化甲午（1474），为举人汤理立。
秋闱步武、春榜傅芳两坊　为明成化辛卯（1471）举人赵坤、丙午（1486）举人赵继宗立。
云衢接武坊　在大方桥北，明成化间（1465—1487），为举人葛林立。
承锦坊　明成化间（1465—1487），为举人刘钢立。
世科坊　明成化间（1465—1487），为举人桂荣立。
钟英坊　明成化间（1465—1487），为举人赵珏立。
奎光坊　明成化间（1465—1487），为举人周肃立。
棣萼联辉坊　在县学前，为明景泰庚午（1450）举人罗信佳、成化乙酉（1465）举人罗信才立。
集桂坊　明弘治间（1488—1505），为举人林凤仪立。
登科坊　在大方桥，明嘉靖壬子（1552），为举人杨佐立。

附

联桂坊记*
（刘　瑞）

　　联桂坊者，慈溪姚氏世居里门也。坊始树于宋，再树于我朝，皆有司所以表其科第之盛者也。姚之先，以科第起家者，自宋元之交始，一时举凡十一人，曰助教公登，曰正，曰龙，曰凤，曰獬，曰荣，曰兰，曰福，曰异，曰元翁，曰振祖，率皆负文翰名。其间登、正二公偕举庚午，龙、兰二公偕举丁卯，尤乡之所歆艳者，是坊所由表也。自是又五六传，至我朝复盛，于正统、天顺间，举者凡三人，而一人遂擢己未进士，曰广东参政公堂；次则教谕公墤；次则训导公垧。有司用是揭其表。诸宋者表焉，盖多其兄弟之继也。既而参政公之子曰铄者，举成化辛卯；从子曰镆者继之，即癸丑进士，今陟广西按察司提学佥事者是也。提学君从侄曰汀、曰潛者，又继之。汀即己未进士，拜南京吏部主事者是也。盛于我朝者，又七人矣。

　　于戏！自科第重于天下，群趋竞慕，顾有廑（勤）总角、蒙皓首，率辘轲（坎坷不得志）不一遇者，其难如是。况萃数人于一家、阅累世而复振如姚氏者，顾不谓之难哉！表之宜矣。

---

* 程丽珍主编《江北历代名门望族资料选编》，宁波出版社，2018，第220页。

廉政一方　修身一世
——儒学文化影响之二

　　唐开元二十六年（738），朝廷设立慈溪县，首任县令即名宦房琯。他曾任监察御史，所以一来就厉行廉政。南宋宝庆《四明志》卷十六称他"尚德化，兴水利，流民来归，狡吏引去，以治最显。……民立庙祀之"；又称"至今县桥名骢马，以公故也"。因为古代御史亦以骢马指代。房琯离任后，玄宗、肃宗均委以重任，官拜宰相。而榜样的力量是无穷的。据光绪《慈溪县志》"职官"记载，作为"名宦"立传者132人，大都有廉政事迹。典型如北宋初年的张颖，"以廉著名。持身廉介，虽一文不妄取"，人称"张清清"，曾获太宗赐诏奖谕；县署内也专门建一"清清阁"，既显公之德名，又给后人以范例和警示。但是长期以来，世人的注意力都集中在历代县令身上，却忽视了房琯所开创的廉政风气早已成为慈城儒学文化的重要内涵。与历任县令相比较，房琯对慈城士子的影响更为深远，不但指导他们清明廉政，而且督促他们修身养性、慎独慎微。例如《桂氏家训》单列一条："做官虽是好事，但有等做官者，于国家之事全无一毫用心，如为有司，不思我即民之父母，当以爱惜百姓为先，却乃专一贪取以肥己；至于为儒官，又不思我乃风化所系，当以作养人才为急，却乃专一奔竞以求虚名，苟或此职不称而事败露，则追悔莫及，可耻之甚也。故为官者律人先当正己，爱国必要忧民。若肯处国事如家事，无不称职。"所以，慈城这方水土，培养了不少能自觉地廉政一方、修身一世的清官，下列官员便是典范。

杨简"为政以德"

"政者正也","为政以德"。

杨简到江西乐平任知县,看到学官破败已成危房。他说:"教化之原也,可一日缓乎?"立刻修葺如新,亲自登场训士,诸生闻其言有泣下者。又私行察访民瘼,发现有杨、石二少年横行霸道,祸害良善,且与猾吏狼狈为奸,莫可谁何。杨简将他俩抓捕下狱,加以责罚,更谕以祸福利害,终使他俩幡然悔悟,愿意自赎。由是邑人以讼为耻,夜无盗警,路不拾遗。当杨简离任时,二少年率领县民随出境外,口称"杨父"!

杨简到绍兴府任掌管讼狱勘鞫的司理,其间一定要亲临监狱,让囚徒自己吐露案情。他端默以听,洞悉不失毫末,从而做出正确的判断。下属的猾吏,只能如实书写行文,莫敢逾越。杨简处事公平无偏向,唯道理是从。曾有一名府吏触怒大帅,被送狱勘查。杨简告以无罪可查。帅又下令勘查平日。杨简说:"作为府吏,孰能无过?但今天确实无罪。你一定要逼问往事而置之法,我不敢奉命!"帅闻言大怒。杨简便回家取来任命书上交,力争不让步。大帅看到杨简"威武不能屈",只好作罢。事实上,杨简向上官汇报,意见不合时,就回去反思,如确认自己没错,必定坚守,无所阻挠。如事关大是大非仍不见听,则辞官走人。

杨简出任温州知府时,深知百姓告状难,诉状被搁置;下令在衙门前架起大锣,令诉者自鸣,鸣即引问,立剖决无待。写判决书时,有不同意见者,无问谁何,即释笔拱答揖入。说得对,虽贱隶必敬听;不合理,虽至亲不为挠。曾有贩卖私盐者,五百为群过境内,永嘉巡尉擅自调兵粗暴处理,也不向上级报告。杨简惊曰:"这是可以轻动的吗?五百人加上家族,万一召乱,后患堪忧,百死莫赎也!且兵之节制在郡将,违节制是不严天子命,应斩!"建旗立巡尉庭下,召剑手两行夹立,群官盛服立西序,数其罪命斩之。群官交进为致悔罪意,良久,免其死罪,革去官职。又有权贵人家的府第,严重阻碍官河的交通,船只难以通过,居民苦于灌溉,还影响官府救火,却谁也不敢抗议。杨简知道后,命厢官立马拆毁,见厢官慑怯不敢执行,怒道:"你不食天子粟,不为我用吗?"于是即日撤去,满城欢踊,勒石名"杨公河"。他廉俭自将,奉养菲薄,常对家人说:"吾儒素为天子任抚字,我敢以郡为乐羞赤子膏血自肥乎?"

杨简在任上,虽不督赋,而财未尝匮,不设法,不立额,而课未尝亏。盖由廉俭自将,不费于无艺,中孚感物,而人自化服,不忍欺也。士咸向方,知务己(已)学。……豪侈顿消,兼并衰止,闾巷雍睦,无忿争声。诸色讼者虽远涉,甘心到郡庭受杖,杖之终无怨。军民怀恋,有父母慈,家家肖像祀之,愿阿翁寿。……去之日,老稚累累争扶拥缘道曰:"我阿翁去矣,将奈何!"倾城出,尽哭。有机户尝遭徒,亦手织锦字为大帷,颂德政。叶侍郎适书别先生云:"执事二年勤治,公私交庆,惠利所及,戴白老人,以为前此未有。载于竹帛,形于图绘,云聚山积,欢沸井里。"叙述此事的钱时声明:"此实录也!"

杨简撰写《治务论》,提出:"治天下其最急者五:一曰谨择左右大臣,近臣小臣;二曰择贤久任中外之官;三曰罢科举而乡举里选贤者能者;四曰罢设法导淫;五曰教习正兵法,以备不虞。其次急者八:一曰募兵屯田,以省养兵之费;二曰限民田,以渐复井田;三曰罢妓籍,俾从良;四曰渐罢和买折帛,暨诸续增之赋及榷酤(酒类专卖制度)而禁群饮;五曰择贤士教之《大学》,教成使分掌诸州之学,又使各择井里之士聚而教之,教成使各掌其邑里之学;六曰取《周礼》及古书,会议熟讲其可行于今者,三公定议而奏行之;七曰禁淫乐;八曰修书以削邪说。"[①]可惜,杨简三次入朝为官,四次当面回答皇上咨询;他的建议却从未被采纳,无法治国平天下,徒然地缀在廷臣班列。他一向视富贵如浮云,所以晚年十余次上疏请求告老还乡,说:"我已经七十多岁,我不去,合乎道义吗?还是不合道义?"他极言当去之义,愈明愈确而请求愈力,最后皇帝只好同意。

---

① (宋)杨简:《慈湖遗书》,民国21年鄞县张氏约图刊四明业书本。

桂万荣:"守一心之正以谨治原"

桂万荣任饶州余干县尉时,当地多豪右。公一裁以刚介,不得售其私,凡民讼之申冤上司者,乞送公指定,公为之尽决。邑大饥,出告身质公粟以贷。宪使李公班曰:"我之罪也。"就委公行荒政。公得钱,坐龙津口,招米船,量其多寡,依时价籴十之二。吏不得侵,商人喜无我虞。由是为泛舟之役者如水赴壑,米聚价平,邑民无不粒食者。离任时,儿童妇女不谋同辞,诣府台借留。不遂,遮道泣马首,几不得行。

桂万荣任平江府通判。一日,炎暑如焚,一些私贩升斗的囚犯,都被刑具套住脖颈,气不得喘。他命人取来行床,与犯人同寝牢尸,知府听说后,很惭愧,去刑罚。他连夜秉烛监督,牢房里欢声如雷。此后,他收集古人判案事例,历经数年,编成《棠阴比事》一书。该书总结了历代决疑断狱和司法检验的经验,堪称我国乃至世界上现存最早的一部较为系统的法医专著。

他出任南康司理参军,先声所至,吏胆已落,仅行文书,就不敢欺诈。故民不知有吏。他管理通商税务,下令舟若朝以至则夕以税,夕以至则朝以税,吏不得少有控持,东西行者皆悦而愿出于途,官府因此富裕矣。离任时,他以二万缗附益子城,平籴两库;以三十万缗附益子城,平籴两库;以三十万缗代输三邑,社仓岁息仍籴米五千石,号储绩一仓。这些钱财,都是桂万荣检扼吏奸、痛节浮费所致。他不献羡余,捐以幸郡民,并且大书特书于石碑,期为后法。

他升为尚书右郎。当廷回答皇上垂询,提出为官之道:"守一心之正以谨治原,惩群吏之贪以固邦本。"皇上褒嘉,又说:"朕尝见卿向来所编《棠阴比事》,知卿听讼决能审允。"他躬谢退曰:"此书至阙一览,上可以裨圣主好生之德,吾之学遇矣,亦有何求耶?"

桂道本为民请命

桂道本,字孟诚,慈城人。明朝初年,历任四川金台知县,旋改垫江知县。当时民多窜亡,他张榜晓谕,竭诚招揽之;不数日,咸归乡,井乐业如故。于是他新学校、广明伦堂、延邑之儒士掌学事。又选秀者充弟子员,自己五日一往,相与讲论圣贤之道,风俗为之一变。偏远乡村或据险而居的不来缴纳税赋。道本遣人讲理劝谕,他们都敛手听命。遇到岁旱民饥,道本上报知府,请求免赋,被拒绝,他不顾一切,拼死力争,终于得以上报朝廷,并同意免去岁赋。

秦岳体恤民情

秦岳(1389—1452),字维翰,出身慈城秦氏。明永乐十五年(1417)举人,卒业太学,被授兵部武选清吏司主事,升职方郎中,补刑部山东清吏司。他宅心平恕,曾说:"民之罹法者,多出于不得已。必平心易气以折之,使知罪之由也,然后杀之,而不怨矣。"所以经他之手的犯人,都不说自己冤枉。升任山西布政司右参议,奉命督粮。当时山西水旱灾害频仍,民众累积欠下很多赋税。公深为同情,说:"暑雨,民方怨咨,如果再加催逼,使倍价以偿,这是将他们逼入沟壑啊。不如稍为免除,等到粮食成熟,并取其新者,那就是今之半价了。"于是嘱咐当地耆老晓谕百姓,民众很高兴。过了三个月,积年赋税皆告完成。

"双木作篙,不如一摇"

姚堂最初任职工部。当时工部因为收支过程中藏奸隐秽,人都不愿来任职。堂自奋曰:"事在人为,岂官使然哉?"遂以身作则,砥砺操守,官评为之增重。出任广信知府,为政简易,民赖以安,被巡按御史推为江西第一。后来去苏州任知府。苏州很富裕,每年盈余以亿万计。他全部归入公款,用于振恤,以及修孔子庙,兴先贤祠。此前,权贵们路过苏州,经常厚索,姚堂下令不得加毫末。民用日省,人情大惬。后来因事得罪巡抚刘孜,命他与镇江知府林鹗对调。姚堂在命令下达当日即起行,什器帐帏,一无所移。苏州百姓拦车挽留,不可得,乃脱其履,悬郡门以表去思。童谣道:"双木作篙,不如一摇!"意思就是林不如姚。士林也颂之以诗,有"袖归白璧原无玷,移去寒梅不改香"之句。他在镇江,一如苏州,兴学养士,恤孤举遗,褒表名贤,以礼化民,因而政通惠洽，流民复业者九千五百余户。同时，仍然不畏权贵，秉公执法。下辖的丹徒县县令赖正，倚仗其舅舅乃当朝宰相，怙势纵恣。姚堂毫不姑息，一裁以法，迫使赖正开始自戢。可惜姚堂因此而久久不得升迁。幸亏公道自在人心，"所在民怀其德，为立祠祀之"。慈城的父老乡亲也为他建立"清白街"牌坊，以示表彰。

孙懋廉政勤政

孙懋任福建浦城知县时，断狱明审，兴革宜民，当道荐为八闽县令第一。任南京吏科给事中时，忠于职守，敢于直言，曾冒死上书，弹劾奸佞幸臣江彬。被贬谪为广东藤县典史。赴任后，创办南麓书院，亲自讲学，民风大变。升任河南左布政使，兴利除弊，省冗费，抑豪右，出纳钱谷、赃吏缩手；又力排众议，均田定赋。离任时，行李中唯有图书药囊而已。再升应天府尹，除强暴、抑兼并、清驿递、减夫船；革民壮之滥役，汰工匠之买闲，裁织造之机户，禁仓储之滥支。民颂其德不衰。

秦碧以身殉职

秦碧，字仲文，号苢庵。秦岳曾孙。明弘治二年（1489）举人，授江西饶州通判，以廉能声望卓著而升为万年县令。但他面临的局势相当严峻，境内姚源叛乱刚被讨平，其隐形党羽仍然众多；而巨魁王重七等阳听招抚，实怀异志。秦碧上任时，县署初建，百务草创，衙门吏胥又多为巨魁耳目，所以无论下属还是百姓，都持观望态度，民心极其不稳。秦碧却无所畏惧，知其不可为而为之，苦心孤诣地策划经略，身体力行，竟在短时期内就打开局面，形势逐渐好转。然而遗憾的是，兵使不懂得因势利导，说什么"乱民宜重典"，特用严罚对付民众。结果，动乱的基础本来就在，经此打压，益不能堪，遂再次叛变，杀兵使、县佐、指挥等官几十人。秦碧也被执，将行刑，贼帅号众曰："秦爷清廉好官，不可害。"秦碧却厉声骂道："我朝廷命官，岂向贼奴求活耶？汝不敢杀我，我必寸斩汝矣。"因顾左右曰："官兵何在？"贼惊，疑有伏，公遂遇害。他的事迹上报朝廷，皇帝下诏立祠旌忠。《两浙名贤录》载入"忠烈卷"。

姚镆威镇边防

姚镆出任右副都御史巡抚延绥，蒙古部落亲王吉囊入侵泾阳。镆派遣游击将军彭楧领兵，又释放关在狱中的指挥卜云为副将，出西路夜半攻击敌军，斩杀二将，迫使吉囊连夜逃遁。三年后，姚镆升右都御史，提督两广军务兼巡抚。当时，田州土官岑猛图谋不轨，姚镆调永顺、保靖兵，派沈希仪与张经、李璋、张佑、程鉴等将领各统兵八万，分道讨伐。而他与总兵官朱麒等攻破定罗、丹梁。又用沈希仪计策，暗中买通岑猛的亲戚岑璋作为内应，大破田州，斩杀岑猛。事后，姚镆请改设流官，陈善后七事，均被朝廷认可。不久，岑猛余党卢苏、王受等造谣惑众，诈言岑猛未死，向交阯借兵二十万杀来。夷民信之，使卢苏、王受得以破城。于是有御史上疏弹劾姚镆，指责他失策罔上，应该撤换。而这一变故的内幕，竟是姚镆秉公办事，损害了权贵的不正当利益而遭到报复。起因是广东提学道魏校毁诸寺观田数千亩，尽入朝廷重臣霍韬、方献夫在广东的老家。姚镆至广，下令追还，充作官田。韬、献夫恨之入骨，便与奸佞张璁、桂萼合谋排挤姚镆，指使御史诬告。最后，虽然姚镆已经反攻，收回失地，朝廷还是决定换人。姚镆觉得这官不做也罢，借口生病辞职回乡了。数年后，边防又紧，大学士费宏推荐姚镆，嘉靖皇帝遂命以兵部尚书总制三边军务。不料，接到圣旨刚准备启程，忽报费宏溘然去世。姚镆当机立断，再次辞官不就。或许，这是另类的"士为知己者死"！当然，这也惹恼了嘉靖皇帝，虽然后来推荐姚镆的奏章多达二十几份，都置之不理；而姚镆也淡然置之，优游山林。光绪《慈溪县志》为之感叹："明大义以讨叛贼，其志伟，其节高，其绩虽未竟，视夫婀娜尸位、以虚文自见者，固不同矣。"

"完节"冯岳

冯岳任南京工部主事时，曾到芜湖监督收税。他专门打造十几个木匦，让商民自行将税款投入柜中，然后登记造册，封贮县库，自己一指不染，尽行倾解。他任山东济南知府，去监狱视察时，发现人满为患，决定亲自审问。他精于法律，且心存仁恕，所以审案迅速，断狱如神，前后释放冤案囚犯1500多人；无钱赎身的，还自掏腰包相助，囹圄为之一空。济南又多巨盗，而且冒名混迹在府署胥吏中，踪迹诡秘，人莫知之。冯岳调查清楚后，一天之内进行抓捕，人们惊以为神，强盗也不再出现。

冯岳升任江西右布政使时，弋阳王要装备卤簿（帝王仪仗），不断到司中索取金钱，不同意就拿令牌恐吓威胁，令人头痛不已。冯岳查阅关于卤簿的规章文件，其中有"自备工价，不烦有司"等语。又查其他藩王自分封后，从未有人敢擅修卤簿。冯岳放出风声，准备具疏上奏皇帝，吓得弋阳王再也不敢，多方请托祈求不要上奏。结果，官库省下了一大笔钱。不久，他升为左布政使。司中有许多积年老胥，盘踞衙门，不做正事，专干坏事，特别是各地上交钱粮，形成了一套中饱私囊的潜规则，"名为打对同"。冯岳察知其弊，每日留下一二名有才干的官员听用，等到解送文件一投，就当场命令官员监兑给发批回，"对同之弊顷除"。然后，他在公堂亲自主持，叫来全部胥吏，一一甄别遣散，解决了这个积弊。此前，钱粮出入一直归左使管理，冯岳却把这个大权全部委之右使。他在左司三载，未尝一入库中。两袖清风，一毫不取，当地人赞"清布政，自岳始"。

冯岳最后的官职是南京刑部尚书。根据祖宗旧制，刑部掌理畿内刑狱，但后来，十三道御史多所侵越。冯岳具疏请复旧制。北京刑部尚书也立马仿效，使得那些最会咬人的言官们心怀愤愤，然又无可指摘。冯岳掌邦刑，日亲部事，不敢怠缓。诸司勤职，刑清讼理，畿辅肃然，于是他决意告老还乡。有朋友劝道：你官居二品多年，考核后很有可能晋升一品，何不稍等？他说："圣恩罔报，臣力当休。吾志决矣。"他丝毫不以荣华富贵为意，飘然归里。去世时，"箧中所遗仅一缣（细绢），至假棺以殓"。《国朝献征录》焦竑慨叹，"大臣清贞至此，亦古今所希觏（难得一见）也"。光绪《慈溪县志》更是给予高度评价："论者以完节归之。

盖胜国二百余年，邑中所仅见者也。"

"刘公堤"刘安

刘安任河南道御史。上任才一月，就上疏批评皇帝"以急切之心，行督责之政"；"令出而复返，方信而忽疑"；要求"略繁文而先急务，简细故而宏远猷，不以一人之毁誉为喜怒，不以一言之顺逆为行止"。嘉靖阅后龙颜大怒，将刘安逮赴锦衣卫，严刑拷讯，最后贬谪到湖南攸县做典史。当时适逢洪水，决堤数十丈，给当地民众的生命财产造成极大危害。刘安虽是初来乍到，又是不入流的小官，却能身先士卒，率领民众抢修成功。这条堤坝，被后人称为"刘公堤"。刘安宦游多年，平时布袍疏食，处之怡然。

顾翀保境歼倭寇

顾翀授工部都水司主事，分治南旺诸泉，至则厘革夙弊，疏浚泉源，漕运畅通，公私称便。升迁为福建参政时，正当倭寇猖獗，所至屠烧城邑。翀奉命分守福宁，以奇兵袭之，斩首百余。次年又大破之海上，民稍安。福宁是穷乡僻壤，其他官员无人到任，翀以一身保危城、歼狂寇。事闻世宗，赐金绮劳之。此前，福宁城有个怪现象：官兵住城内，却叫百姓住在城外，寇未至，皆奔窜。顾翀很生气，下令扩充旧城，让百姓全都搬进城内居住。

"姚公堤"姚梧

姚梧，字文扬，姚镆从孙。明嘉靖二十年（1541）进士，授湖广嘉鱼知县。县城濒临大江，常有水寇前来骚扰。姚梧建城墙、练兵卒，使强盗不敢入侵。又捐出自己的俸禄，筑起宾江大堤，外捍江波，内便行者，全城民众感激不尽，称之为"姚公堤"。后来，四川苗毒造反，攻掠州县，姚梧奉敕备兵叙永、泸州。下车伊始，就多方剿御，同时从行伍中提拔刘显，带兵抵抗，堵绝诸苗之要领，平定了这次叛乱。捷报传到京师，擢升福建参议。可惜莅任未期，就被弹劾去职。归去时，行囊中只有古书数箧、敝衣数袭而已。颜鲸所作《参议凤冈姚公小传》认为：昔人谓"清得门如水，贫惟带有金"，足概其生平矣。

"清正"秦钫

秦钫任南京吏部郎考功，恪守规章制度，坚持公道公正，因此得罪了不少权贵，十余年不得升迁，生活清贫。有一年除夕，连年夜饭也吃不成了。家人借来百钱去买薪柴，却不可得，问秦钫怎么办？他笑道："元旦突无烟，一岁中清宁，最为吉祥。"后来升任山东副按察使，治兵青州。此地民风彪悍，人称盗窝。但对秦钫的威名甚为忌惮，境内偷盗抢杀者顿时销踪匿影，出门在外。哪怕野营露宿都没事。因内艰离任，老百姓哭着挽留，挥涕如雨，轵车至十舍不得发。恒王也来相送，赠以古砚台，说："你为官清廉，归田时行装又少又轻，我给你加点重量，若何？"秦钫不得已，接受了。可是打开锦盒，却发现砚下藏有百金。秦钫大惊，连砚带金一并退还。恒王愧悔，特致书谢咎。他任云南参政时，所治银场又地饶珍宝，前任们离去时无不盆满钵满。唯有秦钫，是垂着空袋子，空手而归。

秦钫升为江西左布政使后，一切钱财往来，都交给廉能的下属处理，署名封识，不去开启，坚决做到不染一尘。当时有位杨姓御史受人嘱托，创行钱法，虽然民众抱怨使用不便。仍督责颇急。他与之商议，对方寸步不让。秦钫很生气，伉词不屈，竟连这省长大位也不要了，立马上疏请求退休。诸多同僚强烈挽留，说："听闻朝廷已推举你为中丞矣，最近将来考察，独不能少待耶？"秦钫笑着答以"士固有志"！乃即日登舟，扬帆远去。他极其重视个人清操，曾说："吾清夜自思，所不及孤竹二君子，不能食西山薇耳。"回到慈城，他也是杜门扫轨，片牍不入公府。布衣蔬食，萧然如寒士。去世时，家中贫不能具棺衾，乡亲们都为之落泪。他的事迹，载入《两浙名贤录》"清正卷"和《江西通志》"名宦卷"。

颜鲸不畏权贵

颜鲸任山西道御史，出视仓场，有奸人马汉，仗定国公权势放高利贷，鲸立论杀之。又上漕政便宜六事，禁止锦衣卫兵卒领饷时随意挑拣；又主张罢海运。皆称旨施行。又出按河南，当地伊王朱典楧横行不法，鲸上奏其抗旨、矫敕、淫虐等十大罪状。帝震怒，废王为庶人，两河人民鼓舞相庆。后因多次纠劾权贵，甚至触怒世宗，被贬为安仁典史。后复出任湖广提学副使，试恩贡生时，因拒绝大学士张居正请托，被降为山东参议，再改任太仆少卿。可惜的是，虽有都御史海瑞等交章举荐，终不受重用。光绪《慈溪县志》称："鲸直谏似汲黯，风节似李膺，文章论议似陆贽、亦似苏轼，去世后从祀慈湖乡贤。"

"却金亭"姜国华

姜国华（1522—1591），字邦实，别号甬洲，姜宸英高祖。明嘉靖三十八年（1559）进士，授工部营膳司主事，迁本部郎中，分司治张秋决河。升河南按察使司佥事，转陕西布政使司右参议。其时有矿盗横行商洛间，劫掠吏民为害，所在逐捕不能得。姜国华从容应对，指授方略，渠帅授首，陕东西四千余里，威怀并著。却因正直敢言、见义奋发，无意中得罪了权贵，不但无功，反而有错，被贬为常州通判。稍后，转南京刑部郎中，历广东按察使司佥事。当地有个土司为怨家所中伤，被抓捕下狱。姜国华经过审讯调查，确系冤案，决定释放。其人感泣谢去。数日后又带着千金前来致谢，他厉声却之道："吾岂以贫故丧吾生平哉！"可惜性格决定命运，他不能以时俗圜转附和，居然因为这件事再遭斥责贬官。姜国华则干脆拂袖而去，终身去官不仕。他走后，苗民思之，为立"却金亭"。据姜宸英说，"亭至今尚在"。

他回到慈城，家中环堵萧然，旧田四十亩，分毫无所增。亲朋故旧问他："何故累却馈遗，不为子孙计？"恰巧，其子姜应麟初成进士，他笑道："此吾所以为子孙也。使吾用暗昧得金，哪里还能看到今天的荣耀？"而姜应麟的个性酷肖乃父，也是正直敢言、见义奋发，他任户科给事中，率先为"郑贵妃册封"事件抗疏争辩，且请早定国本。疏入未下，中外纷传皇上震怒，祸将不测。消息传到慈城，家人皆忧泣。唯有姜国华对挚友颜鲸说："没想到儿子能作此等事，虽受斥责贬官，我却不恨。"颜鲸说："公有子，能死谏阙下，公不以戚诸怀，反用此庆幸。方今父子以名节着声，如公几家？此吾所以为公贺也。"遂畅饮极欢而罢。后来，乡亲们感念其父子两世恩德，请于官，在慈湖边建立尊德祠，岁时父老子弟致祭不绝。

好县令冯若吕

冯若吕，字溱甫，冯叔吉长子，明万历十年（1582）应天乡试举人，授池州东流县令。他上任时，适逢江南大涝，全县大片土地被淹，百姓流离失所。冯若吕为人慷慨负气节，意所不可，百折不挠。他临危受命，亲赴第一线实地考察，发现灾情非常严重，又缺钱少粮，难以救灾；乃以身作则，捐出月俸，节约各项经费，再加上犯人赎罪的银钱，专程到湖湘购买粮食用来赈灾。他坐着马车，跑遍了城镇僻壤，殚精竭虑，按人口分给粮食；又在县城四郊广设粥棚，救助饥民，赖此而全活者数以万计。

东流县地处大江南北、楚婺交界，居民杂糅，本地人连一半都不到，所以遇到纠纷诉讼，常常因讼者不是本地人而转移到别的郡县，东流县反而无可究诘，损害了东流的利益和权威。而以前的县令，大都睁只眼闭只眼，不愿秉公办事，只求平安度过任期，拍屁股走人。所以在民众的心目中威信极低，几乎不知道县令是谁。冯若吕了解内情后，挺身向上级坚决提出：本地诉讼必须归当地官府管理，周围郡县不能随便插手。他坚持原则，周围郡县无法动摇，官司也就打不下去，最后诉讼者只好低头接受冯若吕的审讯。而他精通法律，剖决如流，很快案牍如洗。老百姓自是才知有县令矣！例如，某村池塘中浮出一尸，却不知究竟是谁。冯若吕下令将尸体暴于中途，往来属目者窃指云："某生而左趾缺一，今亦如之。"冯若吕抓住这条线索追穷，果然是此人岳父杀赘婿扔进池塘，具服抵罪。

此前，县令还无法掌握衙门公款，都在下属猾吏手中，常私自贷款给个人，取一成的利息，害得公帑总是不够用。冯若吕稍微知之，不动声色，只表示要进行一次彻底的财务检查。贪官污吏们大惊，急忙收回贷款归还县库。冯若吕把钱统统放进一个大木柜，严密锁固；并规定，自后上赋者得自投其中，不复问他羡，非解发不得启椟。就这样，他无须采取严厉措施就清除了这项多年积弊。

冯若吕的声誉，一时闻名遐迩；而乡亲们还由此想起了他的父亲冯叔吉，五十年前任池州知府时也颇施廉政，于是将冯叔吉祀于学宫。冯若吕是个大孝子，奉祀学宫时，他和父老一起罗拜祠下。后人称两世甘棠，实为盛事！同时也为冯若吕惋惜：当时他已经查明，东流所以屡遭洪涝，是县城滨江、南隅地势低下而致，遂决定筑长堤以障之，使用巨木大石，务求屹立如狂澜砥柱。可是眼看着大功即将告成，却被人中伤而去职。惜哉！

冯若愚严惩矿税使

冯若愚，字明甫。明万历二十三年（1595），授工部主事，升郎中，出为襄阳知府。此前，神宗皇帝派出大批太监到各地征收矿税，而主管楚地的陈奉开府武昌，非常鸷横；又勾结韦国贤充锦衣卫，开府樊城。互相狼狈为奸，无恶不作：发人冢墓，或夜入民舍搜括私藏，遇斗米亦税之，害得全境天怒人怨。于是官逼民反，百姓揭竿而起，啸聚形成七个山寨，武力抗税。冯若愚刚上任就遇到如此危局，叹道："变在顷刻，不赶紧想办法，要太守何用？"他急召教谕徐中节，设计把韦国贤引出来，然后尽缚税署爪牙。他自己则单枪匹马。前驱拦截韦国贤，抓捕置郡狱。其他在各地的党羽，也一时尽缚。此事轰动楚地，自襄阳至武昌，无不传颂，称太守为"神人"；而原来啸聚七寨的民众也自动散归陇亩。

唯有陈奉，气得七窍生烟，将此事飞速上报朝廷。但是"得道者多助，失道者寡助"，这奏章竟过了两月还不曾送达。当时，税使每月都要向皇上报告，可陈奉两月无奏章，神宗怀疑楚使皆被杀，遂命陈奉撤回；不久又下诏尽撤各道税使。陈奉回去，对冯若愚恨之入骨，唆使太监们无中生有地加以诋毁。冯若愚因此久久不得升迁，但他绝不屈服于淫威，干脆就辞官归里了。

抗清志士冯京第

冯京第（？—1654），字跻仲，号簟溪，冯元飏从子。少负高才，下笔数千言，为明末复社名士，崇祯十一年（1638），列名《留都防乱公揭》一百四十位士子之一。清军南下，京第参加浙东抗清义军，唐王时任监军御史。唐王败，再预湖州起兵，不幸飓风覆舟，尽丧其军。他先后三次向日本借兵，均未成功。又与职方主事王翊合军四明山，结寨于杜岙，屡屡击破围攻之清军，鲁王授以兵部侍郎。清军深恨，拘捕他的家属并残酷杀害，企图逼其就范，但他绝不投降。最后清军袭击四明山，他正患重病，匿居于大岚的颧顶山，因部将出卖而被俘。全祖望《续甬上耆旧诗·冯京第传》记载了冯京第英勇就义的经过："见大帅，则已委顿骨立矣。及至帐中，蹶然而起，挺立不屈。鞭笞雨下掠之，乃扑于地。时从公赴难者，都督张元而下尚五十人。明日行刑，乃肢解之，以力共剖其心，醢之为羹……枭公首，抛公胥。大师部下一卒，愿得公一肩一臂食之，许焉，因负以去。盖公翳桑之饿夫也。鄞之义士从是卒，得肩臂招魂。"

后人冒险将冯京第之臂、王翊之首、董志宁之尸合葬于当时宁波城北马公桥边（今属江北区文教街道），世称"三忠墓"，今为宁波市文物保护单位。

郑梁"为政贵因"

郑梁立心平易，主张"为政贵因"，惟务与民休息，循天理，近人情。在广东高州知府任上，他自题其署斋之额曰"因亭"，听事之联曰"留点胡涂培国脉，学些懵懂养天和"。当时上级打算开发硇州（今湛江硇州岛），通知郑梁商议。他没有盲从，指出硇州在海外最险阻，开之不足为利；将来鲸鲵出没，为患滋大。此议遂寝。高州人好诉讼，每受词至六七百人。他亲自审讯，实者准之，虚者立斥责之。不数月，讼庭如水。当地又多盗患。其中黎亚二之案，郑梁查清，拟判死刑；不料上司受贿翻案，勒令改从司谳。他则始终坚持杀人者死，罪不可赦。幸亏抚军明允，同意他的判决。又有大量揭帖在郡城出现，说某日盗贼将攻城，闹得上下惶惶不安。郑梁却镇定自若，叫来一名孔姓道人，说："我署中多鬼，烦你厌镇。"道人援笔作书，书讫，郑梁出示揭帖道："这不是你的笔迹吗？"道人惊恐，匍匐叩头求免。他以丁艰归里，据说，"阖属官吏兵民跻堂号泣，不忍舍。濒行，送者塞途"。船到电白县，百姓在五更天执灯火相送，自动环跪，只求一见好官面。

冯璟抗灾安民

冯璟（生卒年不详），字玉章，号小宋，出身慈城冯氏。以廪贡生就教职，历官临安、云和、秀水、石门等县学训导。清嘉庆六年（1801）进士及第，补江苏安东知县，赴任时发誓不取安东一钱。该县多水灾，上年河堤决口，汛溢百余里，不少村镇淹水中，灾民半栖堤上。朝廷决定发帑赈恤，冯璟亲力亲为，到各地核对户口，当时天寒地冻，需要履冰而渡，好几次冰裂堕水；又徒步查核河堤，夜里就和灾民一起露宿堤上。他的前任云南人王瑞，是同科进士，亏库银数千两，经考核被降级调任。冯璟不仅没有责怪，还以其万里远宦，贫不能缴亏空银钱，主动请求由自己来承担，分年摊赔。后来他自己也被弹劾去职，官民皆焚香号泣送他离去。

杨九畹的《从政自警》*（节选）

我性与民性，均是天所赋。何以平其情，厥道在行恕。恕由我身推，而非尚煦妪。民好我斯好，民恶我亦恶。田间行直道，立论严除蠹。一行作吏来，见蠹不敢忤。匪惟不敢忤，为之羽翼傅。繄岂天性然，良由多欲误。

吏治言听讼，庶政举一端。讼牒久稽积，里民肤不完。生者气不伸，死者魄不安。法吏矜用术，钩距苦诘盘。谁知情曲直，只在辞气观。虚堂有明镜，照人见肺肝。判以春秋笔，理至语不刊。吁嗟明决士，庶不

---

* 程丽珍主编《江北历代名门望族资料选编》，宁波出版社，2018，第 357~358 页。

尸厥官。

元穹嘘善气，万类毋相侵。暴夫百中一，一暴寒百心。吞噬闾里间，弱肉供搜寻。除之务宜尽，毋俾恣凶淫。假如纵虎狼，岂不残山林。大田莠杰杰，禾黍力讵任。巨疖生四体，刺以长棱针。烈日销阴霾，利泽胜甘霖。君子诛豪恶，小人被德深。

玉洁不受玷，所恃我无瑕。儒生初筮仕（初出做官），犹如女处家。贞性柔且静，见客面背遮。奈何阴险辈，媒言互喧哗。倾听日益久，神荡情迷邪。贪泉一入腹，讵复惜齿牙。豺狼当面立，交手纷攫拿。习惯河间妇（指淫荡女子），遑知媸笑加。名裂身亦败，旁观空咨嗟。

仕以征学优，圣人戒干禄。干之且不可，而况欲逐逐。嗟此诵读人，志在作民牧。泊乎释褐来，视民不在目。某邑钱千缗，某郡粟万斛。避瘠而就肥，寤寐筹思熟。获利得锱铢，竞进形如鹜。僚友仆隶间，言之颜不恧（惭愧）。所学乃如此，当为仕途哭。

汉章重悃幅（至诚），良吏首安静。大哉帝王言，六察得要领。安静非无为，纪纲次第整。程功不在速，累积日月并。不安神乃瞀，不静才欲逞。躁急伤蹙蹩，烦碎纷驰骋。兹心不克定，焉能事井井。前言请书绅，公余猛自省。

慈孝齐家　友善和谐
——儒学文化影响之三

孝，乃是中国文化之根！儒家一向信奉"百善孝为先"。汉武帝"罢黜百家，独尊儒术"之后，历代皇帝大都实施以孝治天下，强调于国忠孝、于家慈孝。而历史上的慈城人民，把慈孝作为修身养性、齐家处世、为官治国的重要精神支柱，留下了许多宝贵的慈孝遗产。如，县和城都以"慈"为名；东汉董黯、唐代张无择、宋代孙之翰的孝子传说，慈城也被称为"三孝乡"或"三孝镇"；历代还出现了许许多多孝子贤孙，受到皇帝旌表的就有30多个。他们的言行，又以文献和民间故事的形式流传于世，并且形成了具有地方特色的慈孝文化形态。保存下来的慈孝遗址，就有慈湖董孝子溪、张孝子祠、节孝祠、孝子井、董孝子宅、董孝子庙等；还有以慈、孝命名的街、巷、桥、坊、江、湖、溪等，更是数以十计。在这些有形无形的慈孝文化的熏陶下，慈城人民自觉自愿地前赴后继，发扬光大，终于荣获全国"中华慈孝文化之乡"称号。

三大孝子

汉代孝子董黯

慈城的慈孝传统源远流长。东汉孝子董黯的传说"开风气之先"。现存最早的董孝子文字记载，见于三国时期虞翻的《孝子董公赞》。晋代虞预所著《会稽典录》有更详尽的记录。董黯（89—106），字叔达，西汉大儒董仲舒的六世孙。他自幼丧父，砍柴为生，与母亲黄氏相依为命。

黄氏从小在大隐溪旁长大，喜欢大隐溪水的味道，后来生病，特别想喝大隐溪水，董黯就天天到大隐溪取水给母亲喝，母亲心疼儿子，董黯便在大隐溪旁筑室搬过去，直到母亲病愈才回家。后来，他偶然在屋舍旁边挖土，忽有泉水涌出，旋以成溪，其味与大隐溪水无异。乡亲们都说这是董黯孝行感动天地，因此称这条溪流为"慈溪"。据说，这慈母孝子的故事不胫而走，传遍神州，甚至感动了汉和帝，特封董黯为议郎，但他辞谢不就。唐代朝廷重设县域，将句章县析为三县，此地即以"慈溪"为县名、以"慈城"为县城名。

南城新建董孝子庙记*
（杨守勤）

邑以慈溪名，本于董孝子也。孝子家北湖之涘，母黄氏来自大隐溪旁，素嗜溪水。会遘疾，思之甚，道远不时致，孝子乃筑室就养。迨疾瘳归，偶剧土舍旁，有泉涌出，旋以成溪，味与大隐无异。是本孝感所致，乃善则归亲，因谓之慈溪也。孝子讳黯，字叔达，为东汉时人，虞预《典录》所谓尽心色养者也。不幸与王寄邻，寄富而纵酒，行多不顺。董母与王母则交善也。一日，因王母之问述孝子善养床，本据实无心，而不期王母借以讽寄，且不期寄不以为感，而转以为憾。于是伺孝子出而痛辱其母，因以不起。孝子既葬，枕戈泣血，思复大怼。以王母在，不忍。俟既卒，寄且终丧，因斩其首祭母，而自囚以归罪。吏不能决，闻于朝。和帝特诏原之，征拜议郎。辞不就，寿终牖下。人谓孝子之不遽报，视寄母如己母，锡类之仁也。其不就征，盖以吾罪之不恤，其敢因母以为利，持身之正也。是皆然矣，而要未尽得孝子之心。夫孝子始终心乎母者也。寄可杀，而其母苟失所，或者非吾母之愿。且捧檄而喜，以亲在也。今即日列三牲而已不逮养，即欲啜菽饮水（菽水承欢，指尽孝）而无从，则轩冕于吾乎何有继？自今溪水则自流也，而吾亲其安往乎？盖大孝终身之慕在此。故溪不谓孝，而谓慈。然则是人也，吾邑可

---

* 光绪《慈溪县志》，清光绪五年刊本。

以一日不祀哉！

国初，高皇帝秩正百神，而孝子特命知府致祭，因移祀郡城。正德间，前令胡琼建崇孝祠于学宫侧，以奉本邑祀事。嘉靖时寇难，学宫毁，祠亦烬。邑之人每嗟瞻仰之无从。而孝裔允升方领乡荐，即请诸大巡高公，举复其祀，旋偕诸弟庠生允茂等建庙于南城，以肖像其内，规制宏宽，灌献有所。今登进士，将之官莆阳，来寓请记于余。

余惟邑滨东海，千余年来其贤者固尽性敦伦，若张无择（唐时孝子）、孙之翰（宋时孝子）诸公咸相继而起，即中庸以下，亦罔不思自好而耻效王寄之为。则孝子于吾邑，其所以风励者何远乎！唐令房琯因移治而取以名县，有以也。抑余闻之，源之远者流长。孝子之辞征，以不及养耳。兹允升兄弟幸父母皆健在，行将迎养于官，且将移孝作忠，其光显褒大，正不可量。况董氏子姓，与是溪相为终始。异日绳承继美，因相祀而衣冠肃穆者，亦自此建庙基之矣。即邑之人闻而兴起，咸思敦行不怠，以上希先哲之休风，宁有既乎。是皆饮水知源，亦顾名思义之意也。因不辞而为之记。

赞曰：慈溪署县，唐相崇孝。改溪为溪，权宜创造。失印铸印，永乐始肇。溪本从谷，征孝益妙。大隐谷也，水则常绕。浮碧谷也，溪则未渺。古者谷汲，毋乃同道。泉来既长，谷势用考。本源可溯，光远有耀。际地蟠天，孝思在抱。中庸可能，白刃冥蹈。万世溪流，曰慈母好。

唐代孝子张无择

张无择，字君选。唐永隆初由进士历迁华阴令。据传，张无择立官为民，廉洁奉公，后因父亡，他弃官奔丧，并在父亲坟墓边搭建草屋相伴，读书养性，遂有泉水从草棚旁涌出，有灵芝生长在溪边，人们称赞是他的孝行感动天地所致。

谒孝祠追和杜石台先生韵

黄 震[1]

慈溪一派挹清涟,庙貌重新[2]远近传。

天锡甘泉流不竭,仇奸霜刃血弥鲜。

清风振古渐乡俗,高节于今迈等闲。

近袝[3]张公[4]臭[5]味合,一堂俎豆果畴肩[6]。

注释

[1]黄震:宋代慈溪人,思想家、理学家、史学家、散文家;杜石台:杜醇,宋代慈溪人,学者、教育家。[2]庙貌重新:重修庙宇。[3]袝:配享,附祭。[4]张公:唐代孝子张无择,与东汉孝子董黯合祀一堂。[5]臭:同"嗅",辨别气味。[6]畴肩:同"骈肩",并排。

宋代孝子孙之翰

孙之翰,字文举,以仁义孝悌闻名遐迩。这一年孙母病危垂死,百药无效,之翰信传闻之说,遂剖腹割下自己的一叶肝,熬糜粥喂母亲。其母食后如饮酒沉醉,酣睡整宿,次晨醒转霍然痊愈。乡人均谓孝感所致,传为奇闻。

孙孝子祠记[*]
(桂锡孙)

先儒之言曰:"孝无常施,惟其宜而已矣。"此非先儒之言也,夫子之言也。夫子曰:"夫孝,天之经,地之义。"行而宜之之谓义,经之变动不居也。曰无违,曰色难,曰唯疾之忧,曰不敬何别,曰人不间于父母昆弟之言教,亦多乎哉?不多也,钦厥止也,安汝止也,夫焉有所倚?不然,夫子浚百行之源,而开其宗始之曰:"身体发肤,不敢毁伤。"曾子别五孝之用,而扬其旨,终之曰:"战陈无勇非孝也。"共用之谓勇,身体

---

[*] 光绪《慈溪县志》,清光绪五年刊本。

发肤，将何如？曰：要道之广，大德之化，此所谓天经地义也。

敢援是以阐孙君之翰之孝。母病革，号泣旻天而誓之曰："无母何恃，遑恤我躬。刲肝为□（糜），捧之进歜（饮），须臾永差，迄遂终□（养）。"里人称愿然曰："幸哉，有子如此！"郡太守惊传，请以礼见。既见，将以名上闻，小犹当如阐都杨君庆旌表门闾也。君曰："本心救亲，它无所觊。"郡太守察其所安，行非起意，言非作为，竟不敢夺其志。潜虽伏矣，亦孔之昭光远而自他有耀。贡乡则观桂芳，魁省则因梦观，擢第则困，斯掸震孙獬孙，升俊则炎；斯扬企孙，齿胄则澾，荐漕则铉。梦复其余，方兴未艾，何为其然也。为人子止于孝君之孝，人以为难，君不知其难也；人以为异，君不知其异也。知止于其所止也，止而定，克开厥后，綮□不殊。潜感釜金，方斯褊已，天之苍苍，其正色耶？

邑有汉董孝君（董黯）庙，以唐张孝子（张无择）从，□秋匪懈，享祀不忒。今岁春祠，锡孙偕侄康老、甥张大□一心力骏奔走，秋而载尝。先九月朔，洒扫庭内，登降顾瞻，而窃叹曰：皇宋之以孝理天下三百余年矣，推其所因，放诸四海，悠悠我里，未逊汉唐。仰止孙君，家鸡鸣出，指马鬣封（坟墓），而□望非传疑也。永言孝思，最诸州志，印诸文元杨公（杨简）铭可覆也。

张君（张无择）得孝之经，自旧令尹实主张，是既举而祔董君（董黯），如君得孝之义。惟今令尹有请谒焉，当举而陪张君。及告，乃喜曰："去岁之冬，问其名居，扁坊纪行矣，此忱得我心之同然也。起敬于孙君，即所以起孝于吾邑。其位于庙之西偏，以妥以侑。"尝之日，令尹率同僚暨邑士大夫盛服将事，及诣孙君位，其孙曾有在列者，或趋而执爵，或俯而答拜，祝以孝告，众咸听耸，礼彻而退。有赞于庭曰："文靖张公（张文谦，谥文靖）记张孝子之入庙，谓吉德参会，参之一字，今其验耶？"令尹曰："未也，盍寓胚胎之像，□奉安之室，而后可谓久而敬之，县家当任其事。"浙东帅机困乃率其弟若侄进而辞曰："前日不敢以远祖名闻者，恐违本心也。今既辱以远祖名，扬□其崇，明祀宜也。此正后人之责，像设室处，有不如董、张二君，曾是以为孝乎！况庙实祢祖（祖与父之庙），国使枝所建。时有名儒冯公绡于其亡，悼以诗曰：'惟余孝子祠边月，长照东湖百顷寒。'盖云祢祖之志钟乎此，幸者远祖之灵依乎此，将憺寿宫，洋洋如在。震孙之兄履孙自惟嫡派，虽同一敬，不可虚拘，捐田谷十石，庸旅庙庄，以佐祀费。若夫来燕来宁，何修何饰，犹惧不给，矧可射思。敢以烦执事。"令尹幡然曰："是亦不可夺其志也已。"乃顾锡孙为之记，拱而辞曰：荔丹蕉黄（指祭祀供品）之进，所能共也；幼妇外孙（东汉蔡邕在曹娥碑上题"黄绢、幼妇、外孙、齑臼"八字隐语，指绝妙好辞）之作，弗容僭也。误以能事相趣迫，辄拟骚以相畷。词曰："慈水泱泱兮，源深流长。于汉于唐兮，有董有张。我宋无疆兮，孝治维纲。嗣圣慈良兮，风动四方。显示天常兮，潜发幽光。唯君所行兮，以对穹苍。因心之萌兮，爱思劳忘。会逢时昌兮，今以名扬。暗然日章兮，教所由生。神游故乡兮，惠歆瓣香。桂酒椒浆兮，春祀秋尝。来燕一堂兮，万世遗芳。"

三种家训

纪先训[*]（节选）
（杨　简）

吾家子弟，当于朋友之间常询自己过失。此说可为家传。

吾少时初不知己有过，但见他人有过。一日自念曰："岂他人俱有过，而我独无耶？殆不然。"乃反观内索，久之乃得一。既而又内观索，又得二三。已而又索吾过恶，乃如此其多。乃大惧，乃力改。

人间以争为事，吾家当以不争为事。

所亲者君子，吾即君子也；所亲者小人，吾即小人也。小人多佞，喜承顺；君子则耻之。所亲近未可不察。岂可舍其违意而取其顺己。

人为景所夺，则有喜不喜之心。其喜在清风明月，在画堂花烛，在玳筵绮席，在异香美色，饥时饮食，寒时衣裘，炎暑风凉，凛冽火阁。

---

[*] 慈湖杨氏家训。见（宋）杨简《慈湖遗书》，民国21年鄞县张氏约园刊四明业书本。

其不喜者天色晦昧，人情背违，柴门茅舍，恶衣恶食。不美人意处更省之，此二者之心无自而生。

吾家子弟或忝科第，未可遽入仕。必待所学开明，从而自试，上不误君上任委之心，下不失民人倚赖之意，九泉乃祖于此无憾矣。

学者常先虚己。自古有误认臆度为道。浪度光阴。蹉跎实学。不知其几。东坡投老，顾以养生为先。追想其情，使人恐畏。微细习气，人不自知，学者当审而求之。吾为学至此，亦不自知。自前岁一病方知之，今岁一病又知之。吾觉此病非病，乃教诲我也。

吾尝诲骨肉，家中虽窘束，其使人以礼，其待人以实。

人爱儿女太过，其后翻成怨恶者，盖爱极则怨生，乃自然之势。善养儿女则以理，不以私意。

或谓儿女奴婢由我所治，此乃无识人之所见。治之不当，自己先已失言，岂能治人？吾处世不敢辄嗔人，亦不憎恶人，常爱人，常敬人。

子弟读礼，不可以世俗讳忌，特缺其礼。令简书之册，以示人。

汝辈谋屋，先须筑一片基址。且道如何是基址？务廉谨是基址，学安静是基址，此一片基址极好。若欲将钱急于营图架屋，便错。

小儿渐长，欲行约束，不可遽。明年欲行，今岁先谕之，以宽为贵。道无大小，何处非道？当于日用中求之。衣服饮食，道也。娶妻生子，道也。动静语默，道也。但无所贪，正而不邪，则道不求而自得。

有家者起不可不早。食不可不齐。于此可以观家之兴衰。

吾家命新生乳名不可务尖新。

人心本自清明，本自善；其有恶，乃妄心尔。因其不达，执以为我，被客来作主，迷失本心。达"血气"二字则无我矣。

人皆有一我，故不见道，虽名士难逃此患，遂以聪明为道。释氏谓之认贼为子。夫尧舜为天下，后世知其名，而尧舜所以为善。今人点妆贤者之名归己，于尧舜有异矣。倪得尧舜之心，则无我，无我则自然日进，不待修为之。

吾家当行七事：好为，平直，谦虚，容物，长厚，质朴，俭约。此可以成身，可以成家，而道在其中。

四明桂氏家乘稿·桂氏家训（节选）

第一条：春秋祭祀，此是第一件事。故当年房长必先数日点能干子弟干办，至期务要丰厚洁净，庶见报本追远之意。及祭毕而饮，当体祖宗一脉，不问富贵、贫贱、亲疏，一样相待。近时大家祭后聚饮，交相喧哗，各将酒劝得时之人，失时者冷落无聊，甚至酒后猖狂，乱言乱语，得罪宗族，因而相打相骂，大则兴官事，小则供中人，是因祖宗而子孙自相残害也，祖宗有灵，岂能安于地下？况祭祀之日，皆为祖宗，只我商议整祖坟、置祭田祭器，及清明、冬至祭扫等事，决不可说私事以起争端。凡在祭祀者，皆是子孙，当自上而下轮流平饮，决不可偏劝，以生嫌隙。登席以冠者循序唱名，拜宗长，许方坐。如后开叙拜录式，不许紊乱。须择子弟声音洪亮者，喻以祖训。今日享饮，当思报本。

第二条：孝顺父母如伯叔兄长皆是父母之类，不可不孝顺也，或有好饮食或有好衣服，必须先奉于父母，凡事只要父母欢喜，然后为孝。设使父母所行有不停当，亦须缓缓劝解。若苦苦不听，又当请父母平日相与者劝之。若事无大碍，则须得顺从，不可自凭己性，与人执拗。人多于妻子则妥，于父母却不肯爱，早夜随他坐，随他睡，随他饥，随他寒，绝无一毫顾盼，独不思此身从何而来。呜呼！羊尚有跪乳之恩，鸦尚有反哺之义，何以人而不如禽兽乎？故古人一日养不以三公换，虽菽水之欢，亦当尽孝也。盖贫富虽有不同，而孝心则无不同。反报自然之理，他日汝之子孙，亦复如是。不可不知。

第七条：为祖父者，要拣择好先生教子孙，初教读《三字经》《杜诗》及古文，次读《孝经》《小学》，就要俗俗解与他，使略知其味。若聪明者，渐渐教读"四书""五经"，及作破作文字，其鲁钝难教者，亦要教读"四书"，作对作诗。到二十岁不成者，方许务农业，或作买卖。我见人卖田嫁女打官司事，自以为豪杰，却不肯用心教子孙读书，专一与先生争分毫之利。殊不知卖田嫁女打官司事，最是好笑；若卖田教子孙读书，最是好消息，大有益也，何怕人笑？书云"卖金买书读，读书置金匮"是也。

第十条：士农工商是四件事，古人言之有序次。士是读书，要专心甘淡薄。小则做先生，教人子弟，有人敬奉，极清高；大则做官食俸禄，有人服事，极荣贵。故士放在第一。农夫耕田要勤谨，多积粪，依时早下种，广积广收，使一家人饮食有余。古人有言："作食无君子。"农是大事，人之生死所系，故农放在第二。工是匠人，因不会读书，又无田耕，故白手与人造屋起墙，做台做椅，打银打铜，打铁凿石，及砍茅烧窑、做裁缝之类，虽不及士农，亦是务生业，以图供给一家，故工放在第三。商是做买卖，既不会读，又无田耕，又不会做匠人，故或自备本钱，或借人本钱，去贩稻谷，贩盐铁，贩纱罗，贩缎匹，贩干鱼，贩果子，贩豆麦棉花，贩酒，以至撑船装客之类皆是。但买卖最难做，然亦务生理以图起家，故商放在第四。人生在世，于士农工商不能做一件事，则是游食之人，非光棍即盗贼，无所不为，断然丧家丧身，祸及妻子而玷辱祖父矣。

第十一条：人家盗贼多因家法不严，听从至亲及邻里人等穿房入户，尽知门户，故起盗心。甚至外人议论，某人容某人在家行动，无中说有，以污名节。至于和尚道士，愈当严禁。大抵内外最要防闲，凡一切买卖人等只许前后大众门外，止着家人与之交易，不可从便带入内屋，窥瞰虚实，亦招盗贼之一端也。戒之戒之。

第十二条：年年防旱，夜夜防贼，时时防火，此言最为近关，须相传谨守，不可视为泛常。防旱当满塘坝，整水车，关田塍，使不至临期慌张。防贼当牢固门户，见灯下锁，多养犬及备铜锣，并弓箭枪刀，夜静则勤巡周围，有惊动即呼唤众人皆起而逐之，不可疑是猫鼠之属以误大事。至于防火，又甚于防旱、防贼。人家失火，多因睡时不扫净灶门之前及火炉之傍，或冷灰重发，或灯烛近茅草之处，或又怕人侵偷茅草，堆积在内屋，不肯作小屋在外者，此皆惜指亡掌。起火之原，各宜警省，无取后悔。

第二十四条：小儿三、四、五岁会行走时最难拘束，为父母者当以热天少使近水，冷天少使近火，常常要看顾，更不可使带金银，一时失防，见者起心，恐人财两空矣。虽曰生死有命，亦须谨防，以免后悔。

第二十八条：朋友最要择好人便与相交。所谓好人者，不贪花，不恋酒，不赌博。教我以处世及孝悌忠信礼义廉耻等事。或我有差池，他便肯说；凡有患难，就来扶持，多少有益于我。若与不好人相交，他就花言巧语，百般阿谀喷弄，或鼓诱去赌博借债；或我行事有差，得罪于父兄宗族亲朋乡里，则无一言教戒；或我有急难，又推故不来设法扶持，使我一生浪荡败家，皆此等人也。不可不谨。择善而交可也。

第三十六条：做官虽是好事，但有等做官者，于国家之事全无一毫用心，如为有司，不思我即民之父母，当以爱惜百姓为先，却乃专一贪取以肥己；至于为儒官，又不思我乃风化所系，当以作养人才为急，却乃专一奔竞以求虚名，苟或此职不称而事败露，则追悔莫及，可耻之甚也。故为官者律人先当正己，爱国必要忧民。若肯处国事如家事，无不称职。

第五十条：凡子孙至十四五岁，就令其认识产业。田地、山场，界址明白。近来富家子弟多不识产业，听人瞒喷。佃户移东易西，甚至有卖了、移丘换段，业主不知，深为可惜。及至收租，自家不去，任人取讨瞒哄，本是早稻说晚稻，岂可不识产业乎？

秦氏家庭座谈会记录
（秦润卿）

余年已七十，所谓夕阳虽好，红不多时矣。以后讲话机会一日少一日，希望大家将今日余所讲之话，略记心头，于终身实有益处。

凡人呱呱坠地，即由双亲哺乳抚育。自咿咿学语，而渐次长大，为双亲者，不知耗费多少心血，经历多少苦楚，无非希望子女长成自立，显亲扬名，所以为子女者，自应仰体亲心，曲尽孝道。幼时在校读书，应努力勤学，做一好学生；长大在社会上做事，应克尽厥责，奉公守法，做一好公民，庶不负双亲养育之恩与期望之切。须知等到子女成年，双亲年事已高，尤当善承意志，随时为父母分劳，不应事事再使堂上操心耗神，好使双亲心境愉快，安享余年。

（一）父父子子兄兄弟弟夫夫妇妇。为父当有父的榜样，为子当尽子的职责，兄爱其弟，弟敬其兄，夫妇和睦，为人伦之大本。若父不父，子不子，兄不兄，弟不弟，夫不夫，妇不妇，则家庭紊乱，纲纪失驭，而衰败立见矣。

（二）礼节与一家兴替。家庭礼节井然，整肃清洁者，家道必昌。反之家庭中杂乱无章、秩序紊乱者，家道必替。礼节之与一家兴替，如影随形，丝毫不爽。

（三）依赖与自立。恃依赖为生者，必不能持久；能自力更生者，方可以常存。不作无谓之冀希，不生非分之妄想。

（四）远识与近视。眼光必须远大，不可专图小利，一切须从大处着眼，尤当顾及将来，不可斤斤计较目前。

（五）勤俭与奢侈。勤俭乃立身之本，奢侈为破家之原。克俭者，聚沙成塔，久必成功。好奢务侈者，坐吃山空，久必覆亡。

（六）忠实与浮滑。凡人必须忠于国家社会，亦必须忠于本身，故应时时检讨一己行止。曾子每日三省吾身，最足人取法。大凡为人谋而能忠，则对己不妄自菲薄。对亲而能尽孝道，则处世决不浮滑。

（七）识人与认字。凡人不能离社会而独立，亦即入世不能不与人周旋，于识人殊为重要。能交知音之友二三人，方可患难相共，甘苦共当。所谓屈志老成，急则可相依。如不慎而交恶友，则日久必同趋堕落。所谓"蓬生麻中，不扶而直；白沙在涅，与之俱黑"是也，故识人重于识字。

（八）贪近乎贫。人贵知足，不可务贪。鼹鼠饮河，不过满腹；巴蛇吞象，自不量力。故得意不宜再往。"贪"字与"贫"字相类，凡务贪者必贫。

（九）注重三育。体、德、智为三育，其中尤以体育最为重要。身体健全，为立业之本；次为德育；再次为智育。智而无行，仍不能立足于社会。

（十）事贵实践。知而不行，与不知等。

以上数则，大家倘能一一实践，一生受用不尽，尚望好自为之！

千年传承

因为慈城出现了董黯、张无择、孙之翰这三大孝子，所以历史上也被称为"三孝乡"、"三孝镇"和"孝中镇"。而在他们的孝行感召下，慈城历代出现了许许多多的孝顺子女。据光绪《慈溪县志》记载，被历代皇帝旌表的孝子（女）就有30多个。这些以三大孝子为代表的孝行，除了见于文献和民间故事，还出现了不少慈孝文化遗迹，如慈溪、慈湖、慈江、慈水、董溪、孝溪、慈溪巷、忠孝桥、礼桥、义桥、高义桥、孝子池、孝子井、牌坊孝子里（为冯世卿立）、崇孝坊（宋嘉定间改立为纯德坊）、慈孝坊［旧名祈报坊，元至元三年（1337）因董孝子庙易名］等。现存的有董孝子庙（始建于宋建炎年间）、董孝子井、董孝子碣铭［宋人题记，原存慈城徐家巷，清光绪十七年（1891）移置余姚三七市董氏繁露祠］等。而某些达官名人，虽然不以慈孝著称，但其言行更有代表性、更发人深省。

杨简父子 杨简年轻时，办事干练，除了主持家中日用出入等杂务，终日侍候在父亲身旁。晚上，父母就寝，他遮蔽灯光默默静坐，等到父母熟睡了才去掉遮蔽，在灯下刻苦学习，或漏尽五鼓。其父杨庭显，律己极严，待人谦虚，一言之善，虽樵夫牧童也称吾师。而且他齐家有纪律，教育弟子书训累牍，字字可佩。杨简深受乃父影响。有一次，家宅菜园出现连理的蔬茎，他借以赋诗比喻："弟兄和气与天通，连理蔬茎瑞郁葱。造化神机非远近，不当言异又言同。"然后又作《连理瑞记》，真诚地赞扬道："伯兄（杨筹）忠信天成，进德于内，而世莫知。""仲兄（杨篆）文雅洒然……人皆耻于闻过，兄则顾自白其过。孔子曰：'吾未见能见其过而内自讼者也。'而兄安而行之。""叔弟机仲（杨簏）用改过之力于内，而人未之知；又其闻钟发省，自此吐论超越。季弟行仲（杨籍）孝友笃至（志），讷于外而敏于中，内心发光，不可致诘。"而这一切，都是父亲教育的结果："诸子雍雍，群孙济济，虽入德先后之序不齐、不可枚数，而其大较质而不浮，从容乎先公道化之中则同。"

杨简继承乃父之道，曾根据"孔子击磬于卫，厥有大旨"的典故，将儿子杨恪的书房命名为"磬斋"，并作《磬斋记》强调："君尊臣卑，父慈子孝，兄爱而弟敬，夫妇别，长幼顺，朋友信，无非击磬也。目之视，耳之听，心之思虑，口之言，四体之运动，无非击磬也。"当杨简去世时，杨恪在其庐墓旁筑坟庄用于守孝，命名为"则庵"，又名其堂为"天经"。意思就是慈孝乃天经地义的原则，父亲正是因为恪守此道，所以"其处己则廉俭清峻，不昏于利欲；处家则冠昏丧祭以礼，不诪张（欺诳）于异端；处宗族则教之抚之，不殊己子；处乡党则敬之顺之，不失一夫之心；处郡县则军民爱戴如慈父母，而不屈于权豪；处朝廷则启沃孜孜，发扬圣性，直言正论，风节凛凛，而不悆于去就之义"。而杨恪如此命名，也正是为了表明："吾则吾父，是又标的后世，为吾子孙无穷之则也，可不谨欤！朝斯夕斯，念兹在兹，皓皓纯白，不可射思。恪也勉之！"（《则庵记》）

杨守勤父祖 清雍正《慈溪县志》称杨守勤曾伯祖杨子器对"三子二侄，均之产如一"。而杨子器的慈孝品质，不仅于此，"居父丧，庐墓阳嘉山，久不忘戚。禄入悉以奉母，不有私箧"。所以人们"称子器德业，必先颂其孝友"。他从河南布政使任上告老还乡，两袖清风，囊箧空空。家中依然是原有的薄田二十五亩，产量很低，甚至连一日三餐都不能保证，他却处之怡然。《明史·杨子器传》说他"时至断炊，日停午，妻进麦粥，辄啜粥，行吟如故"，自号"余夫"。侄子杨孙仲，即杨守勤祖父，明天启《慈溪县志·杨孙仲传》称他"少负志节，有世父柳塘公（杨子器）遗风"。他主政江淮要冲仪真县，遵守伯父所辑治县谱，事皆禀式，因此，虽然此地商贾辐辏，号称财薮，却没人敢来行贿或索贿，门如止水，筐篚绝迹。任期既满，本当以最优等晋升，竟因得罪御史而罢官。归来时，"橐装萧然，室无别构，亩无旁拓"。但杨孙仲和伯父一样，处之泰然，"可谓清修醇德君子"。而唯一让他深感愧疚的，是自己的功名官位不足以封赠父母，"每自念潸然"。

　　杨孙仲之子杨世思，即杨守勤父。嘉靖年间倭寇入侵慈城，他奋不顾身，救助亲人脱困。事后，鉴于慈城因没有城墙导致倭寇长驱直入，官府决定建筑城墙。其地址恰好涉及杨家良田若干亩，主事者建议拨乡田交换，或开垦湖田补偿。杨孙仲问杨世思："你的意下如何？"杨世思说："夫筑城以捍卫民，民安，田何惜？矧乡田各有分土，垦湖力更倍，且滋扰。请勿受。"杨孙仲欣然曰："正合吾意。"于是谢绝回报、无偿贡献。又据杨守勤回忆，"先君天性孝友，持身介直。……见祖母家故零落，岁时分饔飧饷之，为舅氏及诸中表具棺椁者前后而七。届清明，必亲拜扫各墓下。后并迁其香火奉于家，至今不绝"。兄弟分家时，弟弟提出上述城基问题，杨世思不予分辨，用新购田地补给他。其余的地宅、山庄及什物，全都满足其要求。后来弟弟去世，杨世思和伯祖一样"抚其二孤。长曰守训，视为课督，卒辇簧校；次曰守议，量才授以一业。"不幸二子也相继夭折，留下弟媳余氏、侄媳曹氏，"茕茕相倚，艰苦万状"，他又尽其所能照顾。两位妹妹出嫁后，夫家也相继败落，杨世思出钱出力，甚至为两家接续香火。凡此种种，他都毫无怨言、真诚帮助。（杨守勤《敕封儒林郎翰林院修撰先考见洲府君行略》）

　　郑梁父子　郑梁在广东高州知府任上，忽然接到父亲郑溱病逝的噩耗，万里奔丧，哀毁特甚，葬事未毕而晕倒仆地，昏迷十九天才苏醒，竟成半身不遂之疾。他有个英年早逝的弟弟，兄弟情深，特将幼子过继给弟弟，却不幸也是早殇。于是当长子长孙出生后，又决定过继给这一房为孙。此外，半浦郑氏繁衍数百年，一直没有祭祀的宗祠，郑梁就割让宅基地、捐资八百金，建成郑氏宗祠；又修编《郑氏宗谱》，考其源流，记其山川人物、居葬户籍以及艺文遗事，无不井井有条。而他最后也是最重要的善举，则是对郑性的临终嘱咐。原来，一代大儒黄宗羲与郑溱是至交好友，时相过从，谈论古昔，辨析理义；郑梁得以入侍庭训，出禀师传，平居往复质问无虚日。所以当黄宗羲去世时，他哭之哀恸心丧，拟于所生；并在自己弥留之际再三嘱咐郑性："秦川府君（郑溱），吾身所自出也，而道则兼师也；不幸而体归山陵，魂归碧落，不得朝夕于其侧，吾心怅焉。梨洲先生（黄宗羲），吾学所自出也，而情犹吾父也。其殁也，吾昼见诸想像，夜见诸梦寐，无顷刻之闲。秦川府君在日，梨洲先生至辄喜；梨洲先生之于府君亦然。吾一日不见秦川府君与梨洲先生，则漠然无所向，怅怅焉失所依归。吾死，汝其建一阁，立二先生主，梨洲居左，秦川府君居右，而吾主则侍于其侧，岁时致祭惟谨。"

郑性（1665—1743），字义门，号南溪，事父至孝。他年过四十才得一子，当父亲要将其过继给叔父为孙，他没有二话，自称"执大宗之义，以为不可不允"。对于父亲的遗嘱，他更是坚决执行，在宅院东边建阁一座，以祀黄宗羲和祖父二老之神位，命名为"二老阁"。从此，郑性"每晨起，正衣冠，率诸子焚香拜手于其前，出必面，返必告……事其父之师如事祖，事其祖如事师，事死如事生，事亡如事存。祖孙父子师友聚处一堂，不啻平日讲论磨切之欢，俨然姚江一席至今未散"（徐嵩《二老阁记》）。而黄家在梨洲先生去世后，不幸遭遇一水一火之灾，藏书损失过半。郑性赶紧设法取来整理，得三万卷黄氏遗书，与自家藏书二万余卷一起存放在阁中。于是，访求南雷之学的四方学者，不去黄氏而到半浦。哪怕是黄氏诸孙，也反而以"二老阁"为大宗，因缘就在郑性报本之勤而笃也。郑性还曾协助知县张淑郿兴建义学，慷慨捐出慈城东门内田地三十九亩，亦即后来的德润书院。而他的两个儿子郑大节与郑中节，又致力于校刊黄宗羲著作，刻有《明夷待访录》《明儒学案》等，世称二老阁本。郑性的曾孙郑勋，则仿效曾祖而建"二老堂"，以纪念高祖郑梁与朱彝尊之道德文章。

秦润卿 慈城秦氏二十三世孙。童年家贫，靠母亲以刺绣所入抚养子女，贤淑常闻于闾里。他十五岁进上海豫源钱庄当学徒，慈母告诫道："我家衰微，外无显亲，得业非易，守之尤难。汝其敦品力学，毋贻我忧！"他牢记于心，每月所入悉寄母亲家用。平日事亲至孝，待人忠厚，对友诚信，自奉俭约，且公私分明，不准家人乘其公用汽车，也不让自己有丝毫苟且。某巨商拟送一妾，被其婉拒。平生不吸烟，不饮酒，不玩牌，不赌钱。"惟乐善好施予，对地方公益事业，则无不竭力以赴，诸如分赠县民桑秧，使受者遍地种植，获利良多，并雇园丁在邑之东西南北门，树之以桑，名曰模范桑园，以供人观摩。每逢春季，贻人蚕种，又聘苏州蚕业学校毕业生二人指导，以供爱好育蚕者参观学习。"他深知教育至关重要，乃集巨资于慈城创办普迪小学，使贫苦子弟不费一文都能入学。后又资助筹办慈溪县立中学、宁波效实中学及慈溪保黎医院。他还建造三上三下一幢楼房及五间平房为"抹云楼"图书馆，并于1952年将全部藏书及所属财产捐献给浙江省人民政府。诚如他自己所言："立身商业，以有今日，推厥根本，以谋公益；凡如学校、蚕桑及地方之其它义务，虽限于力，而敢不稍尽其心耶？"而老友陈谦夫也诚挚地证实："诸凡馈遗族党，济人之匮，耗其岁入泰半无吝色，皆昭昭在人耳目也。"（《赠秦君润卿》）

工商皆本　义中求利
——浙东文化之影响

历史上的慈城，既是"进士盈城，举人比肩"，又有不少弃儒经商、亦儒亦商的家族。这样的社会现象，与浙东文化的影响密切相关。慈城的一代大儒杨简，是浙东学派承前启后的重要人物。他创办的慈湖书院，是浙东文化的传播地，他提出的"毋意"说和"己易"说，影响了明代王阳明的心学。而王阳明在为一个弃儒从商者撰写的墓志铭中明确指出："四民异业而同道"，人皆可以为圣贤！他的"新四民"说，从精神层面上否定了儒家等级制。明清之际作为浙东学派领军人物的黄宗羲，又进一步从职业层面否定了"四民"所谓贵贱、本末的儒家等级制，主张一视同仁、"工商皆本"；同时也指出：并非所有的工商业都是"本"，那些为佛、为巫、为倡优、为奇技淫巧而生产和流通的奢侈品或有害物品，必须"一概痛绝之"；只有"切于民用"的工商业才是"本"。

他俩的学说，慈城士子显然是认同的。《桂氏家训》第十条说："工是匠人，因不会读书，又无田耕，故白手与人造屋起墙，做台做椅，打银打铜，打铁凿石，及砍茅烧窑、做裁缝之类，虽不及士农，亦是务生业，以图供给一家。……商是做买卖，既不会读，又无田耕，又不会做匠人，故或自备本钱，或借人本钱，去贩稻谷，贩盐铁，贩纱罗，贩缎匹，贩干鱼，贩果子，贩豆麦棉花，贩酒，以至撑船装客之类皆是。但买卖最难做，然亦务生理以图起家。"最可耻的，乃士农工商一事无成的"游食之人，非光棍即盗贼，无所不为，断然丧家丧身，祸及妻子而玷辱祖父矣"。而当地童氏宗祠的一副楹联，表述更为精炼清楚：

> 科第尚哉，必于忠孝贞廉自尽数端，方许无惭宗祖
> 读书贵矣，但使农工商贾各执一业，便非不肖子孙

这两条家训，虽然还是强调"万般皆下品，惟有读书高"，但已明确指出：工、商和农一样都是"务生业"，没有本、末之分，更无须"重本抑末"；家人只要做好其中一业，就是好儿孙。所以，哪怕是名门望族的读书人，当他们屡屡落第时，往往会选择去做生意，不必担心"斯文扫地"。而他们也如黄宗羲所言，重视民生，发展"切于民用"的工商业，如中药业、银钱业、成衣业，并以诚信为本，义中求利，同样也能创造辉煌。

能工巧匠

考古发现和文献资料表明，历史上的慈城有着一支庞大的工匠群体。他们默默无闻，连名字都不为人所知，却凭借自己的聪明才智，生产制造各种各样"切于民用"的物品。

衣　明清时期，慈城的裁缝师傅闻名天下，掌控着北京的成衣业，并且拥有自己的成衣行会馆"浙慈馆"，位于北京前门外。会馆本是宰相袁炜旧宅，捐给同乡建立慈溪会馆，供来京同乡暂住。清初顺治年间，慈城籍官员到会馆的较少，裁缝师傅成了这里的住客，故改为成衣行会馆，建造殿宇、戏楼、配房，供奉祖师三皇神像，每年六月祭祀，还订立会规，"行中如有应议应理之务，事无巨细，均各齐集"。据光绪《浙慈成衣行重修会馆碑》记载："当时成衣行，皆系浙江慈溪县人氏，来京贸易，教道（导）各省徒弟，故名曰浙慈馆，专归成衣行祀神会馆。历年行中唱戏，庆贺神灵默佑。"该碑还显示，参与重修的成衣铺掌柜多达73人，可见慈城裁缝几乎垄断了北京的成衣业。而他们之所以有此成就，实应归功于令人惊叹的裁剪技艺。清代苏州人钱泳的《履园丛话》有如

下一段记载：

> 成衣匠各省俱有，而宁波尤多。今京城内外成衣者，皆宁波人也。昔有人持匹帛命成衣者裁剪。遂询主人之性情、年纪、状貌并何年得科第，而独不言尺寸。其人怪之。成衣者曰："少年科第者，其性傲，胸必挺，需前长而后短；老年科第者，其心慊，背必伛，需前短而后长。肥者其腰宽，瘦者其身仄。性之急者宜衣短，性之缓者宜衣长。至于尺寸，成法也，何必问耶！"①

这说明，古代的慈城成衣匠已经懂得服装心理学，敢于破除陈法，因人而异进行裁剪，必定合人心意。所以钱泳随后感叹道："余谓斯匠可与言成衣矣"。

食 慈城镇紧挨着河姆渡，同样属于稻作文明发源地。而稻米给慈城带来的美食中，声名最著的是慈城水磨年糕；经过千年研制，具有独特的工艺和做法，详见"源于生活"美于生活——慈城民间之非遗"。慈城酱油也闻名遐迩，名店有冯恒大、益和、盛治大和盛裕懋，各地来客成担成担买回家。其中创建于清同治年间的"冯恒大官酱园"，以冯恒大香干、金龙牌秋油和竹叶青黄酒最负盛名。其他的名优特产：慈溪贡茶，"水蒸造精，择如雀舌细者"，岁贡茶260斤；始于元代，至明万历年间止。"十洲春""明州金波""双鱼酒"，均为明清时期好酒。慈城杨梅、荸荠，色泽鲜艳，质地纯正，甘甜如蜜，回味清香，汁润微酸；还有以杨梅泡酒而成的"杨梅烧酒"。此外，还有状元糕、和尚饼、菊饼、竹笋、松花、香干、菜蕻干、白腐乳等，均为慈城特产。

行 慈城地处江南水乡、交通要道，人们的生活生产全都离不开船只航运。早在7000年前，此地就有了独木舟和木桨。中国最古老的海港之一"句章港"，便建立在慈城镇南姚江畔，是越窑青瓷始发港。处于这一航运枢纽的慈城船工们，都忙着驾船、造船，奔行在千里水道上。为

---

① （清）钱泳：《履园丛话》，清道光十八年述德堂刻本。

了不让海潮影响航道的交通运输，南宋宝祐五年（1257），慈城工匠又在丞相制使吴潜的策划主持下，修筑了一条沟通慈江和姚江的直河，全长约4千米，位于浙东运河宁波段干流（姚江和甬江）与复线（慈江和中大河）之间，取代丈亭以东姚江自然段，避免了海潮对航运的影响。这种自然江河与人工塘河并行结合、复线运行的方式，体现了慈城古人航行的智慧和技巧。清代沙船业兴起，慈城董氏家族为宁波府内较早涉足者，至嘉庆末年，董氏家族已靠沙船贩运而致富，名下董萃记船号，可以代表宁波船商在上海创建浙宁会馆；董棣林的儿子董秉忠开始"以巨资营运辽东"。董秉忠、董秉愚兄弟在上海创办了大生沙船号，由于董氏家族财力雄厚，大生沙船号后来成为上海沙船业中最有影响的沙船号。除了董氏家族外，慈城地区经营沙船业还有冯氏、费氏、郑氏、杨氏、王氏等家族。

住 傅家山遗址的发现表明，慈城先民和河姆渡人一样，早在7000年前就掌握了榫卯技术，会建造栽桩架板高于地面的干栏式房屋；而且，有些构件的制造技术还比河姆渡遗址更胜一筹，"不仅是石器工具加工的代表作，即便用现代金属工具加工也不过如此"。慈城先民在建筑方面的聪明才智，被后人发扬光大，历代都有能工巧匠涌现，建于北宋大中祥符六年（1013）的保国寺大殿就是其典范结构的代表。

大殿为单檐九脊殿，建筑特点鲜明如下。其为厅堂式构架体系，平面布局呈正长方形，进深大于面阔；斗拱结构复杂，用材断面高宽比为3:2，达到最高出材率和最强受力效果；以小拼大的四段合瓜棱柱为中国最早的实例，柱身有明显的侧脚，既省材又牢固美观，为现存古代木构建筑中所少见；阑额两肩有卷杀，额下采用了蝉肚绰幕构件，额枋上有七朱八白彩绘。这些独特的设计使得大殿结构极为科学，除了通过保持空气流通而让殿内不结蛛网、不积灰尘、长年保持清洁之外，还使整个大殿没有使用一枚铁钉，仅靠斗拱之间的巧妙衔接和精确的榫卯技术，就将各个构件牢固地结合在一起，承托起整个殿堂屋顶50余吨的重量。前槽天花板上巧妙安排三个与整体结构有机衔接的镂空藻井，由于藻井和天花板遮住大殿梁架，不易看到房梁，故又被称为"无梁殿"。因此，保国寺大殿不仅是南方地区保存最完好的宋代木构建筑遗存，在中国建筑史上也具有很高的历史、艺术和科学价值。①

保国寺镂空藻井和包镶四瓣木条的柱子

　　明清时期的慈城古建筑，类别多，数量众；特别是古民居，规模宏大又细节精巧。堪称建筑典范的，明代有桂花厅、甲第世家、福字门头、刘家祠堂等，清代有金家井巷和民族路东段。其总体风貌，是随宅第主人的身份和宅基所在位置、大小而确定建筑规模和格局的。基本形式是由大门、前厅、后楼和两厢房组合成三合院或四合院，成为一个封闭式的大家庭。大门和照壁朝向的巧妙布置，使宅院主人的空间序列产生强烈变化，又具有良好的隐秘性。其个性特色主要有：为了克服人字坡屋面呆板沉闷的格调，有利于通风、采光，采用大反翘屋面，屋脊用板瓦竖叠成中间低两头翘起的弧形鸱尾脊，使曲线和曲面有机结合。翼楼往往有重檐和转角出跳，轻盈别致，使整个屋顶产生动感美。梁架结构的组合有抬梁式、混合式，有时为了使厅堂明间与次间的空间组合有更大的灵活性，采用偷柱造法，把前金柱变为铜柱，横梁

---

① 本书之所以确定保国寺大殿由慈城工匠建造，是认为当时只有明州城和余姚城内的工匠或许具备同等建筑技术，但慈溪县不会允许他们来抢这笔生意，他们也不可能远道前来经年累月搞建筑。——笔者

下置四扇平板门，需要时可移去，以扩大空间。这些结构一般是通过梁、柱、檩和过渡性构件斗拱的组合实现的，而很少用串枋。还有那些大型砖雕，以方家砖刻台门、缪家砖刻台门、太平天国公馆砖刻、应氏照壁砖雕最为可观。艺术价值最高的砖雕当数黄山大夫第16块大型砖刻屏风。木雕多为大型建筑中的构件和装饰，如牛腿等，现存的以冯宅保存较为完整。

慈城瓦爿墙也值得一提：它是指整个墙体都是用大小不一的碎砖瓦而非规格统一的成品砌起来的。因晚清时局动荡，外夷入侵，兵火连绵。慈城留下了几十处面积达数百亩的火烧滩。官宦商贾多已家道中落，无力重建大规模的宅屋。只能盖一些低矮的平屋、厢房、偏间。能工巧匠们便就地取材，从火烧场的断壁残垣中获取瓦爿以砌墙建屋，不仅院落围墙如此，正屋的后墙、山墙也是这样。瓦爿墙主要分布在井弄、河头弄、朝北门头郑家、后弄等处。

方家砖刻台门　　　　　　　　瓦爿墙

此外，作为民居住宅一部分的水井，在东门村遗址发现了古代水井群，保存完好，类型丰富，相当罕见。其中两口砖砌水井，每层均用8块汉晋钱纹砖横向错缝叠砌而成，平面呈正八边形，砖壁及砖的砌法都非常规整。而在石砌井中，发现了半个陶井圈残件，说明这里可能存在用陶井圈构成井壁的"高级"水井；如此构造，不仅能减少泥沙渗入井中，保持井水干净，还能加固水井，防止水井坍塌。这表明，古代慈城工匠的建筑技术是全面而又高超的。它们还为古代造井技术和用水历史提供了不可多得的实物资料。

汉—六朝的砖砌水井　　　　　　　石砌水井

中药业

清光绪《慈溪县志》风俗卷写道：当地人"四出营生，商旅遍于天下，如杭州、绍兴、苏州、吴城、汉口、牛庄、胶州、闽粤，贸易甚多"。接着又专门指出："县人以贩药为大宗，川湖等省亦无不至者。"据说，这是因为大儒范仲淹有言："不为良相当为良医。人之所重莫大乎死生，拯人之死生莫重乎医，而医之所重惟药为最。"特别是慈城药业恪守"修合无人见，存心有天知"的职业道德，所以出现了几家屹立至今的中华老字号。现在的中药业界，世人皆知"北有同仁堂，南有敬修堂"，殊不知都由慈城药商所创办。

冯存仁堂　慈城冯氏既是书香门第，也是药业世家。北宋御史中丞舒亶在慈城见到"冯楼"，曾赋诗感叹"药肆万金饶"。而宁波现存最早的中华老字号，便是慈城五马桥冯映斋开设的"冯存仁堂"。他的生卒年不详，只知道他一生以采办药材为业，经年累月远涉蜀、陕、皖一带。古代交通不便，他沿着长江民船西上，长途跋涉，披星戴月，深入山区，采得药材，行销于沪甬等地。民间传说，他深谙药材生长规律。红花又叫草红花，功能活血通经、去淤止痛，特别是藏红花，质优药性强，需求量很大。有一次他预测到来年将是红花"小年"，就拼命收购，装满了两间库房。次年红花果然歉收，量少价高，冯映斋大发其财。于是在清康熙初年，他到宁波灵桥门新街又开设了一家药店，自制并销售中成药。店名为"冯存仁堂"，表明其宗旨是"存济之心，赠仁于众"，完全一派书香门第的儒商气度。而事实上，冯存仁堂之所以能历经数百年风雨而不倒，久负盛名，正是因为长期坚持"存济之心，赠仁于众"的经营宗旨，老少无欺，信孚于人。概括而言，有以下几方面特点。

首先是道地药材，配制认真。为了保证饮片、丸散、膏丹的质量，首要就是把好进货这一关。冯映斋是采办药材出身，深谙其中三昧，所以冯存仁堂在选择进货时特别强调，第一，应能凭借实践经验，通过眼看、鼻嗅、口尝、手捏，鉴别出药物来路和质量好坏。第二，应熟知多省有产的药材哪里最佳。所谓"道地"药材，关键就是药材产地。同一生药，如果产地不同，培植和处理不同，特别是土质和气候不同，它的药效就不完全相同，必须择优进货。第三，应熟知药物采收季节。采拾提前和逾期的药物，对于保持有效成分的含量关系很大。因各药生长情况不同，采摘时间选在生药成分达到一定高度时最为适宜。

其次是对成品精工炮制，一丝不苟。例如，无论生产的饮片还是成药，除了原料优质之外，对其片形厚薄、粒子大小都有严格的规定。切片分成瓜子片、柳叶片、顶头片等多种片形，不嫌精工化力，务求片形悦目，洁纯无屑，色泽鲜明。丸药有粒子大小之分，有芥子大（如六神丸）、芝麻大（如蟾酥丸）、赤豆大（如正气丸）、豌豆大（如六味地黄丸）、梧桐子大（如小金丹）、弹丸大（如牛黄丸）等。大小丸子在医疗上都具有不同的特定作用。

再次是经营措施上多为顾客着想。一是为病人接方，代煎送药；有些珍贵药方，顾客对委托代熬不够放心，便需上门熬制。二是在包药纸上印有仿单，详细说明药品性能、功效、服法，各色另包。这样能使顾客认识药物和了解药疗知识，对于营养滋补以及小病小恙便可自己选购。三是代客加工切片、研粉制丸和复杂的配合，保质保量，如期交货。四是朔望减价，即每逢初一、十五，药价一律九折。廉价日营业骤增，虽然利薄，由于多卖，收入仍丰。

最后是精工配制标志性药品，形成声誉卓著的传统产品。冯存仁堂最畅销的四个传统产品是：驴皮胶、太乙紫金锭、消痞狗皮膏药及万应宝珍膏药。它们都远销海外，经久不衰。这主要归功于冯存仁堂的用道地药材精工配制。例如，另一种颇受欢迎的人参再造丸，由50种药物组成，功效显著。

由于形成了上述经营特色，又坚持"存济之心，赠仁于众"的宗旨，所以到第四代传人冯云濠执掌门户时，冯存仁堂已成为宁波药业四大家之一。宁波知府段光清说过："慈溪冯氏巨富也，朝野闻名，有家财两千万。"而冯云濠富而有仁，在社会事务上也能"存济之心，赠仁于众"，经常仗义疏财、乐善好施。咸丰年间，筹防助饷，先后捐银20万两；又与弟冯云祥、侄冯汝霖共同出巨资修建德润书院与慈湖书院，并且浚北湖、筑两堤。家中有醉经阁藏书楼，曾得到黄宗羲、全祖望未竟之经典巨著《宋元学案》，后冯云濠与史学家王梓材一起校勘补正，厘定为100卷，并不惜重金于道光十八年（1838）印行面世。

寿全斋　创办者王立鳌，慈城镇黄山村人，原是一名秀才，因为考举人屡试不第，便在浙东文化"工商皆本"的影响下，和另一位命运相同的鄞县人孙将赣合伙，于清乾隆二十五年（1760）在宁波城区二境庙东首开设了这家"寿全斋国药号"，店名来自"杏林济世千秋寿，橘井留芳百草全"。十年后孙氏撤股，归黄山王氏独家经营。寿全斋和冯存仁堂一样，很快就成为宁波中药业四大家之一。

寿全斋以品种全、质量好、牌子老而驰名浙东。它采用紫铜锅、锡盘、瓷盅等古工具，精制各种膏、丹、散、丸、露、饮片及各类补酒和其他药酒，如十全大补膏、小儿退烧膏、水眼药、鹅毛管眼药等。眼药可谓寿全斋的第一个知名产品。过去有一句家喻户晓的广告词，叫做"灵峰关牒，寿全斋眼药"。意思就是有了灵峰寺关牒，可以畅行无阻；用了寿全斋眼药，眼睛越发明亮，不会看错路。

寿全斋经营药业，遵奉四字真言：第一个字是"正"——进料做到药源路正；第二个字是"证"——储运做到质量和品种保证；第三个字是"精"——加工做到道道精粹；第四个字是"真"——撮药做到味味认真。

寿全斋根据每味药材的具体情况，分别使用风选、水选、剪、切、刮、削、剔除、酶法、剥离、挤压、焯、刷、擦、火燎、烫、撞、碾串等方法，务必使药材的纯净度符合要求。不论是生产饮片还是成药，除了原料优质外，对其片形的厚薄、大小都有严格规定。根据技术水平，寿全斋规定：头刀二刀师傅切贵重药材；三刀四刀师傅切一般药材；五刀以下师傅切中药草。

鉴于寿全斋遵古炮制典律，有自制各种膏、丹、散、饮片、参茸补酒及其他药酒的传统，2009年，寿全斋制药工艺入选第三批省级非物质文化遗产代表性项目名录。

敬修堂 创始人钱树田，出身慈城名门钱氏家族，考取秀才后，多次参加省试却未能中举，便在浙东文化影响下弃笔从商，奔走于浙粤之间，将丝绸贩运到广州售卖，获利颇丰。他宅心仁厚，因精通医理，常自制丸散膏药，沿途遇到患者即施医赠药，所以名声在外的反而是医道与医德。有一次，钱树田用自制"回春丹"治愈了广州某巨商之子的怪病。巨商为报答救子之恩，资助他在广州南门今人民路太平桥脚开设了"敬修堂"药铺。当时为清乾隆五十五年，按公元计算恰好为1790年，于是后来敬修堂的员工戏称这"1790"便是"一吃就灵"。而铺名"敬修"则大有深意，源于阳明心学的"敬业以精、修明唯诚"，即告诫从事制药事业者，要持敬畏之心，始终修身明心！因为"举头三尺有神灵"，"修合无人见，存心有天知"。敬修堂的经营之道是"精置药料，存心济世，一切进货务须格外精细"。

敬修堂药铺自制丸、散、膏、丹，初时经营的药品以回春丹、如意膏为主，疗效显著，受到一致推崇。嘉庆年间（1796—1820），匠心之作——妇科白凤丸进入宫廷，成为御药，奠定了敬修堂在官方的地位。妇科白凤丸及其仿单、《敬修堂十种药说》、嵌螺钿紫金锭佩四件文物，现藏于故宫博物院。敬修堂还生产各种风湿跌打药，其中的追风透骨丸，广告语"痛则不通，通则不痛"家喻户晓，也使风湿骨痛患者认知了敬修堂。如今，中风回春丹、追风透骨丸、清热消炎宁、化痔栓等仍是敬修堂的招牌产品。敬修堂入选商务部公布的第一批中华老字号。

敬修堂遗留至今的最重要实物有二：一是品牌；二是石碑。

敬修堂开设之初，钱树田亲手设计了药品品牌。图案的外形是枚古铜钱，圆圈之内联结着一个"田"字。显然是这位制药大家名字的形象符号，设计十分精巧。事实上，敬修堂药品品牌本就叫做"钱树田"，1956年公私合营之后才被改为"园田"。该品牌后被赋予三重含义：其一，方圆大地，敬业修明，广施妙药；其二，"园田"与古钱币形象相似，有钱又有田，隐含生意兴隆、财利滚滚的意思；其三，外圆代表与外界交往圆融通畅，内方表示内部协调和谐。

石碑名为"本堂七房议据照录石碑"，立碑原因是：同治六年（1867），钱家后人分为乾、坤两房；乾房下分金、玉两房，坤房下分仁、义、礼、智、信五房。光绪二年（1876），敬修堂改革经营模式，各房立下详细而严密的协议。六年后，药铺因邻店失火而被殃及，协议也毁于一旦。为了复兴旧业并健康发展，各房重新合议，订下店规，除了各房均存书面文件一本，特刻石立碑以保久远。石碑共有九项条款：一是关于利益的分配；二是关于制约透支行为；三是关于分红方式；四是关于用人；五是关于亏欠的追债；六是关于保存世业；七是关于屋契的保管；八是关于药料和药方的管理；九是关于置办义田。碑文内容表明，敬修堂不仅没有受到家族型企业惯有的束缚，反而依靠家族的凝聚力开放创新，严格规定钱家子孙不能直接参与经营，另聘专职的经理、司库各一人管理药铺，实行类似股份制和职业经理人的模式。其严谨的管理意识与现代的管理制度不相上下，至今仍值得借鉴。而且，这类有关药企的"契约"石碑，在国内少见，敬修堂可谓国内最早订立"契约"的制药企业。

银钱业

钱庄是银行出现之前我国主要的金融机构。在五口通商、外国资本输入之后，银钱业并未衰落。这是因为钱庄具有一套信用工具和业务手法，很适合外国洋行推销商品和满足其获取中国原料的需要。而钱庄业则因本身的资本不足，也需要依赖外资。而宁波钱庄，由于信誉卓著，人称"信用码头"，所以势头不减，实力并不亚于晚清山西票号。其中慈城钱商，更是在北京、上海的银钱业独占鳌头。

北京"四大恒" 北京是清朝廷所在，权贵麇集，商贾荟萃，百业繁忙，自然离不开货币周转，也造就了银钱业的辉煌。而执其牛耳者，就是恒利、恒和、恒源、恒兴这"四大恒"钱铺，掌控操纵着整个北京的银钱市场。清末旗人崇彝曾在《道咸以来朝野杂记》中指出："北京最大钱铺为东四牌楼之四大恒，即恒利、恒兴、恒和、恒源，四家联号。经营范围为金银买卖、炉房（专铸金、银锭的作坊）、存放款，所出银票钱票，可流通市面。又因开办捐柜（代办买官卖官），须和内务府交往，以致外传四恒为内府旗人所开。但实际系汉人董某等集资所开。"清顺天府尹（北京最高行政长官）陈夔龙的《梦蕉亭杂记》，也在八国联军攻占北京后写道："市既被毁，炉房失业，京城内外大小钱庄，银号汇划不灵，大受影响。越日，东四牌楼著名钱庄'四恒'首先歇业。四恒者，恒兴、恒利、恒和、恒源，均系甬商经纪，开设京都已二百余年，信用最著，流通亦最广，一旦停业，关系京师数十万人财产生计，举国惶惶。"但是，两者均未说清楚"四大恒"的主人是谁。现经笔者综合相关资料考证，基本可以确定，应是慈城董氏、罗氏、钱氏、冯氏等有着联姻关系的家族集资所开。

四大恒的经营理念，体现在店名之"利""和""源""兴""恒"这五个字上，孕育着"利为基、和为贵、财源久长、兴旺发达、永恒于市"的深刻内涵。钱庄的终极追求，就是图利、谋利、取利以蓄实力，所以必须以利为基，但是必须以义取利，以信取利，以诚取利，让客户满意，也就是和气生财、以和为贵。唯有如此，方能财源久长、兴旺发达。而这一切，都需要持之以恒，不能有半点懈怠，真正做到艰苦创业，诚信兴业，进取继业，使四大恒永恒于市。

四大恒号原先并不显赫，据说是因其主办京兵家属养赡钱粮款时，完全遵循上述经营理念，并为此垫银百万余两；结果受到户部和内务部的重视，从此经营顺利，营业发达。四大恒的服务对象，主要是高官显贵、富商巨贾，存放款项大部分是内务府及各旗籍官员，买卖金银、制钱也以内务府为主，此外，还有北京的典当巨商，所以营业稳固而厚利。反过来，这又赢得了顾客的绝对信赖，形成良性循环。正如旗人崇彝所言："凡官宦往来存款，及九城富户显宦放款，多倚为泰山之靠。"因此在京城民众的眼里，四大恒开出的银票也是信誉最好的，以握有"四恒票"为荣。《旧京琐记》称当时"有头戴'马聚源'（最好的帽子）、身穿'瑞蚨祥'（最好的衣料）、脚踩'内联升'（最好的鞋子）、腰缠'四大恒'之说"。

四大恒的主要业务是买卖金银、制钱，办理存款、放款，兼出银票、钱票。同时还有一项特色服务——代办"捐官"，其业务柜台叫"捐柜"。卖官鬻爵，是清末官场敛财的重要手段，六、七、八、九品官衔按品论价，美其名曰"捐官"。但这不是公开销售，须由既非官方又获官方信任的专人代办，而四大恒便是最合适的代办者。其经手的"捐官"业务没有办不成的，甚至可以阻挠别人买卖官爵，由此也可见出四大恒与清政府关系之深。

由于四大恒乃"都中钱肆巨擘"，处于北京金融界的至尊地位，所以从光绪初年起，就操纵控制着整个北京的银钱市场。各家钱铺均设有"钱牙"即经纪人，交易作成，钱牙从中获得佣金。但是，每天必须等四大恒的经纪人到来，方能开市。这种局面，即使在1885年北京出现银行之后，依然存在，运作正常。直至1900年八国联军攻陷北京，大肆抢掠，银钱业遭受毁灭性的打击，才告停歇。当时，四大恒的银子被八国联军狂抢了三天，遭遇灭顶之灾，只能宣布歇业。但这又将危及京城民生，朝廷不得已拿出一百万官银，"支持四大恒银号，令其规复旧业以维市面"。

上海钱业组织　五口通商、上海崛起后，长江流域各地钱庄纷纷汇集到上海，逐渐形成了南市钱业公所（1883年）和沪北钱业会馆（1889年）两大中心。《领导上海钱庄业五十年之秦润卿》一文指出："先是慈溪林韶斋先生领袖上海钱庄，与桴鼓相应者有同县洪念祖先生。念祖先生为湖州许氏与洞庭山万氏二财团合设之宏大钱庄总督理。宏大在1892年设立，直至辛亥革命洪氏无意经营为止，垂二十年。林、洪二氏先后递任钱业公所总董（即会长），以迄秦润卿先生组上海钱业公会为止，故同光以后，领导上海钱业者，可谓全是慈溪人的天下。其后与秦氏声气相应者，有顺康经理李寿山，赓福庄经理盛筱珊，鸿胜庄经理郑秉权，鸿祥庄经理冯受之，鸿赉庄经理冯春康；鸿胜、鸿祥、鸿赉、鸿丰四钱庄，均由葛辛木先生任总督理，其他如益昌庄经理徐伯熊、寅泰庄经理冯斯仓、恒隆庄经理林友三、裕丰庄经理林联琛等，以上各大汇划庄经理都为慈溪人，团结一致而以秦润卿先生马首是瞻。"而此文所提"领袖上海钱庄"的林韶斋，正是秦润卿的表叔，也是把秦润卿带到上海协源钱肆的引路人。1889 至 1892 年，林韶斋任上海协源钱庄经理、督理，1893 年起任上海协大钱庄督理，并为上述两钱庄附设的顺记会票字号和介庆记会票字号督理。1899 年又投资上海延源钱庄并任督理。

关于沪北钱业会馆，据《上海工商社团志》记载："光绪九年（1883），钱业总公所董事冯莲汀召集南市钱庄主，集资购买大东门里施家巷 6 分地产暨 12 间房产，设立南市钱业公所，称集益堂，取集思广益之义。凡关于南市钱业的公共事项，均在此议决。"这位冯莲汀，便是来自慈城冯氏，他在上海钱庄界的地位由此可以想见。又据《九府裕民：上海钱庄票图史》介绍，沪北钱业会馆内有先董祠，"专祀有功钱业之先辈，崇德报功，馨香百世"。这样的先董共 12 位，其中位居第四的冯泽夫，也是出身慈城冯氏书香门第、官宦人家，因父亲英年早逝、家道中落，就在浙东文化的影响下弃儒学贾，最终在上海钱庄界打出了一片天地。他发迹后继承祖父"慷慨好义"的作风，大做善事。《慈溪冯氏支谱》序文说他"时时行善，夏饮冬衣，乐施不倦。助同乡四明公所义地二十余亩、上海辅元堂义地四十亩、保安堂义地十亩，以济不足"。他还一次性捐款三万四千两白银，在慈城创办冯氏义庄。而当时上海最大的十家钱庄，资本也就在三万至五万两白银之间，他的财力从中可见一斑。更值得一提的是，冯泽夫出资牵头，编写了专为宁波人学英语做生意的读本《英话注解》，有力地促进了宁波帮在上海买办业的崛起。

另据不完全统计，涉足金融业的冯氏族人还有：上海鸿祥钱庄经理冯受之、上海鸿赉钱庄经理冯春康、上海寅泰钱庄经理冯斯仓、中国棉业银行经理冯味琴、上海泰康银行经理冯燮之、上海民新银行经理冯芝汀、天津大中银行经理冯吉甫。此外，慈城人赵朴斋能量也更大。镇海小港李家创始人李也亭，正是得到他的帮助才进入钱庄业的，后来李氏成为上海钱庄业九大家族之一。

1917年，南北钱业组织宣告合并，成立上海钱业公会。秦润卿从第一届起，历任副会长、会长、总董、主席等职，一直到1935年主动辞职，主持钱业公会达18年之久。秦润卿凭借卓越的领导才能和稳健的作风，领导上海钱业公会不断发展前进。首先，他大力整顿会务，使历届领导层的成员构成比例合理，各方都能较充分地享有参与的权利，没有任何一个派别能独占鳌头、独行其是，各派系之间总能保持一种与其实力相协调的平衡。他又创办《钱业月报》，刊印《同业录》，增强了钱庄的透明度和客户的信任度。他筹款13.8万两白银，建成上海钱业公会大楼，增强了南北同业的认同感和凝聚力。

其次，秦润卿以钱业公会为基地，总结交流经营经验。他倡议成立上海钱业业务研究会，旨在"提倡改革与钱业业务之扩张"。他亲力亲为，在《钱业月报》上提出了不少有创意、有价值的观点。后人认为："上海钱业领袖秦润卿提出的经营理念，甚至可以与巴塞尔协议相媲美。"他还因势利导，指引钱界共同抵御市场风险。发生在上海的1921年"信交风潮"，1924年的"齐卢战争"，1934年的"白银风潮"，都使上海钱庄大批倒闭，风雨飘摇。所幸秦润卿临危不乱，运筹帷幄，指挥若定，帮助钱业同人一次次渡过难关。

最后，秦润卿发扬爱国主义精神，领导钱业公会积极参与反帝爱国运动。1919年"五四运动"，上海学生请求各商界协助。他领导钱业公会罢市8天，"无论华洋收付各款，本票汇票支票一概止理"。1925年上海"五卅运动"，公共租界各商一律闭门停业，他领导钱业公会亦于是日宣布停业，"所有存款票据等均停止收付"，直至6月26日"金融始恢复原状"。1931年"九一八事变"，他召开钱业公会执委会议，议决凡直接与日商行交往者，即日找清，停止往来；凡间接交往者，"不再加放欠数，并将已欠之款，催其从速归清"。1932年"一·二八事变"发生次日，钱业公会刊登告示，决定于是日起停业3天，并严正声明"愿吾同胞志此大哀，永永不忘"。2月1日，战祸继续扩大，交通阻隔，秩序不安，危机四伏，钱业公会乃决议再停业3天，至2月4日忍痛复业。复业后，为防止现金外流，又规定全市各庄庄票除购置日用必需品外，仍一律暂限同业汇划。市内各庄无不坚持，终于制止了现金外流。公会还同意秦润卿的提议，设立财产特别保管委员会，集中同业现金1583万两白银，维持全市金融，使沪上钱业得以安然渡险。

上海钱业公会在秦润卿的领导下，与上海市商会、地方协会、银行公会并列为旧上海社会团体的"四大金刚"。他的贡献，堪称上海钱业第一人。

秦润卿　　　　　　　　　　　上海钱业公会大楼原址

资料来源：《秦润卿筹款购买钱业公会大楼》，《新民晚报》2021年5月18日，第20版。

西学东渐　人才荟萃
——外来文化之影响

20世纪初，中国延续千年的科举制度结束和清王朝覆灭，外来文化如西潮东卷般向中国传统文化冲击碰撞，迫使传统士子必须面对这空前大变局，设法顺势应变，与时俱进。而慈城的寒门子弟，在西学东渐中脱颖而出，涌现了一批站在时代前列的院士、物理学家、教育家、革命家、哲学家……慈城一隅之地，人才荟萃，再次创造了奇迹。

何育杰：中国物理教育开拓者

何育杰（1882 — 1939），字吟苜，慈城人，父亲何麟祥，是光绪二年（1876）丙子科举人。据他的连襟陈布雷回忆："君生而端颖，嗜学成性，十一岁丧父，弥自奋励，尝于食间操箸若瓠，就案点画，如作书然。寝馈之深，有如是者。"所以，何育杰15岁（1897）就考中秀才，但因次年康梁发动戊戌变法，主张学习西方文化，他深受影响，决定放弃科举转习西学。而宁波的第一所中学中西储才学堂也在此时应运而生，其办学宗旨"废旧科、立新学、习西文、储人才"正合何育杰之意，于是就成了该校的第一批学生。1901年，由于学习成绩优异，何育杰被举荐进入京师大学堂（北京大学前身）师范馆学习。据同期同学回忆："我们每月有月考，名列前若干者，都有奖金。数目虽只数元或十数元，但我们大半都是外省来的穷学生，有这笔进款，月间零用，时有着落。"在京师大学堂现存档案中，有一份1904年9月总务处发放学生奖金名单，何育杰排名第一，得10元。由此可见，他的学习成绩之优异。同年，京师大学堂派出16位学生到欧洲留学，何育杰名列其中，从此与物理学结下了不解之缘。

何育杰被派赴英国留学，先在维多利亚大学就读，后转入曼彻斯特大学，在物理学家舒斯特教授指导下攻读物理学；1907年，又师从著名物理学家卢瑟福，在这位近代原子核物理学之父、诺贝尔奖得主的指导下获得物理学硕士学位。毕业后，何育杰游历欧洲，开拓视野，于1909年回到北京，在京师大学堂格致科担任教习，开始讲授、传播近代物理学知识，筚路蓝缕，成为我国物理学教育的拓荒者。1914年，他主编了该校物理学教科书，并编写了物理学门的教授要目（即教学大纲），这是我国第一部大学物理学教材和教学大纲。作为北京大学物理学教授、第一任物理系主任，何育杰主讲的课程有普通物理、原能论（即量子论）、数学物理学、电学、热力学、气体动力论等。1916年，他带出了我国历史上第一届物理学本科毕业生，其中的丁绪宝和孙国封，后来都是著名的物理学家、教育家。

何育杰身体孱弱，患有神经衰弱症，长期失眠，1927年辞去教职，回到故里慈城疗养。旋因孙国封在东北大学任理学院院长，恳请恩师出山支持，乃又出任东北大学物理系主任，主讲相对论和量子力学。1932年，何育杰因病难以继续执教，再次辞职。同年中国物理学会成立，他被选举为物理学名词审查委员会委员、《中国物理学报》编委，为审定中国物理学名词致力甚著。严济慈称他是"中国最早而最好之物理学大师"。

抗日战争爆发后，何育杰迁居重庆，与陈布雷为邻。由于国难当头，又贫病交迫，遂于1939年自杀身亡。身后留下译著《物质与量子》《波动力学通论》《自然之机构》等。翌年，中国科学社为了纪念这位厥功至伟的物理学教育家，特设"何吟教授物理学纪念奖金"，这是中国首项为物理学家而设置的奖金。

1947年6月，何育杰的灵柩迁回慈城镇，魂归故里。

物理学家、教育家郑衍芬

郑衍芬（1893—1979），字涵清，慈城镇芳江村郑家人。早年就读于慈城中城小学、慈湖中学、省立第四中学，1915年考取南京高等师范学校数理化部，1919年毕业，先后在本校、河南中州大学任教；1926年到清华大学物理系，主要指导学生做光学实验，并和叶企孙教授合编《初等物理实验》（1929年出版）。该教材将实验讲义和实验报告结合在一起，方便实用。1929年，郑衍芬赴美国斯坦福大学物理研究院深造，1934年获得博士学位。博士学位论文为《厚靶产生的X射线的偏振》，主要内容发表在1934年8月的《物理评论》。他采用90°散射法和双金属（Nb和Mo、Rh和Pd、Ta和W）箔滤波器，对钨、铜、铝靶电压在20—100千伏时产生的不同波长的X射线连续谱的偏振度进行了系统的测量和分析，进一步证实了前人关于连续谱偏振度随电压降低而增大和连续谱偏振度随波长减小而增大的关系。该文澄清了当时关于X射线偏振实验的一些分歧，对X射线谱学的发展起到了一定的作用。回国后，郑衍芬先到浙江大学物理系任副教授。后在上海大同大学物理系任中英庚款讲座教授兼物理系主任，兼任同济大学物理系教授；1938年，依然作为中英庚款讲座教授，远赴四川大学物理系任教并兼任系主任。从此，他将毕生精力奉献给四川省物理教学事业。

1941年，教育部任命郑衍芬为重庆大学整理委员会委员、教务长，并承担近代物理、电磁理论、热学等课程的讲授。同时，他积极参加中国物理学会的活动，当选为理事、物理学名词审查委员会委员，重庆分会干事。其间，郑衍芬一度兼任中央大学校长秘书室主任，1946年中央大学迁回南京，校方邀他一同东下，因重庆大学坚决挽留而未果，但兼任中央大学重庆留守处主任一年左右。

1949年8月，郑衍芬应英国文化委员会邀请，赴英、法、瑞士等国参观访问，1950年2月回国，仍在重庆大学任校务委员会副主任兼教务长。1952年，他调到四川大学，参与教育部制订高等教育物理系新教学计划的工作，并积极推进，使四川大学成为较早按高等教育部要求，系统开设4门基础理论物理课程的高校之一。新中国物理学会成立时，他又成为21名理事之一。因在物理学界德高望重，1959年，66岁的郑衍芬再次担任物理系主任。此外，自1956年始，他一直是九三学社中央委员。"文化大革命"期间，郑衍芬被错认为是国民党要员郑彦棻，大受冲击，蒙冤十年才得到平反昭雪。1978年，他继续担任四川大学物理系主任，并当选为中国人民政治协商会议第五届全国委员会委员。

周信芳：京剧"麒派"艺术创始人

周信芳（1895—1975），名士楚，字信芳，艺名麒麟童，出身慈城望族周氏，生于江苏清江。6岁开始练功学戏，7岁以七龄童艺名登台演出，1907年至上海，始用"麒麟童"的艺名演出。次年到北京，进喜连成科班，与梅兰芳等同台演出，辗转烟台、天津、海参崴等地；1912年返沪，在新新舞台等剧场与谭鑫培等同台演出，演技渐趋成熟。1915年进上海丹桂第一台演出。此后十年，排演了连台本戏《汉刘邦》《天雨花》《封神榜》等。又两度赴北京、天津演出，将《萧何月下追韩信》《鸿门宴》《鹿台恨》《反五关》等戏介绍给北方观众，"麒派"之名开始形成。其间，他在融合了外来文化的海派文化影响下，尝试改革京剧艺术，吸收地方戏、电影、话剧、芭蕾舞、华尔兹、探戈等多种表演方式的精华，对传统京剧加以创新。例如，他参加南国社，在话剧《雷雨》中饰演周朴园，并借鉴话剧导演手法，首开京剧导演之先河。1928年，周信芳在上海天蟾舞台演出《龙凤帕》，受到内外行的一致推崇，热心票友成立了"麒社"，至此，麒派得到了公认，也被公认为京剧海派代表人物。抗日战争爆发以后，周信芳积极参加救亡活动，并编排演出《徽钦二帝》《文天祥》《史可法》《香纪》《董小宛》《亡蜀恨》等具有民族意识的戏，激起观众强烈的爱国热情。1943年，他被选为上海伶界联合会会长，支持京剧界进步组织的艺友座谈会活动，并与中国共产党的地下组织有联系。而京剧"麒派"表演艺术风格也臻于成熟。

周信芳在与诸多同行名家的交流与借鉴中融会贯通，独创一格。其嗓音带沙但中气足，于是以"化短为长"，恰好形成了麒派唱腔的独特风格：接近口语，酣畅朴直；念白饱满有力，富有浓厚的生活气息。他的念白有较重的浙江方音，苍劲、饱满，讲究喷口，富于力度，口风犀利老辣而且音乐性强，善用语气词，有时接近于口语，生活气息浓厚。无论表达风趣、庄重、愤恨、哀伤的情绪，语气都极为自然生动。他注重做功，表演中运用水袖、身段、步法，结合眼神和面部表情，都能吻合剧情及人物的特定处境与思想，显示了他提炼生活、再现生活的深厚功力。但他在表演上的最突出之处，是借鉴话剧艺术，高度重视角色的性格化。他演萧何追韩信时的骑马，就是萧何此时此刻的骑马；徐策跑城，就只能是徐策的跑；宋江杀阎婆惜时的拔刀插刀，也只能是宋江特有的动作。而在性格化的人物塑造中，他最为着力的是对人物感情的表达和宣泄。他通过唱、念、做、打，真正做到以情动人，"用剧中的意志来鼓动观客"，以求体现"戏的真价值"。此外，在音乐作曲、锣鼓、服装、化妆等方面进行革新和创作，也是麒派艺术的根基。周信芳在艺术创作上一丝不苟、精益求精、锲而不舍。他的每一部戏，都是再三修改，甚至边演边改。艺术无止境，他的努力也无止境。诚如张庚的《京剧泰斗传记丛书》序文所言："周信芳可贵的精神，就是不拘泥祖法，不墨守成规的革新创造精神。"

中华人民共和国成立后，周信芳赴抗美援朝前线演出。1956年率上海京剧团访问苏联演出。1959年加入中国共产党。全国人大代表、政协委员，曾任全国文联委员，中国戏剧家协会副主席，中国戏曲研究院副院长，上海市人民委员会委员，中国戏剧家协会上海分会主席，上海对外文化协会副会长，华东戏曲研究院院长，上海京剧院院长等职。"文革"期间，受到迫害。1975年3月在上海逝世。1978年8月沉冤昭雪，恢复名誉。代表剧目有《徐策跑城》《乌龙院》《萧何月下追韩信》《四进士》《扫松下书》《清风亭》《坐楼杀惜》《义责王魁》《打严嵩》《宋教仁》《雷雨》《学拳打金刚》《洪承畴》《徽钦二帝》《史可法》《香妃》《董小宛》《亡蜀恨》《十五贯》《海瑞上疏》和影视作品《宋士杰》《斩经堂》

《小霸王张冲》《琵琶记》等。传人有高百岁、陈鹤峰等，今上海有周信芳艺术研究会。慈城有周信芳戏剧艺术馆。

湖畔诗人革命先烈应修人

应修人（1900—1933），原名麟德，后更名修人，笔名丁九、丁休人等，慈城镇应家河塘人。小学未毕业便到上海福源钱庄做学徒，三年间勤奋刻苦，通过自学接触到许多新思想。"五四"爱国运动爆发后，应修人发起组织以"提倡国货，不用日货，鼓励储蓄"为归旨的救国十人团，被推为书记，起草《商界之态度》并发动募捐。经过五四运动，他意识到群众的力量是任何人都不能抗拒的，只要组织起来，一切难关都可以攻破。他改名为"修人"，意思就是"修身以为人、修身以利人"。五四运动带来科学和民主的新声，也带来新文化运动的崛起。给应修人影响最大的是，提倡写作白话诗。1922年4月，他到杭州西湖与诗友冯雪峰、潘漠华、汪静之见面，互相交换诗作，感觉志同道合，遂结成湖畔诗社，编辑出版《湖畔》诗集，为国内第一个新诗社。他们也被称为"湖畔诗人"。他们的白话诗有着清新和缠绵的风格，受到广大青年学生的喜爱。四人再接再厉，于次年12月印行《春的歌集》，反映反封建礼教，感情真挚，风格清新，唱响在新文学诗坛。

与此同时，应修人发起创办了上海通信图书馆（以下简称"上通图"），以宣传新文化、新思想为旨趣，收藏有反映时代思想的各种学术文艺书报和能收集到的马克思主义著作、新文化书籍。同时成立了上海通信图书馆共进会（以下简称"共进会"），恽代英、杨贤江、郭沫若、郑振铎、叶圣陶、郁达夫等都曾为会员。在党的关怀和各界读者的支持下，图书馆不断壮大。应修人因此而广泛接触群众，目击其身受阶级对立和社会痼疾的压迫，开始参加革命活动。1925年，上海爆发五卅运动。应修人代表上通图加入上海学术团体对外联合会，参与编辑出版《公理日报》，并成为中国共产主义青年团团员。上通图成立团支部，应修人是第一任团支部书记。不久，应修人在商务印书馆加入中国共产党。次年底，组织上派他前往黄埔军校，他毅然放弃在银行的优厚待遇，到军校担任中尉会计。1927年，广州发生"四一五"政变，反动派疯狂捕杀革命群众、共产党员。应修人奉命撤退，最后一批回到上海。5月，又奉命赴武汉国民政府劳工部，在苏兆征的领导下开展工人运动。国共分裂后，劳工部撤销，应修人远赴苏联，进入莫斯科中山大学学习，他被编入第四班，与陈伯达、陈昌浩、帅孟奇等同班，张闻天是班副辅导员。1930年8月，应修人回返上海，从此一直战斗在白色恐怖下。

应修人在中共中央军事委员会秘书处和中央组织部工作，并加入了中国左翼作家联盟。1932年，党中央从上海撤至苏区。应修人留下，到江苏省委工作，担任省委秘书长，宣传部部长。当时白色恐怖日益严重，党的地下组织经常遭到破坏，被捕的人中也时常有变节者，所以他还负责冒险递送警报的任务。1933年5月14日下午4时许，应修人按照事先安排，到昆山花园7号"左联"书记丁玲住处联系工作。因叛徒出卖，丁玲已被特务秘密绑架，屋里埋伏了几个密探。应修人推开门，发觉情况有异，立刻退至门外。丁玲的房子在二楼，他发现楼梯口已有特务把守，便向楼上跑。几个特务追至四楼屋顶阳台，他与特务展开徒手搏斗。由于寡不敌众，应修人边斗边向后退却，从阳台边缘失足跌落，壮烈牺牲，年仅33岁。

应修人　　　　　　　　　　　慈城应修人故居

马克思主义哲学家、学部委员冯定

冯定（1902—1983），笔名贝叶，出身慈城冯氏的工匠家庭，因家境贫寒，小学毕业就跟着父亲学手艺，幸亏族叔冯君木慧眼识英雄，助其就读于浙江省立第四师范，毕业后考入上海商务印书馆编译所，任古典文学编辑。他广泛涉猎各方面知识，刻苦自学英语和俄语，并开始阅读进步书刊如布哈林的《共产主义ABC》等。1926年加入中国共产党，次年被派往苏联进入莫斯科中山大学深造，逐渐养成执着地追求真理和深沉地探索人生的个性，并形成了理论研究中人格、智慧、学识三者并重的风格。1930年，冯定回国，任上海赤色总工会秘书、中共江苏省委宣传部党刊编辑，他以"贝叶"的笔名在进步刊物上发表了大量哲学论文、专著和译著，代表作是轰动一时的《青年应当怎样修养》。上海生活书店多次再版，供不应求。全面抗战爆发后，冯定历任新四军皖南军部宣教科长、《抗敌报》主编、抗日军政大学第五分校副校长、中共淮北区委宣传部部长、中共中央淮安华中分局宣传部副部长、华东局宣传部副部长等职。1947年，他在病中完成哲学论著《平凡的真理》，出版后不胫而走，传遍解放区。

1952年，《关于掌握中国资产阶级的性格并和中国资产阶级的错误思想进行斗争的问题》一文在上海《解放日报》发表，受到毛主席、党中央的肯定，批发全党中高级干部进行学习。1955年，冯定当选为中国科学院学部委员（院士）。是年，《平凡的真理》重印，连续再版11次，销量达50万册。1957年，时任中央马克思列宁学院一分院副院长的冯定，由毛主席亲自提名，调到北京大学任哲学系教授，不久又兼任校党委副书记，分管全校理论教育和哲学系的工作。当时，国内其他高校的哲学系都已停办，北大哲学系集中了几十位教授，但唯有冯定是讲授马克思主义哲学的教授，直至"文化大革命"仍是唯一。他为北大创立了马克思主义哲学学科，1961年又主持开设了"毛泽东著作选读"这门新课，填补了专业课程的空白。从上年开始，他连续培养过两届历史唯物主义研究生。1964年，冯定的《人生漫谈》由中国青年出版社内部出版，却遭到严厉批判。但他坚持真理，从那时到1976年复出，从未交过任何一份违心的检讨。他继续担任北京大学哲学系主任、副校长、顾问。他是全国政协第二、第三、第四届委员，第五届常委；全国伦理学会名誉会长、全国马克思主义哲学史研究会顾问、全国辩证唯物主义研究会顾问。冯定毕生从事中国共产党的政策和马克思主义理论以及哲学的研究、宣传及教育工作，他的主要论著收入人民出版社编选的《冯定文集》。陈云为之题写书名；陆定一为之题词："出入几生死，往事泣鬼神！"

冯定故居

谈家桢：中国现代遗传学奠基人

谈家桢（1909—2008），出生于慈城，家境清贫，先后在教会办的慈城道本学堂和宁波斐迪学堂就读；1930年毕业于东吴大学；1932年毕业于燕京大学研究院，获理学硕士学位。1934年赴美国加州理工学院攻读博士学位，师从现代遗传学奠基人摩尔根及其助手杜布赞斯基。1936年，他的博士论文《果蝇常染色体的遗传图》通过答辩，获哲学博士学位。翌年回国，被聘为浙江大学生物系教授、理学院院长。任教期间，他发现了瓢虫色斑遗传的"镶嵌显性现象"，引起国际遗传学界的巨大反响，被认为是经典遗传学发展的重要补充和现代综合进化理论的关键论据。同时，他培养了生物学的第一代研究生。

1952年全国院系调整，谈家桢被调到复旦大学，开始进行亚洲异色瓢虫色斑的遗传变异研究和果蝇的细胞遗传基因图研究及种内种间遗传结构的演变研究，为现代综合进化理论的创立做出了重大贡献。尤其是对异色瓢虫等位基因镶嵌显性遗传和果蝇性隔离形成的多基因遗传基础的发现，引起国际遗传学界的巨大反响，推动了中国遗传学的健康发展。1979年，他邀请老同学、美国科学院院士James Bonner带领学术团队来复旦大学开设分子遗传学培训班，系统介绍建立基因组文库、分子克隆等前沿学术进展，为中国开展分子遗传学研究培养了大批骨干。他在复旦大学建立了全国第一个遗传学专业、第一个遗传学研究所、第一个生命科学院；将"基因"一词带入中文的也是他。谈家桢被誉为"中国的摩尔根"。

谈家桢历任复旦大学副校长、顾问，第五、第六届全国政协常委，中国民主同盟副主席，中国遗传学会会长，《遗传学报》主编，第15、16、17届国际遗传学大会副会长和第18届会长。著有《向上帝挑战生物技术》《基因工程》《谈家桢论文集》《基因和遗传》等。1980年当选为中国科学院院士（学部委员）。又先后当选为美国国家科学院外籍院士、第三世界科学院院士、意大利国家科学院外籍院士、美国纽约科学院名誉终身院士、联合国工业发展组织国际遗传工程和生物技术中心科学顾问。获得求是科学基金会杰出科学家奖、"上海市首届教育功臣"称号、美国加州理工学院杰出校友奖、德国康斯坦茨大学功勋奖、美国加州政府荣誉公民称号。国际编号为3542号小行星在1999年被命名为"谈家桢星"。

谈家桢　　　　　　　谈家桢生命科学教育馆

军工专家少将郑汉涛

郑汉涛（1915—1992），原名郑衍松，慈城镇芳江村人。1930年毕业于宁波效实中学，考上半工半读的上海劳动大学工学院，后转入北平大学工学院机械系，1933年底毕业。他先后在上海华新印染厂和长城机制煤屑砖瓦厂工作。全面抗战爆发后，他毅然奔赴革命圣地延安，入陕北公学青训班学习。学习结束后，组织上根据他的学识专长，派他到陕甘宁军区军工部任工程师，次年加入中国共产党，因为工作出色，升任八路军前方总指挥部军工部工程科科长、工程处处长。郑汉涛为八路军的兵工事业的发展恪尽职守、鞠躬尽瘁，特别是在著名的黄崖洞兵工厂保卫战中，做出了突出的贡献。

黄崖洞兵工厂在山西黎城县北东崖底镇上赤峪村西的板山岭下，面积约10万平方千米。这里奇峰绝崖，巍峨雄浑，集太行雄奇、壮美于一体。其入口俗称"瓮圪廊"，最为险峻，堪称"一夫当关，万夫莫开"。全面抗战爆发后，八路军军工部在这里建立兵工厂，初期只有200多工人，经过边生产，边建设，发展到近700人，主要生产步枪、手榴弹、马尾弹、五零炮等。每年所生产的武器可装备十六个团，是当时八路军的主要兵工基地。因此被日寇视为眼中钉、肉中刺，必欲拔之而后快。

1941年11月11日至19日，日军井吴三十六师团第四、第六混成旅共五千余众，陆空联合，再次进犯黄崖洞，企图一举破坏兵工厂。八路军总部特务团九百余名指战员奉命保卫，凭借天险与敌血战八昼夜，歼敌千余人，赢得了敌我伤亡6∶1的辉煌战绩，"开中日战争史上敌我伤亡比空前未有之纪录"，又一次粉碎了华北日军妄图摧毁我军生产的阴谋。

解放战争时期，郑汉涛先后任晋冀豫边区工业局生产处处长和华北兵工局副局长。他坚决贯彻党的指示，发展兵工生产，培养了大量的兵工干部，在工厂管理中表现出了很强的组织能力、管理能力和创造能力。当时的军区第一兵工厂，成功试制了解放军兵工史上第一门九二式盖亮号七十毫米步兵炮。

中华人民共和国成立后，历任政务院重工业部兵工总局副局长兼华北兵工局局长，第二机械工业部计划司司长、部长助理，第一机械工业部第一计划财务司司长兼动员计划司司长，第三机械工业部副部长，国务院国防工业办公室秘书长、副主任，国防科学技术工业委员会顾问；还担任过国务院军工产品定型委员会委员、中央军委科学技术装备委员会副主任、全军装备大检查领导小组组长、海军五型舰艇工程领导小组组长、军工产品国家质量奖审定委员会副主任、国务院三线建设调整改造规划办公室副主任等职。作为杰出的兵工专家和兵器工业领导人，曾主编《中国大百科全书·军事卷》中的枪械、火炮、坦克、弹药分册。1962年晋升少将；1988年被授予独立功勋荣誉章，1991年荣获中国兵器工业特殊荣誉奖。

附录

郑汉涛胞弟郑汉浩（1918—2002），1938年先后入陕北公学、延安抗日军政大学习，同年加入中国共产党。他曾任抗大总校政治部秘书、吉林军区独八团政治处主任、第四野战军政治部秘书处副科长。新中国成立后，历任中南军区政治部秘书处处长、军区干部部办公室主任，总干部部办公室主任、中央军委副秘书长办公室主任、军委办公厅副主任，中央军委纪委专职委员，中纪委常委。1955年被授予上校军衔，曾获三级独立自由勋章、二级解放勋章，1988年荣获独立功勋荣誉章。

徐瑞云：中国第一位女数学博士

徐瑞云（1915—1969），慈城人，生于上海，1932年毕业于上海著名的公立务本女中。她从小喜欢数学，特地报考了拥有朱叔麟、钱宝琮、陈建功、苏步青等名教授的浙江大学数学系。徐瑞云在陈建功和苏步青的教导下，1936年以优异成绩完成学业，并留在浙大数学系任助教。次年，她获得亨伯特奖学金，前往德国慕尼黑大学，师从数学大师卡拉西奥多里（Caratheodory），成为他的关门弟子。徐瑞云主要研究三角级数论，这是当时国际上该领域研究的热门之一，在中国还是一个空白。1940年底，徐瑞云获得博士学位，成为中国历史上第一位女数学博士。她的博士论文《关于勒贝格分解中奇异函数的傅里叶展开》，1941年发表于德国《数学时报》。旋即回到母校，被聘为副教授，参与陈建功和苏步青主持的函数论和微分几何两个数学讨论班，这是一种教学相长、遴选英彦的科研形式。1944年11月，英国驻华科学考察团团长李约瑟参观了浙大数学系和理学院，连声称赞道："你们这里是东方的剑桥！"徐瑞云这时教的学生曹锡华、叶彦谦、金福临、越民义、孙以丰、杨宗道等，后来都成了杰出的数学家和数学教育家。1946年，31岁的徐瑞云晋升为教授。

1952年全国院系调整，徐瑞云先后担任浙江师范学院、杭州大学数学系主任。在她的领导下，第一届本科毕业生约有1/3考取了硕士研究生，数学系进入全国同行前列。她非常重视基础数学教学，开设过近世代数、数学分析、复变函数、实变函数等课程。她也重视教材建设，编写了很多讲义，翻译了苏联那汤松的名著《实变函数论》（上、下册）、《富里埃级数》等书。前者由高等教育出版社出版，在国内学术界颇有影响，实变函数被当时的师范院校视为"三高"课程之一。在做好教学的同时，徐瑞云不忘科研，发表了多篇富有学术价值的论文，受到同行的高度评价。1964年9月,中国数学会在上海召开全国函数论会议,她是6人领导小组成员之一。徐瑞云还曾任浙江省数学会理事、副理事长,浙江省人民代表,浙江省人民委员会委员等职。

土壤化学家院士朱祖祥

朱祖祥(1916—1996),慈城人。父亲是清末秀才,朱祖祥小学毕业后又在塾馆诵读古文半年,1934年毕业于效实中学,考入浙江大学农学院,1938年留校任教。1944年,他经过中华农学会选拔和教育部考试,以优异成绩被选送美国密执安州立大学研究生院深造,1948年获博士学位。其间,他根据土壤化学和物理化学过程的研究,通过植物(燕麦、桃树)栽培试验,结合黏粒矿物类型,进行了土壤胶体对离子吸附能和交换性阳离子种类及其相对含量,以及植物从土壤中吸取营养元素状况等方面的测定,提出并系统地论证了影响吸附性离子有效度的"饱和度效应"和"陪补离子效应"等概念。同年回国,任浙江大学农化系主任、校务委员。

1952年院系调整后,朱祖祥担任浙江农学院、浙江农业大学的土壤农业化学系主任,亲自编撰《土壤物理》《土壤化学》《土壤分析及研究法》等教材并亲自讲授,为拓展土化系和招收研究生、留学生提供了不可多得的专业课好教材。他主编的《土壤学》获1988年国家教委优秀教材一等奖。科研方面,朱祖祥关于土壤磷的吸持、解吸、固定的化学过程和物理化学过程的论述;关于养分位的表述;关于绿肥耕埋后激起土壤微生物强烈活动而耗失土壤有机质的"起爆效应"(现通称激发效应)的论点以及绿肥肥效机制的探讨等,对研究农田土壤肥力的动态监测,对研制测定养分有效度的方法等方面具有指导意义。同时也为创建、发展浙江农业大学土壤农业化学系、环境保护系和中国水稻研究所,做出了决定性贡献,使之成为全国最具影响力的土壤与植物营养和环境工程学科。

1980年,朱祖祥当选为中国科学院院士(学部委员)。他还历任浙江农业大学校长兼中国水稻研究所首任所长，国务院学位委员会和国家自然科学基金委员会第一、二届学科评议组成员，中国土壤学会副理事长、中国土壤肥料研究会副理事长，第八届全国人大代表，第五、六届全国政协委员，第五、六、七届浙江省人大常委会副主任，浙江省科协名誉主席。1996年参加中科院院士为"长江三角洲可持续献良策"农业专题考察组赴江浙沪实地考察时，不幸于11月18日在绍兴突然逝世。

航空材料专家院士颜鸣皋

颜鸣皋（1920—2014），慈城人。1942年毕业于重庆中央大学机械工程系，1944年赴美国深造，1947年获耶鲁大学物理冶金科学硕士学位；其论文《金属加工织构研究》发表在美国矿冶工程师学会的学报上。他采取理论分析方法，第一次同时对3种常用晶系的滑移系与加工织构做了推算。该研究理论受到国际冶金界学者的重视，在织构专著中被列为较完整和成功的织构形成理论之一。次年，他对晶体不均匀变形有了新的发现和认识，提出晶体塑性变形的显微弯曲新假说。1949年，他获得耶鲁大学工学博士学位后，接受纽约大学工学院邀请，负责钛合金实验室的筹建工作，并根据美国国防部门的委托，开展过钛—碳、钛—氮平衡图和钛合金加工织构的研究，首次提出了关于钛合金的拉伸、压缩与轧制织构的晶格位向结果，在国际上取得了开拓性研究成果。1950年他启程回国，受到美国联邦调查局的阻挠和迫害，被送往纽约附近的爱理斯岛隔离。经过据理力争并向法院起诉，于1951年2月胜诉才得以回国。

颜鸣皋回国后，先后任北京工业学院教授、第二机械系主任，航空材料研究所研究员，领导建立中国第一个钛合金实验室。1960年，该所归国防部建制，他出任金属物理研究室主任，航空材料研究所总工程师；1963年被授予上校军衔。他是中国航空钛合金研究的创始人，组建中国第一个钛合金实验室，系统开展航空钛合金研究，建立中国航空用钛合金系列，领导参与高温合金、钛合金和一些新材料的应用基础研究，在微观结构分析、合金强化机理、金属超塑性理论等方面取得一系列创造性成果。在 Ti3Al 合金、Al-Li 合金和 Ni3Al 合金研究中均取得突破性进展。他又是中国金属织构理论的先行者，主持航空材料的疲劳与断裂研究，在新的裂纹扩展物理模型、疲劳裂纹扩展机制、疲劳门槛值预测、三维裂纹应力分析、材料的超载效应以及变幅载荷下的寿命估算等方面取得系统性、独创性的成果，为飞机安全设计、合理选材提供了大量的试验数据和理论依据。

1991 年，颜鸣皋当选为中国科学院院士（学部委员）。他是国务院批准的首批博士生导师之一，第一、二届学位委员会冶金评议组成员。先后任北京航空航天大学、北京理工大学等校兼职教授，《航空材料学报》《材料工程》主编，先进复合材料国家重点实验室学委会主席，国际材料力学行为会议理事会名誉主席等。获得国家、部委级奖励多项，其中 1991 年获航空航天部最高奖励——"航空金奖"，2001 年度何梁何利科学与技术进步奖。他也非常关心家乡慈城的建设和发展，2004 年，亲临母校中城小学百年庆典，并将位于慈城颜家桥头的 400 多平方米的祖居捐献给慈城镇人民政府。

源于生活　美于生活

——慈城民间之非遗

非物质文化遗产，是全人类世代相传的各种传统文化表现形式，是文化多样性中最富活力的组成部分，源于生活，美于生活，承载着人类的生存智慧和对美好生活的向往。2003年10月，联合国教科文组织第32届大会通过《保护非物质文化遗产公约》。翌年8月，全国人大常委会批准《保护非物质文化遗产公约》，中国成为第6个加入此公约的国家。2005年3月，国务院办公厅颁发《关于加强我国非物质文化遗产保护工作的意见》，确立保护非物质文化遗产的方针和原则，对保护工作的任务、目标、要求和措施等提出指导性意见。同年12月，国务院又颁发《关于加强文化遗产保护工作的通知》，决定从2006年起，每年六月的第二个星期六为"文化遗产日"。截至2023年12月，中国在联合国教科文组织的非物质文化遗产代表性名录（名册）中共列入43项，总数位居世界第一；而全国被认定的国家、省、市、县（区）四级非物质文化遗产代表性名录有10万余项。

慈城镇早在7000年前就有人类在此活动，当地人民世世代代辛勤劳作、繁衍生息、不绝如缕，延续着江南水乡勤劳聪明的民风民俗，创造了内容丰富、独具特色的非物质文化遗产，可谓慈城人民千百年来集体智慧的结晶。慈城镇根据上级部门统一部署，对全镇非物质文化遗产现状展开全方位调研，并登记备案，全面了解掌握各类民俗文化资源的数量、种类、分布情况、生存环境和保护现状。通过实地走访、召开座谈会、考察调研和与代表性传承人谈话等多种形式，获得大量翔实的第一手资料，发现镇内非物质文化遗产代表性项目较多，分布较广，内容丰富；包括手工技艺、民间文学、音乐舞蹈、戏剧曲艺、杂技与竞技、传统美术、传统医药、民间习俗等诸方面，有着很高的艺术创造和历史价值，不少种类为全国仅见或独有。如今，慈城水磨年糕技艺、泥金彩漆、骨木镶嵌、玉成窑紫砂制作技艺、半浦民间故事5项已被列入省级非物质文化遗产代表性目录，慈城庙会、螺钿雕刻、微型家具制作技艺等3项被列入市级非物质文化遗产代表性目录，大宝山的传说、水上坟拗孟公的传说、察院巷故事、浙东书风、田间小道、箍桶、光饼制作、乌馒头制作、行话（做生意暗语）、码子字、重阳节跳水登山比赛等11项被列入区（县）级非物质文化遗产代表性目录。

慈城水磨年糕

年糕，作为谢年祭祀的供品，含有"年年高"的意思。年糕在宁绍地区被列为食点之首。相传是大禹治水后，给浙江百姓带来实惠，众人就用大禹整好的水田上所种粮食做成糕来祭祀。起初叫米糕，只因祭祀的目的是希望一年更比一年好，于是改称为年糕。而慈城作为稻作文明起源地之一，制作年糕历史悠久，至少在北宋已经有用米粉做糕的记述。年糕是浙江地区著名传统小吃，选料讲究，制作精细，具有"色白如玉，韧而光滑；浸煮不糊，炒食不粘"的特有品相与口感，所以受到江南及海内外消费者的青睐。

慈城水磨年糕制作工艺广泛分布在慈城各村庄。它以梁湖米、水底青等粳米为原料，制作工序多达十余道，有种植、选米、浸泡、磨粉、沥粉、擞碎、蒸熟、操舂、摘条、印糕等程序。每年春播时，慈城农民选择梁湖米、水底青等单季粳稻品种种植，因为光照足、地力强，成熟的稻谷具有米粒大、玉色透、糯度适中、味道好的特性；而收割之后，还要经过晒、照、碾、压四道工序，稻米才能作为制作年糕的原料。慈城人一般在腊月初十开始准备制作年糕。先是将优质晚粳米洗净后，用水浸泡3—4天或一周，水磨成粉，压去水分至不干不湿状态，再置蒸笼中猛火蒸透，然后或舂或轧，形成大小均匀的条状年糕。宁波一带民间有"年糕年糕年年高，明年更比今年好"的民谚。人们还用年糕印板压成"五福""六宝""金钱""如意"等形状，象征"吉祥如意""大吉大利"；有的则做成"玉兔""白鹅"等小动物，构成真正意义上的内容与形式的结合。而年糕的食用方法，则简单易操作，即切片、切块，片炒、汤煮或炸条，无一不可，咸甜皆宜。例如糖炒年糕，素有"糖炒炒，油爆爆，吃得嘴角生大泡"的民谚。又如荠菜年糕，民谚云"荠菜肉丝炒年糕，灶君菩萨伸手捞"。还有汁水年糕汤，鲜美无比，是家家户户除夕夜的必备食品。烹饪方法之多，林林总总不下数十种。

对于慈城民众来说，水磨年糕不仅仅是当地特产，更可视为慈城文化的一个象征。每年做年糕时，慈城人会先拜灶神，祭祀祖先，祈愿来年能够阖家平安、风调雨顺。年糕乃是"祭灶""谢年"的一项重要内容。但是，水磨年糕味道虽好，却因工序复杂，现在专业制作年糕的企业如慈城"冯恒大"等，已采用机器制作。如往昔那样在过年期间、家家户户做水磨年糕的情景已经越来越少见，一般家庭只做干粉年糕。传统手工制作年糕的技艺正在渐渐消失。所幸慈城镇政府高度重视，从2003年开始，筹划举行慈城年糕文化节，以挖掘弘扬慈城年糕文化。在第二届年糕文化节上，选用1600公斤优质大米、按传统水磨工艺制作的"最大的水磨年糕——慈城年糕"成功面世，荣获"最具经济效益和社会效益的吉尼斯纪录"奖项。

2006年，慈城镇被"中国特产之乡推荐暨宣传活动组织委员会"评定为"中国年糕之乡"。2009年慈城年糕文化节，主办方又组织9台大灶蒸煮生粉，198位师傅用99只石质捣臼"舂年糕"，36个师傅在9张桌子上做年糕制品。因为参与的年糕师傅有342名之多，该活动以"中国最大规模年糕制作"创造了又一项上海大世界基尼斯纪录。同年6月，慈城水磨年糕被列入第三批省级非遗保护项目，所属类别为传统技艺，项目传承人为谢大本。从此，谢大本、周乾良等一批年糕传承人，每年都会表演、展示、教授手工制作年糕的技艺，成为节庆活动中一道亮丽的风景线。

最大的水磨年糕

泥金彩漆

　　泥金彩漆，宁波传统工艺"三金一嵌"（泥金彩漆、金银彩绣、朱金漆木雕和骨木镶嵌）之一，是一种泥金工艺和彩漆工艺相结合为主要特征的漆器工艺。世界上最早的漆器，出土于河姆渡遗址；而泥金彩漆，明清之际到达鼎盛，《浙江通志》称："大明宣德年间，宁波泥金彩漆、描金漆器闻名中外"。泥金彩漆以被漆器物的花纹凹凸之别，分为浮花、平花、沉花三大类。宁波泥金彩漆以中国生漆和金箔为主要原料。漆器以木胎为主，也有以竹片、竹编为胎的。做一件泥金彩漆需要经过设计、木胎、漆坯、堆塑、贴金、上彩六个环节，有一套独特复杂的工艺流程，非常考究、精致。共有箍桶、批灰、上底漆、描图、捣漆泥、堆塑、贴金、罩漆、上彩、铺云母螺钿、分天地色、修边、挖朱等20多道工艺流程，约需3个月时间，器物才能成品。其中，堆塑（堆泥）是泥金彩漆最具特色的手工艺，也是与其他漆器最大的区别所在，为宁波所独有。所谓堆塑，就是艺人把生漆、瓦片灰或蛎灰按一定比例捣制成漆泥，反复揉打、揉捏，然后在竹木等胚胎上堆塑山水、花鸟、人物、楼阁等图饰，最后给图饰贴金、上彩，使器物外表富丽堂皇、异常美观。制成的工艺品典雅古朴、绚丽多彩，颇有汉唐雕刻艺术之遗韵。

泥金彩漆与普通漆器的最大区别体现在一个"金"字上，即用贵重的黄金作为装饰。而且在贴金之后，还要在金箔表面上，运用独特的"追金"和"开金"两种工艺技法再进行美化加工。所谓追金，是将配漆稀释之后，用笔蘸上少量的漆液加少量的入漆颜料，在金箔面上反复轻扫；而开金则是将入漆颜料和配漆调成色漆，然后再将色漆均匀地涂刷在金面上，待漆半干起黏时，用细牛角棒轻轻地描绘自己所要的纹样图案。这两种技法使得漆器在金饰和彩绘的互相衬托下金光熠熠、五光十色，号称"五金七宝相玲珑"。

泥金彩漆与宁波当地百姓生活息息相关，器物以日常用品为主，而且种类繁多。大到建筑构件，床、柜、桌、椅等房内家具及各类屏风挂件；中有鼓、桶、提桶、茶盘、果盆、桶钵等生活用具；小到案头文具摆设，如笔架、笔搁、印盒、镇纸等书房用品，遍及生活各个领域，堪称宁波文化、市民文化、生活文化的一个缩影。宁波至今保存着明清及民国时期家具和生活用具，其泥金彩漆部分光艳如新，显示出当年手工技艺之精湛。中华人民共和国成立初期，泥金彩漆还盛行在宁波民间。但随着生活方式和观念的转变，它失去了自己的生存市场，在移风易俗的社会风气中渐渐隐没。而泥金彩漆又是全靠师徒口传手授、纯手工技艺制作，所以发展至今，只剩下慈城镇及宁海县还保留此项传统手工艺。

2011年，宁波泥金彩漆被列入国家级非物质文化遗产代表性项目名录；2012年又被列入第四批省级非物质文化遗产代表性项目名录，所属类别为传统技艺。传承人工艺美术大师李光昭，于2013年1月在慈城太湖路成立江北万木春工艺美术有限公司，经营泥金彩漆等工艺品设计与研发。他勇于创新，把泥金彩漆嫁接到传统的青瓷盘上，让两种不同的传统文化碰撞出新的火花，研究两者结合的效果，终于成功地制作出第一件泥金彩漆和越窑青瓷相结合的作品。他还与朱金漆木雕国家级传承人陈盖洪一起创作《吹箫引凤》，与助手合作《群贤祝寿图》；自己又独创《钟馗嫁妹》等大型泥金彩漆作品。从而促使泥金彩漆这一传统技艺与时俱进、发扬光大。

泥金彩漆《福禄双寿》（作者李光昭）　　泥金彩漆《牡丹亭》（作者李光昭）

骨木镶嵌

宁波骨木镶嵌是民间工艺与家具、建筑相结合的一种装饰形式，其涵盖的门类较多，实用性很强，包括传统家具、生活用品、门窗建筑装饰等，以牛骨片、木片等为原料用钢丝锯锯成各种纹饰，在木坯上起槽后用黄鱼胶粘结嵌入花纹，再经打磨雕刻，髹漆而成。常用的题材多以历史故事、民间传说、生活风俗、和合二仙、梅兰竹菊等带有吉祥寓意的图案为主，与中华民族传统文化一脉相承，内容丰富多彩。明末清初，骨嵌艺术形成固定风格，被广泛应用于民间家具，宁波地区几乎家家户户都有几件骨嵌家具，同时，此类家具也畅销长江中下游和东南沿海一带，流传极为广泛。清乾隆后，宁波骨嵌技艺进入鼎盛时期，骨木拼接胶合技艺博得了"天衣无缝"的赞誉。现存于宁波博物馆的骨木镶嵌"千工床",堪称集骨木镶嵌技艺之大成,是传统手艺之瑰宝。

骨木镶嵌《如意鼓桶桌》(作者甘金云)

骨木镶嵌以象牙、红木、牛骨、螺钿、铜片、腊石、花梨木、黄杨木等为原料,在木匠制作的家具坯架上起槽后,嵌以各类饰纹,再进行雕刻、打磨、鞣漆,是一种能起到装饰、美化作用的传统工艺。镶嵌艺术的技术手段,主要包括直接镶嵌法、预制法、反贴反上法、正贴正上法等。除平面镶嵌外,也可以在浮雕上进行镶嵌,这种镶嵌方法可以进一步增强镶嵌对象的立体感。明清以后,浮雕镶嵌的方法被广泛运用于各种工艺品的装饰,清代中晚期还出现了在不同"地子"上镶嵌戏曲人物故事的浮雕镶嵌法,嵌瓷、骨木镶嵌即属此类。镶嵌工艺品具有坚固、耐晒、耐潮湿、不易变色的优点,材料的质感及由此而产生的形、色、光效果使镶嵌工艺品平添了艺术魅力,尽显粗犷浑厚、华贵绚烂之美。下面以骨质平嵌为例,介绍一下工艺流程。

首先，将骨质材料放入硝镪水内进行防腐处理，经高温消毒后清洗、漂白；其次，用凿子、快刀等工具将骨质材料加工成片状，待用；再次，根据构图，用雕刀在待嵌的家具坯架上，雕刻山水、花草、人物、动物等作为底槽；接着，将骨质材料按木质底板的图样，加工成形；随后，鱼胶化开后涂于水质底槽内，趁热将精心加工好的骨质材料按序嵌入；然后，用刮刀修正镶嵌面，使其平整光滑；最后，鞣漆。

2016年，骨木镶嵌入选第四批省级非物质文化遗产代表性项目名录，所属类别：传统技艺。

玉成窑紫砂制作技艺

紫砂制作是一门独特的手工艺，涉及多个步骤和精细的工艺流程。一是原料准备。主要是紫砂泥，还需要白泥、清水、竹篾、纸张等辅助材料。二是手工打制。首先将泥坯揉软并去除杂质和空气；然后在旋转的车轮上用手捏成粗坯，通过捏、拉、压、掐等手法反复加工，直至形成合适大小的形状，并确保壶盖、壶身、壶嘴等部位比例协调。三是胎模制作。胎模是一种内部框架模具，首先将白泥塑造出壶体形状，然后充沙，最后挖去白泥得到胎模，从而确保紫砂壶的尺寸和形状一致。四是烧制。首先对紫砂壶表面进行打磨和修整，然后将其放入窑中，通过高温煅烧使其成为坚硬的紫砂壶。烧制的温度和时间根据不同产品调整，一般在1100℃左右，烧制时间10至20小时不等。这是紫砂壶生产的最后也是最关键的一个环节。五是细节处理和刻绘：对基本成形后的紫砂壶进行细节处理和刻绘，包括壶盖和壶体零件的制作、壶嘴的成形和细致加工、壶纽的安装以及壶身的整形和打磨。

玉成窑位于慈城西南角林家大院内，建于清同治前期，为小作坊式烧制，烧制技术较差，品种质量欠佳。后来，以梅调鼎为代表的甬上文人专请当时宜兴制壶名家王东石、何心舟来慈城指教，烧制技术和品种质量得以提高。产品以紫砂壶为主，也有笔筒、水盂、笔洗等文房用品。由于烧结火候的控制和采用当地所产原料，玉成窑所制紫砂壶与宜兴紫砂壶相比，色泽偏黄红，其质感各有千秋。尤其是因为梅调鼎亲自参与并在壶上刻铭，使文人紫砂至玉成窑时期达到巅峰。世人称"千年紫砂，绵延至今；前有陈曼生，后有梅调鼎"。陈曼生（1768—1822），钱塘（今余杭）人，"西泠八大家"之一，才气过人，擅长古文辞，精于雕琢，以书法篆刻成名，且喜爱紫砂工艺。嘉庆年间任溧阳县宰时，自绘紫砂壶十八图样，请杨彭年、邵二泉等制壶，自己在壶上刻铭，作品世称"曼生壶"。梅调鼎（1839—1906），慈城人。自幼好学书法，参加省试时，因厌恶馆阁体，执意不附俗，被取消考试资格。既而绝意仕进，一心习书，大雪天常双手插雪堆，待冻僵后起而奋笔疾书，直至发汗，如此书艺大进。他耻于替达官贵人作书，以卖字为生。其书广采博纳，用笔能圆能断，笔断意连，清秀自然。紫砂壶上有他刻铭，就被赋予了丰富的文化内涵和艺术价值。因此，玉成窑不仅仅是一个窑口，也通指当时从事紫砂创作的一个艺术群体。玉成窑紫砂制作技艺是宁波的一项传统技艺，在中国紫砂发展史上占有特殊地位。

玉成窑非遗张生铭汉铎壶（全手工）

2023年，玉成窑紫砂制作技艺入选第六批省级非物质文化遗产代表性项目名录。4月14日，玉成窑文化研究院成立，传承人张生表示，从矿料到泥料加工、生坯成型、书画镌刻、窑烧等工艺流程，都可以在玉成窑文化研究院内完成。于是，文人紫砂开始走进当代大众生活，以文化赋能助力共同富裕。

下 篇

双翼齐飞的保护开发建设

八八战略　春到慈城

承载着上篇所述那至为深厚的历史文化，是千年古慈城；或者也可以说，是慈城这方水土的钟灵毓秀所造就。两者相辅相成，相得益彰。

千年古慈城，唐开元二十六年（738）由首任慈溪县令房琯始建，是除山西平遥之外现存较为完整的汉民族古县城，具有明显的唐城特色。古县城北倚熔岩丘陵，南俯湖沼平原，西邻姚江谷地，东屏红土低丘。近看慈江、远眺姚江及江南群山，可谓四明山水尽收眼底。故有"慈枕山为邑，五曜归垣，九龙回合，兑位宝山，屼然翼蔽，干青霄而蔽白日，隐然室有障，车有屏也"[①]之说。房琯运用中国风水中的五行相生相克原理，因势利导，在城北开挖一湖，以蓄北山之水，并应北方属水之意。于是，有形的自然环境与无形的风水理论得到了有机融合。东为青龙，故东山蜿蜒至南，草木葱茂，青翠如黛。西山如虎雄踞一角，石白且坚，是为白虎。南山如雀，振翅欲飞，石赤如火，号为朱雀。北湖似龟，仰吻珠山，蕴华凝碧，湖泥似墨，是为玄武。居中为城，街衢如矢，河道如带，纵三横六，方如棋局，是为中土。且东山的塔山高于西山的大宝山，南边的赭山与城北的慈湖又山水相对，水火相衬。

县治城内，采用传统的城池规划。东西两侧的建筑和街巷以中街为轴，相互对称。街巷设置取《易经》八卦"乾三连""坤六断"之意，建南北向三条大街和东西向六条横街。东郭、西郭都有酒楼，楼中有戏台，楼前是河道，河上商船云集。除北面是慈湖外，东、南、西三面都围着

[①] 雍正《浙江通志》，四库全书本。

护城河，护城河之水在东南方的巽位上与慈江合并直通姚江。城内有一条主河道叫骢马桥河：自东门到西门穿城而过。连接主河道的则是遍布全城的小河。与三纵六横的街巷相对应，河道是三纵四横。这些宽不过一丈、深不逾六尺的小河却是全城的血脉，河道互相连接，北接慈湖，南通慈江。朝夕之间，潮起潮落，东海的海水沿甬江、姚江、慈江直拍河岸，使慈城之水直通大海而成活水。整个城区形如龟背，寓意一只向北俯伏的"神龟"，正在汲饮慈湖"圣水"。这样的天、地、人合一的江南一邑，是大自然的造化，也是城市规划者对大自然深刻认识的充分体现。

古慈城的最初规划和建造，具有统一性与多样性的巧妙结合；以理性规划为最高原则；争取天时、地利、人和。整个建设趋于对称、序列，追求整体与完美、秩序与规律、和谐与统一的特点，而且至今仍较为完整地保留着中轴对称、棋盘式路网的礼制格局。这种高度理性美，集中表现了古代经济、文化、科学、技术等多方面的成就，在选址、供排水、交通、防火、绿化和风景区等方面，都有过卓越的成就和经验，堪称江南古县城的典范；对于了解、研究中国古代县城建设发展的历史文化具有重要价值。

1954年慈溪县治迁往浒山之后，慈城不再是县级政治经济文化中心，在人们的视野中渐行渐远，逐步进入"养在深闺人未识"的状态。岁月流逝半个世纪，这座历史文化名城一直默默无闻、乏人关注，更没有保护开发的明确思路和有力措施。直至2003年，时任浙江省委书记的习近平提出了面向未来发展的"八八战略"，慈城才以其得天独厚的文化与旅游优势，再度引起各方关注，千年古慈城宛如枯木逢春，开始大放异彩。

2003年7月，在中共浙江省委第十一届四次全体（扩大）会议上，习近平提出了面向未来发展的"八八战略"，即进一步发挥八个方面的优势、推进八个方面的举措。具体而言：

一是进一步发挥浙江的体制机制优势，大力推动以公有制为主体的多种所有制经济共同发展，不断完善社会主义市场经济体制。

二是进一步发挥浙江的区位优势，主动接轨上海、积极参与长江三角洲地区合作与交流，不断提高对内对外开放水平。

三是进一步发挥浙江的块状特色产业优势，加快先进制造业基地建设，走新型工业化道路。

四是进一步发挥浙江的城乡协调发展优势，加快推进城乡一体化。

五是进一步发挥浙江的生态优势，创建生态省，打造"绿色浙江"。

六是进一步发挥浙江的山海资源优势，大力发展海洋经济，推动欠发达地区跨越式发展，努力使海洋经济和欠发达地区的发展成为浙江经济新的增长点。

七是进一步发挥浙江的环境优势，积极推进以"五大百亿"工程为主要内容的重点建设，切实加强法治建设、信用建设和机关效能建设。

八是进一步发挥浙江的人文优势，积极推进科教兴省、人才强省，加快建设文化大省。

"八八战略"开辟了中国特色社会主义在浙江生动实践的新境界，成为引领浙江发展的总纲领。江北区委、区政府和慈城镇党委、政府深入学习、探索领悟，认识到慈城的优势正是那得天独厚的历史文化和旅游资源；通过保护开发，积极推进文旅和农旅融合发展，就是慈城高标准建设美丽新农村的关键举措。

为研究和协调古慈城保护与开发的关系，慈城镇委托上海同济城市规划设计研究院进行《慈城历史文化保护区保护规划》的编制工作。该院不负所望，提出了具有实际意义的发展战略：将老城保护和新城开发结合成一个系统，把慈城的历史文化环境放到整个宁波市域中来考虑需求。以古慈城的保护和开发为契机，发挥第三产业的集聚效应和规模效应，提升古慈城的品质，带动城市形象地位的上升。再以城市的形象地位来吸引投资，带动新区的发展。这次规划除保护规划的用地调整、道路交通、保护更新等方面内容之外，还从各街坊的控制规划入手，根据各居委会管辖街坊范围的建设特点与位置关系，对各街坊分别提出规划要求和控制策略，对加强保护规划的可操作性，具有一定的创新意义。规划还对若干重点地段的空间环境做出详细设计，保护传统建筑与传统空间，拆除障碍建筑，并采用修补植入的手法，恢复历史街区肌理与空间形态，改善古城历史街区整体环境。

规划将慈城古城区划分成四个等级的保护范围，并对规划影响区提出特别控制要求。文物保护区：已经公布标准的各级文物保护单位、文物保护点（包括待定文物保护单位）本身和其组成部分的四边界限以内。核心保护区：为了保护文物的完整和安全所必须控制的周围地段以及古城内有代表性的传统民居区、沿街沿河风貌带、各主题游览区。包括沿慈湖、解放河、护城河之古城滨水风貌带，沿重要传统商业、居住街巷之沿街风貌带，依托街巷，围绕祠堂、公共建筑而建的传统民居建筑群。风貌协调区：完整的古城区（至护城河以外 10 米）。区域控制区：古城建成区范围内以及为与古城周边山水风貌整体协调，及保证古城外轮廓的完整性所必须控制的区域，古城所有区域以及护城河外围，邻近公路两侧、滨水、沿山地带。

与此同时，专业从事慈城古城保护与新城开发的宁波市慈城古县城开发建设有限公司宣告成立。该公司由宁波市城建投资控股公司和宁波市江北区政府、慈城镇政府共同出资组建，是以市场化运作方式的经营实体。公司的经营范围涉及公共建设项目和其他实业开发，包括城镇建设项目和其他实业的开发、投资以及房地产开发。公司将对 2.17 平方千米的古城进行综合整治和整体风貌的恢复，同时开发 5.0 平方千米的新区。公司本着严谨、踏实、高效的工作理念，致力于"江南第一古城"品牌的打造，人居与生活品质的提高、城市化进程的推进和宁波历史文化名城品位的提升。

2005 年 5 月 18 日，浙江省委书记习近平到慈城考察调研。这时，古县城的保护开发已略见成效，孔庙、校士馆和古县衙修缮完毕，对外开放。

孔庙是浙东地区唯一保存完整的孔庙，也是慈城儒学渊源之所在。

北宋庆历八年（1048）由慈溪县令林肇建立，时任鄞县县令的唐宋八大家之一王安石为之撰写《慈溪县建学记》。经历代战乱沧桑，屡有兴毁、建复和增扩，屹立至今。其主体建筑，有棂星门六扉、泮池三桥、华表三对、大成门配石鼓三对，两旁东西挟门，大成殿高上石阶数级东西有庑，明伦堂、梯云亭东西斋房；东轴线建有儒学门楼魁星阁、文昌祠、土地祠、宰牲所、崇圣祠、教谕署等，西轴线建有尊经阁、名宦乡贤祠、忠义孝悌祠、训导署、节孝祠及牌坊、广文祠等。整座孔庙共有殿、堂、祠、阁以及斋庑屋宇137间，四围红色宫墙，南墙上书斗大四字"宫墙万仞"，左右置下马碑文曰"一应文武官员军民人等至此下马"，前通衢左右各置坊，东曰"腾蛟"，西曰"起凤"。

孔庙

孔庙曾获清康熙二十四年御书"万世师表"额、雍正三年御书额"生民未有"额、乾隆三年御书"与天地参"额、嘉庆三年御书"圣集大成"额、道光三年御书"圣协时中"额、咸丰元年御书"德齐帱载"额，同治元年御书"圣神天纵"额、光绪六年御书"斯文在兹"额。学宫内现存的古碑有：王安石撰慈溪县建学记碑、重建慈溪县学碑、重建大成殿碑（撰者王安石）、重建慈溪县学东西庑碑记、重修文昌祠碑、崇圣祠碑各一、明伦堂御颁卧碑、重建明伦堂碑、名宦乡贤祠潘侯去思碑、节孝祠祏室、节孝祠记［（四方）杜醇撰书：节孝祠大门修建节孝祀记］。作为首期重点保护开发项目，投入资金1900万元，现在的规模占地面积17565平方米（含孔庙公园），建筑面积3800平方米，建筑格局按中、东、西三轴线布局规范工整，气势恢宏，开放之后游客如云，尤其是莘莘学子和家长们。

校士馆是封建科举制度选拔人才的基层场所，俗称考棚。清道光十五年（1835），当地乡贤郑廷荣父子捐资24000两建成慈城校士馆。自创建至今，校士馆曾多次被毁坏、修复。这次保护开发，是按照清光绪《慈溪县志》所绘校士馆示意图重建的，占地面积8000多平方米，建筑面积约2000平方米，其建筑格局为坐北朝南，由大门、仪门、堂室、廊舍、偏房等117间房屋组成；分为前后两院，是比较典型的清代三进二院建筑。这里可谓慈城科举文化发端之地。

校士馆（考棚）

前进为大门和仪门，大门上悬"慈溪县校士馆"匾额，正对面有一照壁，东西两辕门。大门右侧建小屋四间，左侧建有土地祠，是供奉土地神的地方。仪门上书"明经取士"四字，右侧建有门房六间。二进分左右两廊，为考屋，平房中间为考生进入考棚的入口，俗称为"龙门"。考屋的门和窗结构都一模一样，共有六十九间，每三间筑地墙一道，外留一方小天井，仅供正南面出入和采光通风，使整个考棚有充足的光源，还可避开风雨之苦。每间考屋都有考桌四张，凳子四条。考试时，这十来个平方米的空间要被分成四格，每格坐一人，看起来就像是一排排鸟笼式的建筑，称号舍。可以想象当年莘莘学子云集于此，在这一间间狭小的考棚里伏案提笔、展卷应试以求功名的盛况。正厅为大堂，有五间，上书"衡鉴堂"三字，是考官评阅试卷、面试考生及接待上级官员的地方。左右各有四间偏房。三进有一个天井和五间正房，称为"挑试所"，是考生交卷、考官封卷的地方。西建韩（愈）昌黎祠三间，东建黄（震）文洁祠三间。东北隅建有五间厨房。整个建筑是有史以来最为完备的校士馆。

古县衙也是由唐代房琯始建，直至1954年，有1200余年的历史。最初建在浮碧山上，后移至浮碧山南麓。因遭受外敌入侵和自然灾害而屡毁屡建，现存的县衙是按照清光绪《慈溪县志》上详图于2004年重建，占地4万多平方米。重建挖掘时还发现了唐朝县治甬道，全长自清清堂下至衙门口，用砖砌成，个别砖块上盖有唐印。古甬道局部陈列于县衙大堂后。而更值得一提的是，古县衙正在"旧瓶装新酒"，国内第一个以反腐倡廉为主题的文化园"清风园"将在这里落成。清风园以"激浊扬清"为主线，主要分"慈溪清风馆"和"中国清风馆"两个展区。"慈溪清风馆"由慈孝文化与清廉文化、慈溪清官故事、房琯塑像和清清堂四个单元构成，具有鲜明的地方特色。"中国清风馆"主要由鉴壁启示、贪奢为戒—激浊厅、人间正气—扬清厅和警钟长鸣—反思厅四个单元构成。两个展区借助文字、图片、壁画、雕塑、实物模型，以及影视、电子书、多媒体等展示手段和表现形式，运用鲜明对比和视觉冲击，揭露历朝贪官污吏的可耻嘴脸，展现传统清官廉吏的群体风貌。

时任浙江省委书记习近平同志到慈城调研后指出，慈城名人荟萃，英才辈出，在古县城的开发建设过程中，要充分发挥慈城独特的人文优势，挖掘内涵，注意保护，使其在当代文化教育和旅游事业中发挥积极作用。[①]江北区委区政府认真贯彻省委书记习近平调研讲话精神，带领全区干部群众以更加自觉自信的姿态，忠实践行"八八战略"，慈城也由此迎来了万象更新的春天。

2005年，慈城镇被住房和城乡建设部、国家文物局评为第二批中国历史文化名镇。

古县衙

[①]《习近平在我市调研时强调　发挥文化名城优势　加快建设文化大市》，《宁波日报》2005年5月19日。

古城保护　旧貌新颜

2006 年

  国务院正式批复《宁波市城市总体规划（2004—2020）》，其中包括《慈城古县城市政规划》。规划目标是根据慈城历史文化保护规划要求，结合现状实际情况，提出古县城市政基础设施建设要求与标准，完善道路、地下管网等市政基础设施网络建设，形成运转有序、效益良好、服务优良的市政网络，并与区域设施布局协调一致。开挖河道，整理水系，恢复古县城风貌，从而使古县城保护与设施建设有机结合，形成既具古城风貌，又有现代化设施的旅游、居住型城镇。

  6月，慈城古建筑群（包括甲第世家、布政房、福字门头、冯岳彩绘台门、孔庙、冯宅等）被公布为第六批全国重点文物保护单位。

慈城古建筑群鸟瞰图

甲第世家，实为钱宅之别称，明嘉靖年间（1522—1566）建造，位于民权路金家井巷。主人钱照，嘉靖七年中举，十一年进士，官至佥事。其子钱维垣，考取秀才后，因父亲早逝，遂绝意仕进，一心代父奉养祖父。祖父八十高龄时，不小心腿脚骨折，卧床不起，他精心照料，十三年如一日，因此被朝廷授予"顺孙"称号。他的儿子钱文荐，又继祖父之后，于万历三十五年进士及第，授新野令。而钱氏亦为慈城名门，家族中不算秀才、举人，光是进士就有7人。所以钱宅也被称为"甲第世家"，当时的大才子文征明为之题匾额。

该宅坐北朝南，由台门、二门、前厅、后厅及左右厢房组成。大门朝南。前厅单檐硬山式，五开间，通面阔17.35米，通进深11.83米，明间为抬梁式、施五椽栿和平梁。平梁上为蜀柱，平梁前后端架于二童柱之上。二童柱骑于五椽柱栿上，另有一扎牵，前端架骑于五椽栿上的矮童柱上，后端与前童柱相交。别一扎牵前与后童柱相交，后端则架于后金柱之柱头科上，各柱头皆有卷杀，除前后椽柱系方柱，柱头另按方座斗外，其余皆为圆柱，上端为圆座斗。各柱头皆施十字科，其中脊檩以后各檩下，侧向明间一方皆为重拱，下拱从柱身伸出。在前下金檩枋和后中金檩枋下，与阑额和普拍枋之间按有补间铺作，明间四朵，次梢间两朵，但梢后无补间铺作。前列为一斗三升，后为一斗六升，但梢间无补间铺作，拱之间为拱眼壁。所特殊者，乃是下面的护斗作成方斗圆角，即法式所谓"靴斗"，与保国寺斗拱有明显的承袭关系。前后檐下铺条石，后堂是高平屋，面阔同前厅，除明间外，次梢间皆施隔栅，上有阁楼。屋顶硬山式，左右厢房，楼屋重檐，南端上檐仿歇山式，北端为硬山式。是年，甲第世家完成拆迁，已进场修缮。

布政房，位于金家井巷8—10号，为明代湖广布政使冯叔吉的故居，也是明万历前期具有代表性的民居建筑。现存前进的东、中、西三厅，共十一间，硬山式屋顶。中厅三间两弄，用五架梁和六架梁，后金柱用金童落地做法，柱头多施十字科，但不置平身斜，无平板枋。童柱呈方墩状，梁栿用材粗壮，截面呈长方形，梁下施丁头拱，用鼓形柱础。台门正南方三米处原有一照壁，残存有刻着卷草纹的青石质须弥座。

福字门头，位于慈城金家井巷7号，原为冯叔吉布政房的一部分，后代没落，此宅遂归应氏，庭院有所改造，大门口东面，为衣服架锦式屏门二扇，牌科式；二门的照壁在南端，正中有一硕大的砖刻"福"字，故名"福字门头"。厅面为五进深，通阔18.8米，左右浮9.9米，明间为抬梁式，平主梁支蜀柱，前中柱金檩下的童柱下方为舌形，而前后上金檩下的童柱为正方形，后金柱前各柱子皆施十字科，前檐柱为小八角，下以正方形腰沿为柱基，其他柱基皆为扁珠形，柱子卷杀，梁袱空隙用蒲棒为心，锯木屑拌泥批腻子，硬山房顶，明间侧后方两檐柱旁砌八字形墙，上方斗砖雕做出斗拱，墙壁正中间辟有主架锦式门。坐南朝北一面有门楣题额上款书"乙丑冬月"，中题"泽流思顺"，下款书"陈鸣宝题"。后入为一"三合院"，有上下宅子，皆为楼屋，经考证，厅面具明朝建筑之特性和面貌，后楼建筑为清初期之面貌，至今留存尚详细。

冯岳彩绘台门，位于太湖路完节坊里2号。该台门系冯岳辞职归里时万历皇帝所赐建，台门所有梁、柱、枋、额、斗拱上都有粉彩的孔雀牡丹、鹤、荷花叶图案，部分斗柱上还有龙、凤、麒麟、灵芝、如意等透雕木刻，古色古香，雄伟气派，是浙东明代门楼彩绘和雕刻保存最好的一处，对研究明代宁波建筑装饰和彩绘、雕刻艺术具有很高的参考价值。门前照壁一座（已毁），现仅存座基。前厅也已毁，后进为重檐硬山顶，檐柱为方形，亦腰沿式方柱础，檐柱头作十字科，梁架结构已被改动。台门坐北朝南，五开间，三明二暗，通面阔13.16米，进深四间，通进深7.05米，前后皆用飞椽，硬山式屋顶，小平瓦。梁架有中柱，用单步梁和双步梁，双步梁上立斗，开十字科，承单步梁，各柱头皆施方斗，做出十字科，横向多为重拱，梁下皆有丁头拱，前三为桁，后四为檩。梢间之前有八字墙，每边斜长2.4米，上端砌出单斗雀替状，用方磨砖斜砌，下为石须弥座。

冯宅，在慈城太阳殿路上，建于清乾隆后期，系湖广布政使冯叔吉后裔所居。该宅大门朝东，进深二间，前有八字式封檐墙，下端为石须弥座，中部为磨砖，上部雕砖出牡丹、几何纹以及一斗六升两个半攒，上置筒瓦。木构的门额上亦置平身科两朵，为一斗六升。天井尽头处有一照壁，下为须弥座，中间方砖斜砌，左右两方柱，下为腰沿式柱础，上端中部分别雕有牡丹、几何纹、寿字，并有雕花之雀替。二门为一砖雕门楼，上端亦有平身科一斗六升。共两攒，左右各另加半攒。院墙做法比较讲究，下部为石须弥座，刻卷草纹。上部有一斗六升之平身科。院墙与正楼、厢房成一三合院，中为天井。正楼重檐，用六柱，童柱为方墩式，抱头梁尾部下有丁头拱，前部置于檐柱头之十字科上，檐檩下无雀替之饰。柱础一律为珠式。明间有三重门，所有上下格子窗门，皆为小方格式。东厢房之窗前，还保留一排栅栏，以及一部分应属原建之舌形滴水，为慈城镇仅见。

（孔庙介绍详见《八八战略　春到慈城》）

是年，古城项目进展情况如下。

第一，慈湖景观项目已完成二标段工程施工，正进行三标、四标拆迁工作与二标延伸段施工。清道观景区项目基本完成。东入口道路项目已全部完工。城隍庙重建项目已开工建设。解放路基础设施改造项目已完工600米改造。老城排污泵站项目已开工建设。汤家弄饭庄工程已进场施工。

第二，太湖路历史街区改造、太阳殿路东段历史街区改造和福字门头三个项目已完成80%拆迁工作。甲第世家项目完成拆迁，已进场修缮。

同年，顺利完成市级文保单位"应修人故居"的抢救性维修。此前，浙江省级文物保护单位彭山塔也完成修复，是由当地民营企业宁波金田铜业集团资助100万元建设的。彭山塔又作鹏山塔，位于慈城镇妙山乡彭山，明嘉靖年间慈溪县令霍与瑕所建，称邑之文笔峰。楼阁式砖木结构建筑，平面呈六角形，7层，高约22米，每面有壶门、平座、腰檐。塔内原置楼板楼梯，可盘旋至顶，后因腐蚀被拆除。省级文保单位对于方家砖雕台门也采取抢救性临时保护措施，以防止台门因瓦面缺损遭雨水渗透而导致结构崩塌。

此外，古建筑宝善堂、抱珠楼、张尚书房和近现代代表性建筑郑家祠堂被列入江北区文物保护点。其中的宝善堂在古县衙后花园内，旧名潘园，后更名浮碧山房，内置来鹤山房。宝善堂背山面湖，凭栏而望，北郊远景俱收，为登眺胜处；周围竹树环抱，清净幽雅，也是文人墨客聚会品茗、诗酒唱和的好去处。我国台湾著名实业家应昌期与唐平尘的订婚仪式，就是在此举行的。如今为配合慈城对外旅游开发，这里建成"宝善堂茶楼"，但保存清代乾隆年间建筑原貌，既有小巧玲珑、纯净自然的古朴之风，又兼精致细腻、简约协调的现代创意，是游客们闲情会友、把酒品茗的绝佳之地。

2007 年

清道观景区完成重建并对游客开放。清道观是江浙最负盛名的道观之一，始建于唐天宝八年（749），后废。宋绍兴三十年（1160）重建并扩建。此后屡废屡建，规模宏大，环境幽美，文物众多，影响广泛。清光绪十三年（1887），邑人冯翊廷、冯全塘再次发起集资修建。中华人民共和国成立后，清道观槐荫夹道，松柏独秀，阁、厅、殿等建筑随地形逐层上升、依山而立。各式塑像不可胜记。可惜"文化大革命"期间遭到拆毁，所幸千年参天古柏、木质奇特转幢、精工五金巨钟道观三绝，早已远近闻名，留存下来。2004 年至 2007 年，清道观作为古县城保护开发建设的重要工程，由慈开公司投资承建并顺利竣工，建筑面积 3000余平方米，修复的古建筑包括山门、仪门、雷祖殿、玉皇殿、三清殿、十王殿、关岳殿、藏经阁和老子台等 20 个单体工程。

重建工程的建筑材料，全部采用优质木材、石材、砖瓦等传统建筑材料，并全部采用传统工艺。梁架采用传统建筑的穿斗式和抬梁式，墙体采用青砖，屋面采用筒瓦屋面和小青瓦屋面，路面铺陈的石板绝大部分为老石料。工程建设方本着尊重历史的态度，坚持高起点规划、高标准建设，对建筑构件精雕细琢，其建筑质量达到了采用传统工艺及材料进行古建恢复重建的最高水准。而观内配置的主要神像雷祖、东岳大帝、玉皇大帝、四御及三清等，皆为优质桧木精雕而成，清漆淡彩，代表了木制神像的最高水平。而且，工艺专家们更着眼于对传统道文化精神内涵的挖掘和展现，力图体现时代精神。老君台上的青铜老子像，为中国当代著名雕塑家、中国雕塑院首任院长吴为山教授的代表作品，采用抽象的造像手法，表现老子作为人类伟大思想家、哲学家深邃、高远的神韵。老子像周围所配大地景观，以最简洁纯粹的现代材料黑色钢管为基本元素，排列组合成类似迷宫效果的蜿蜒路径，地面配以纯净的白色石子，黑白二色组成整个景观，寓意"道可道，非常道""大道难求"，同时又暗合老子所崇尚的"水之德"的意境，大气磅礴，意境深远。老君台上又布置黑色的祈愿棒丛，象征道体以外林林总总的万事万物，祈愿棒可系祈愿丝带，游观者的祈福之愿可在浓重的道的气氛中得以升华，实现人与场所的互动效果。重新开放的清道观，已从传统的道教敬神祀仙，道士斋戒礼仪、修身养性的场所，进化为新时代弘扬中华优秀传统文化的实践之所。

清道观

是年，古县城开发公司完成项目投资 26398 万元，其中古城项目完成投资 11621 万元，世行贷款项目完成投资 1890 万元。古城项目进展情况如下。

慈湖景观项目基本完工。城隍庙重建项目主体完工。福字门头修缮项目确定修缮方案。甲第世家的古建主体修缮完毕。酒税务项目的饭庄基本完工，青年旅社完成 50%。清道观重建项目基本完工，接着对清道观山塘再利用项目进行功能定位研究。太湖路历史街区改造已进场完成 3600 平方米的主体修缮。太阳殿路东段历史街区改造已完成规划研究，开始设计。

同年，世行贷款项目进展情况为：解放路基础设施改造工程基本完工；老城排污泵站工程基本完工；老城东北片路网工程项目正结合规划进行设计。

2008 年

古县城开发公司完成项目投资 4.61 亿元，其中老城区完成投资 1.59 亿元，世行贷款项目 0.05 亿元。古城项目进展情况如下。

第一，慈湖景观工程基本完成，开挖建成内湖，形成环慈湖的景观休闲圈。酒税务项目工程已完工，并已完成内部配置，开始招商工作。甲第世家修缮工程已完成。太湖路和太阳殿路东段历史街区改造项目，已完成 8000 平方米古建修缮。

第二，城隍庙工程已完工。全国首家手工 DIY 文化创业中心——城隍庙"天工之城"，经过大量的前期准备工作于 9 月 29 日正式开园。已有德国 Prym 公司、法国 DMC 公司、汉声设计、汉声 DIY、贝碧欧美术颜料（昆山）有限公司、诚风家居老外婆、哈哈尼、午马未羊皮艺制品公司、日合成段段绣公司、飞跃公司等 11 家企业正式签约入驻并开始日常营业。通过对这些项目的整合，加上早先已开业的陶艺吧及编织站等项目，初步形成了手工 DIY 创意园区雏形。

城隍庙，位于中华路慈城县衙西侧，唐设慈溪县治初年始建，此后屡建屡毁、屡毁屡建，历代重建、扩建、改建、修建有十多次。最后一次在清同治九年（1870），邑人冯本怀募捐修建。城隍庙内供奉"财神菩萨"。城隍庙前门右边是观音殿，前门左边为三官殿。可惜在1947年，国民党临时军火库大火殃及城隍庙，被毁。如今在城隍庙原址重建，清代规制，由大门、殿宇、戏台、庑房等组成。整座建筑坐北朝南，一进一院结构，并以南北为轴，两侧对称，彰显了中国传统建筑风采。殿宇戏台逐层叠进，宅子配殿深度相接，围绕一体，既有寺院圣殿配备特点，又具官署建筑类型，其神学雅趣和"前朝后寝"的作用十分显著。慈城城隍庙是现阶段中国修复最详细的城隍庙之一。

酒税务是古代县政府专门收取酒税的机构，南宋宝庆时设在慈城东横街，后迁址至今城东南光华路。据清光绪《慈溪县志》，酒税务始建于北宋至道二年（996），此后历经毁兴。现存台门和三间税收大厅，两边各八间厢房，中间一楼梯间。大厅纵深十余米，额高于楼顶，与两边楼房相连接，大厅前后均为道地、围墙，与主体房屋构造成"日"字形，前后围墙上刻有固定标语和六畜禽类图案，前围墙上书八个字："俾尔戬谷，罄无不宜"。后围墙上部书画部分已被居民建房当作内墙损毁。最具有明显特征的要数税收大厅面前的四只窗棂，按坐西朝东的方位排列，中间为厅堂间，窗棂上的图案告诉人们，南边（右侧）是算账间，窗棂上的图案刻着办公桌、算盘等；北边（左侧）是收钱间，窗棂上的图案刻着收入笔筒中的单据、铜钱等。把税收大厅的分间列室用图形镌刻在窗棂上表现出来，像现在的科室牌一样起向导作用，也给后人留下了宝贵的历史物证。现存的酒税务遗址，占地面积有2000余平方米，建筑面积1200余平方米，其中税收大厅130余平方米，两边办公用房800余平方米，东西两头辅助用房200余平方米，除东头围墙遭受破坏外，整体结构基本保存完整，是古代县级机关的一处重要建筑。

慈湖在古城北面。唐开元年间县令房琯开凿，用以灌溉民田。因三国时期吴太子太傅阚泽（字德润）曾居住在湖畔，所以也称"阚湖"或"德润湖"；后来阚泽书堂舍为寺院，宋代敕赐"普济寺"，所以又名

"普济湖"。慈湖面积一百亩，内立两洲，洲上建亭，亭四面皆花，洲外红白芙蕖（荷花），环堤皆柳；沿湖四桥，桥上俱有亭；山水清妍，金碧相焕，湖中原有五楼船，每值良天，邑人争赁船以游，歌笑之声溢于四境；湖西复有小湖，正当清清堂后。慈湖堤心建有师古亭，清乾隆间知县胡观澜建。民国初，王绣复募民浚慈湖，观澜下车即规划，此事工竣，盖小亭于湖上，颜曰："师古"，旨在缅怀慈湖先生杨简。而改造后的慈湖景区，湖泊、曲桥、亭廊、幽径、鲜花、瑞草、芳树、丽鸟，构成一幅绝妙无比的彩色画卷，号称"一堤一湖十二景"。"十二景"：一是师古亭；二是古城墙；三是虹桥卧波；四是流灯映波；五是孤岛怀父；六是汲水奉母；七是慈湖窑；八是望湖台；九是慈湖遗址；十是梅林春晓；十一是杉林怡景；十二是濯缨水阁。

慈湖

2009 年

古县城开发公司完成项目投资 6.16 亿元，其中老城项目完成投资 1.99 亿元，世行贷款项目完成投资 0.22 亿元。古城项目进展情况如下。

太湖路和太阳殿路历史街区改造已完成古建修缮 8900 平方米，东北片区（太湖路、太阳殿路）于 10 月完工，展现出河路并行、水街和谐的古时风貌。福字门头修复整治项目完成拆迁，已进场施工。冯骥才祖居整修项目完成拆迁，正进行项目前期工作。小东门停车场于 10 月完工。

同年，世行贷款项目进展情况为：老城排水泵站工程已完工；新城排污泵站工程已完工，准备移交。

太阳殿路

2010 年

国内首部古城历史文化保护条例——《宁波市慈城古县城保护条例》于 4 月 28 日由宁波市第十三届人民代表大会常务委员会第二十三次会议通过；又于 7 月 30 日由浙江省第十一届人民代表大会常务委员会第十九次会议批准。该条例共六章四十条（详见附录）。

5 月，清风园以主题鲜明、特色突出、社会影响大、具有较强廉政教育意义而被中共中央纪律检查委员会列入第一批全国廉政文化教育基地。

10 月，冯俞宅区域的紫砂壶、青花瓷、泥人、例外服饰、椅子等五大展馆群于第二届"中华慈孝节"期间开馆。冯骥才祖居整修完成，设立慈城非物质文化遗产博物馆。清道观工程荣获 2010 年度"钱江杯"优质工程。

是年，古县城开发公司完成项目投资7.08亿元，其中老城完成项目投资1.34亿元。古城项目进展情况如下。

福字门头修复整治项目于11月底完工。冯骥才祖居整修项目于10月底完工。将官岭山体连接工程进入爆破施工阶段。

2011年

古县城开发公司完成项目投资5.97亿元，其中老城完成项目投资3.6亿元。古城项目进展情况如下。

第一，将官岭山体连接工程于1月开工，已完成主体结构。凌家祠堂修复工程于2010年底开工，2011年5月完成竣工验收。太湖路、太阳殿路、小东门停车场、新联下穿等项目完成移交。

第二，杨旭摄影广告工作室、纪平儒风文化发展公司、李剑涂鸦木制玩具手工店、玩偶部落4家公司分别签约入驻太湖路和城隍庙。慈城年糕馆正式对外开放营业。

近现代重要史迹普迪小学、侵华日军狮子山军事遗址、古建筑冯君木故居、前新屋冯家和太阳殿路22号、24号、26号，被列入江北区级文物保护点。

普迪小学，1915年由秦润卿与旅沪同乡李寿山、王荣卿等人集资兴建，是为读不起书的贫困孩子办的免费平民学校，旨在"普及文化，启迪民智"，并立"勤、俭、公、忠"四字为校训。"左联五烈士"之一柔石和无产阶级革命家作家巴人（王任叔）都担任过该校教员。当时舆论评价："成绩之优美，不仅以冠慈溪，即宁属各邑小学，恐亦无出其右者。"其建筑坐北朝南，由西洋式大门、二门、教务楼、两排教学楼、教师宿舍、厨房及储藏室、大礼堂、小礼堂、小花园、小操场、大操场等组成，占地约4800平方米。现存建筑1500平方米，是宁波现存较完整的中西合璧式公共建筑，在宁波的建筑史、教育史、文化史、慈善史以及慈城古县城发展史上都有重要地位。

普迪小学

2012 年

古县城开发公司完成项目投资 3.33 亿元，其中老城完成项目投资 1.9 亿元。古城项目进展情况如下。

民权路北端慈湖景区配套工程（D 区域）、慈湖景观二期保护改造配置工程（A、B、C 及杨家巷以北慈湖红线区域）：拆迁完成区域已开工建设。将官岭山体连接工程已完工。布政房区域保护改造项目完成施工图设计。古县城消防、古县城交通组织等专项规划完成编制。

2013 年

古县城开发公司完成项目总投资 9.16 亿元，其中老城项目投资 6.16 亿元。古城项目进展情况如下。

第一，慈湖景观工程二期保护改造配置工程（A、B区域）：A1—A5竣工验收；A6—A11门窗制作完成60%；B区完成油漆工程。布政房区域保护改造完成二层楼板浇捣，年内完成主体结构。将官岭山体连接工程移交慈城镇政府，布政房、福字门头、甲第世家等文保单位通过省文物局专项验收。

第二，民权路历史街区保护改造项目，清道观二、三期项目，竺巷东路桥至南门城墙及城门建设项目，解放河东段历史街区保护改造项目：四个项目共需拆迁1912户，总面积157375平方米；至11月末，共完成签约1729户，总面积134840平方米，占拆迁总面积的85.68%。

同年，省级重点文物保护单位朱贵祠完成修缮和陈列改造等项目，设于祠内的首家区级纪念馆——鸦片战争宁波抗英事迹纪念馆——正式开馆。朱贵祠建于清道光二十二年（1842），当地百姓为纪念鸦片战争大宝山战役中英勇阵亡的朱贵将军及其部下将士而建，总占地面积约2400平方米，建筑面积540平方米。鸦片战争宁波抗英事迹纪念馆共设有"鸦片战争朱贵抗英史迹""大宝山战役厅""宁波人民抗英陈列""藏兵千里援战"四部分史料陈列，展厅面积355平方米，并新铸朱贵像及藏兵头领阿木穰、哈克里铜像。

朱贵祠

2014 年

古县城开发公司完成项目投资 10.62 亿元，其中古城完成项目投资 9.12 亿元。古城项目进展情况如下。

第一，古城古建修缮工程完工。小东门防洪闸完成竣工验收。布政房区域保护改造配置项目完成竣工验收。完成保黎医院、宁波市工人疗养院征收及慈湖一期安置房剩余房源购置。

第二，民权路历史街区保护改造项目，竺巷东路桥至南门城墙及城门建设项目，解放河东段历史街区保护改造项目，清道观二、三期项目：已完成住宅拆迁工作的 88%。

第三，完成慈城古城保护规划编制工作，并通过部门及专家评审，上报宁波市规划委员会。完成古县城商业规划编制、古城交通规划方案、大东门重建工程方案设计。完成解放路以东区域道路及管线改造项目立项和福字门头、符卿第等古建筑消防设计方案和施工图设计。

同年，位于慈城民主路 70 号向家门头的省级保护文物"恩荣坊"牌坊得到抢险性加固维护。恩荣坊建于清乾隆四十一年（1776），又称"诰封三代坊"，系向氏后裔向恒升奉乾隆皇帝圣旨为祖上向腾蛟所建。该坊为二柱一间单楼歇山顶建筑，用青、红两种石料建造，高 6 米，宽 3.5 米。坊顶屋面石板镂刻成筒瓦状，正脊两端饰有鸱吻。牌坊正面上额枋正中悬一块双龙戏珠竖匾，匾上竖刻"圣旨"两个大字；牌坊背面上部竖匾镌刻"恩荣"两个大字，中间匾额上镌刻"诰封三代"四个大字。两根坊柱上分别镌刻有建坊年代："乾隆 丙申岁孟秋月上浣吉旦"和建坊人的署名："翰林郎候选州同孙向恒升建"。在该坊的额枋等处，浮雕有双龙戏珠、双狮舞绣球等图案，是石雕艺术的精品。

2015 年

古县城开发公司完成项目投资 6.10 亿元，其中古城完成项目投资 4.24 亿元。古城项目进展情况如下。

第一，慈城文保建筑修缮工程完工，完成年度目标。基本建成占地3万平方米的金家井巷国保区。民权路两侧部分传统建筑修缮工程于5月开工，实现年度目标的83%，项目形象进度已完成。古县城风貌进一步由"线"向"面"拓展。民权路历史街区保护改造项目完成投资13417万元，占古城年度目标的31.6%。竺巷东路桥至南门城墙及城门工程土地储备项目（环城路）完成投资1763万元，占古城年度目标的4.16%。解放河东段历史街区保护改造项目（东镇桥街以南）土地储备项目（住宅）完成投资2398万元，占古城年度目标的5.7%。

第二，古县城大东门重建及周边景观改造项目完成方案专家论证、勘察工作、施工图设计。解放路以东区域道路及管线改造项目完成施工图设计，已进入监理、施工招标准备阶段。

第三，结合西护城河及大西门环境综合治理，打通西护城河大西门卡脖段，建成大西门停车场；28处"电子眼"等设施投入运行，进一步改善古县城门面形象和交通环境。

2016年

4月22日，冯骥才祖居博物馆开馆。著名作家、中国民间文艺家协会主席冯骥才的祖居位于民主路159-1号，占地面积1460平方米，由老建筑和新建筑构成，前面祖居面积207平方米，后面新建筑602平方米。博物馆分为"怀先堂""南轩""我们的大冯"三大展区。祖居厅堂中央悬挂着"怀先堂"牌匾和《雨竹图》，这是冯骥才专门题写和绘制的。在房间最重要的位置，放有一张桌子和两把民国风格的椅子。这是冯骥才的祖父冯家屿和父亲冯吉甫当年使用的。在祖居后面新建的博物馆展厅，馆藏、陈设共分图书、书画、实物、音像四大类。整个展厅主要通过图片、视频和实物，展现冯骥才在文学、绘画、文化遗产保护和教育领域的成就。冯骥才向祖居博物馆捐赠了一批艺术作品和实物，包括图书194册、书画24件、实物60件、音像66件，共计344件（册）。

冯骥才祖居博物馆

是年，古县城开发公司完成投资7.14亿元，其中计划内古城完成项目投资3.65亿元，计划外新增投资3.49亿元。古城项目进展情况如下。

第一，民权路两侧传统建筑2015年修缮工程完成竣工验收。解放路以东区域道路及管线改造项目完成各专业施工图设计，其中电力改造列入城网计划，完成监理、施工招标工作及开工准备工作。民权路街区古建2016年修缮工程完成6000平方米古建主体工程修缮，占总工作量的85%，完成年度进度目标。古城大东门重建工程完成勘察及各专业施工图设计工作，进入施工招标准备阶段。

第二，启动"五水共治"慈城古县城护城河及官山河综合治理（一期）工程，完成EPC总承包招标工作，进场准备工作就绪。启动2016年第二批民权路两侧收储地块部分保留传统建筑约6000平方米古建修缮项目，完成施工、监理招标工作。启动南城沿路及部分护城河桥梁、管线等改造整治工程，进入设计招标准备阶段。

2017 年

9月,《宁波市慈城历史文化名镇保护规划》经省政府批准同意实施。该规划共十二章九十八条,具体内容如下。

  第一章　总则。
    第一条　规划目标。
    第二条　规划依据。
    第三条　规划原则。
    第四条　规划期限。
    第五条　规划范围。
    第六条　规划内容。
    第七条　成果及法定文件。
    第八条　强制性法定内容。
  第二章　历史文化价值评述。
    第九条　遗产资源概述。
    第十条　自然格局特色。
    第十一条　城镇格局特色。
    第十二条　传统建筑特色。
    第十三条　大运河价值特色。
    第十四条　半浦村价值特色。
    第十五条　历史文化价值综述。
  第三章　保护框架。
    第十六条　保护目标。
    第十七条　保护原则。
    第十八条　保护内容。
    第十九条　保护重点。
    第二十条　保护主题。
  第四章　镇域文化遗产保护。

第二十一条　镇域遗产保护框架。

第二十二条　镇域山体保护。

第二十三条　镇域水系保护。

第二十四条　古树名木保护。

第二十五条　大运河遗产保护区划。

第二十六条　大运河遗产保护要求。

第二十七条　古遗址保护。

第二十八条　半浦历史文化名村保护。

第二十九条　镇域景观廊道保护。

第五章　名镇文化遗产保护。

第一节　保护区划与保护要求。

第三十条　名镇保护区划调整。

第三十一条　核心保护范围。

第三十二条　建设控制地带。

第三十三条　环境协调区。

第二节　古县城整体格局保护。

第三十四条　古县城风水格局保护。

第三十五条　古县城空间格局保护。

第三十六条　整体色彩保护。

第三十七条　传统肌理保护。

第三十八条　历史街巷保护。

第三节　景观风貌控制与引导。

第三十九条　景观节点。

第四十条　景观轴线保护。

第四十一条　重要景观视线保护。

第四十二条　街巷界面引导。

第四十三条　整体景观风貌引导。

第四十四条　设施、设备引导。

第四十五条　店招及广告标识引导。

第四节　功能定位与用地调整
　　第四十六条　古县城与新城关系
　　第四十七条　功能定位
　　第四十八条　规划结构
　　第四十九条　用地调整
　　第五十条　用地功能兼容
第五节　人口与社区规划
　　第五十一条　人口容量预测
　　第五十二条　社区产业发展
　　第五十三条　社区划分
　　第五十四条　社区服务设施规划
　　第五十五条　居住环境改善
第六节　交通系统规划
　　第五十六条　道路交通改善策略
　　第五十七条　道路规划
　　第五十八条　交通组织
　　第五十九条　停车设施规划
　　第六十条　交通管理政策
第七节　市政与防灾规划
　　第六十一条　给水规划
　　第六十二条　排水规划
　　第六十三条　电力规划
　　第六十四条　通信规划
　　第六十五条　燃气规划
　　第六十六条　管线综合规划
　　第六十七条　环卫规划
　　第六十八条　消防规划
　　第六十九条　防洪排涝规划
　　第七十条　防震规划

第六章　名镇建设控制
　　第七十一条　建设控制分区
　　第七十二条　风貌控制分区
　　第七十三条　建筑风貌控制
　　第七十四条　高度控制
　　第七十五条　建设强度控制
　　第七十六条　地块与院落整治
　　第七十七条　地块与院落控制
　　第七十八条　建筑保护与整治
　　第七十九条　建筑体量控制
　　第八十条　建筑退让要求
第七章　文物保护单位、历史建筑和历史环境要素保护
　　第八十一条　文物保护单位保护
　　第八十二条　文物保护点保护
　　第八十三条　历史建筑保护
　　第八十四条　传统风貌建筑保护
　　第八十五条　历史环境要素保护
第八章　非物质文化遗产保护
　　第八十六条　保护原则
　　第八十七条　保护内容
　　第八十八条　保护措施
第九章　文化遗产展示与利用
　　第八十九条　展示利用方式
　　第九十条　镇域文化遗产展示与利用
　　第九十一条　古县城文化遗产展示与利用
　　第九十二条　非物质文化遗产展示与利用
第十章　规划实施对策与时序
　　第九十三条　规划实施保障机制
　　第九十四条　规划实施管理建议

第九十五条　实施管理政策建议。

第九十六条　近期实施内容。

第十一章　附则。

第九十七条　法律效力。

第九十八条　规划执行。

第十二章　附表。（略）

是年，古县城开发公司完成项目投资11.42亿元，其中古城完成项目投资10.67亿元。古城项目进展情况如下。

第一，古县城护城河及官山河综合治理（一期）工程完成东护城河岸线施工、河道清淤、护城河底闸安装，完成投资2697万元，占年度目标的117.26%。解放路以东区域道路及管线改造项目完成60%的主干道路施工，完成投资3091万元，占年度目标的154.55%。南城沿路及部分护城河桥梁、管线等改造整治工程完成设计及施工招标。民权路街区古建2016年修缮工程竣工，完成投资558万元，占年度目标的105.28%。民权路两侧收储地块部分保留传统建筑CC04-07-01-01、CC04-07-06-01、CC04-08-03-01片区修缮项目（三民路南北两侧区域、察院巷以北区域）完成古建筑主体修缮，完成投资799万元，占年度计划的101.14%。民权路两侧收储地块部分保留传统建筑CC04-08-05-01片区修缮项目（张尚书房区域）完成古建筑主体修缮，完成投资1040万元，占年度目标的100.97%。民权路两侧收储地块部分保留传统建筑CC04-13-03-01、CC04-13-03-02片区修缮项目（应家池周边地块、太阳殿路以北）基础完成60%，大木结构完成30%，屋面完成20%，完成投资200万元。民权路两侧收储地块部分保留传统建筑CC04-18-01-01、CC04-19-02-01、CC04-19-04-01片区修缮项目（花园弄东西两侧）已进场开工，完成场内违章拆除。小关圣殿及戏台恢复工程完成建筑主体施工，完成投资310万元，占年度目标的103.33%。

第二，新增古城停车场8处、泊位近700个；解放路等主干道路实现全面禁停，古城公共秩序持续改善。

2018 年

古县城开发公司完成项目投资 10.13 亿元，其中古城完成项目投资 8.68 亿元。古城项目进展情况如下。

第一，全面推进护城河两岸环境整治提升、大东门瓮城施工和四路一桥改造。慈城古县城护城河及官山河综合治理（一期）工程完成东护城河及泵闸站，完成西、南护城河河道挡墙施工的 60%；慈城南城沿路及部分护城河桥梁、管线等改造整治工程完成雨污管线的 80%，完成道路管线及路面施工的 40%，完成丁新桥基础施工；大东门重建及周边景观改造项目完成河道箱涵和瓮城主体结构施工的 70%。这些项目将有效解决古城交通、雨污水排放并改善古城周边环境、古城风貌。

慈城民权路

第二，完成东半城主要道路和街巷杆线下地、路面铺装，大部分沿街界面整治改造。解放路以东区域完成除东镇桥街外的其余道路及管线施工，为街巷沿线古建区域的业态植入创造条件。

第三，完善民权路片区古建修缮，与太湖路、太阳殿路历史街区形成连贯古城风貌。民权路两侧收储地块部分保留传统建筑张尚书房区域、应家池周边地块和小关圣殿重建工程等建筑面积约 13647 平方米修缮项目完成竣工验收，成为古城未来产业导入、旅游开发的主阵地。

第四，配合江北区纪委完成清风园提升改造工程。整个清风园，主要由慈城清官文化展区和中国清官文化展区组成。慈城清官文化展区的设计布展有：清官墙（50 位清官廉吏），"慈城父母官"游戏互动装置，图文展区（清廉、明正、爱民、遗惠 4 个展块 24 名清官），房琯和杜甫雕塑，张颖"清清堂"。中国清官文化展区的设计布展有："犭贪"的巨大鎏铜雕塑；铜钱门；监狱牢笼（内有春秋末年吴国太宰伯嚭、东汉外戚权臣梁冀、北宋大奸臣朱勔、明朝权相严嵩、中国史上第一贪清代和珅）；张居正大轿；壁画（杖责太素、真宗闹剧、箕子叹纣）；镜子"正衣冠"；10 位清官雕塑（汉代黄霸和董宣，唐代狄仁杰，宋代包拯、范仲淹和王安石，明代海瑞，清代于成龙、张伯行和林则徐）；民心秤；清官雅号展板；正心修身厅和慎微、慎独、王阳明的展板；齐家治国厅；《清官百家谱》；治国互动装置；全面从严治党新时代展厅。

2019 年

4 月 17 日，宁波市慈城古县城保护开发建设协调小组举行第一次会议，明确宁波市慈城古县城开发建设有限公司成建制移交给江北区管理，双方在 4 月 30 日前完成管理移交。4 月 30 日，公司正式移交江北区管理。12 月 5 日，宁波市慈城古县城开发建设有限公司更名为"宁波市江北开发投资集团有限公司"（以下简称"江北开投公司"）。

古县城开发全面提速。加快资源重组，理顺古县城保护开发的体制机制和功能定位，明确古县城开发"年内提升、次年见效、三年变样"的工作目标，顺利通过国家 4A 级景区复核验收。开展古县城短板问题研究破解，完成综合交通等专项规划研究，新增丁新路、尚志路等停车场 6 个，停车位 560 个。建立健全美丽城镇建设三年行动项目库，全年谋划实施涉古城项目 22 个，南门游客服务中心、大东门瓮城重建、护城河活水工程等项目相继完成，大西门、清道观、火车站等节点研究系统推进，民权路、水街广场、小关圣殿广场和九曲弄等一批亮点景观在国庆节集中亮相。全力破解征迁难题，如期交付了南门停车场、骆慈公路局部改线、解放河开挖等新建项目施工面，基本完成太平桥、棚改二期等征迁项目，全年完成房屋征迁面积8万平方米、征地面积73公顷，清零3年以上历史遗留节点35个。其中，历时近10年的大东门瓮城项目实现全线征拆清零。

是年，江北开投公司完成项目投资20.01亿元，其中古城完成项目投资17.26亿元。古城项目进展情况如下。

第一，以完善古城旅游配套设施、梳理古城交通、深化区域功能、培育文旅产业为主要目标，启动了古城交通以及停车配套研究、东北片区景观提升研究、慈湖景区提升研究、古城产业布局研究等一系列规划研究。启动南门游客服务中心、南门城楼及南门直街等南线研究，以及清道观——东门周边、迎春街商业街区、解放河商业街区等东线研究，其中南门游客服务中心、清道观周边景观、大东门周边景观等已完成研究并建成。谋划古城棚户区改造二期项目、南门区块周边景观建设、南护城河及周边景观、公交场站及周边区块研究搬迁、清道观南侧区块拆迁及景观提升项目等一系列项目研究，为今后南侧形象改变做好规划基础。

第二，规划以民权路商业街区、解放河商业街区、迎春街商业街区为主的三大街区，布局以走马楼、三号公馆网红餐厅、古城水街餐厅等为主的十大餐厅；以东北片区已修缮古建筑为载体，招商落地以念兮、慈舍、隐庐（港中旅、开投合作）为主的民宿10家，与文旅特色相融合的各类商铺47家，有效解决了慈城古县城吃、住、玩不足的问题。为破解内涝积水、排涝设施不足等难题，公司先后完成了慈湖活水工程（一期）、东护城河改造、南护城河改造等一系列工作，有效改善了台风天内涝积水问题；启动民权路以及东北片区已经修缮建设区块的水电排污工作研究，并已经开始施工建设。

第三，启动民权路街景提升、九曲弄打造、南门游客服务中心等13个新建项目；同时加快大东门瓮城、南护城河、南城沿路项目建设。新增丁新路、尚志路等停车场 6 个，停车位 560 个。"五加二""白加黑"，创新工作方式，新建项目 40 天内完成；续建项目也已完成，为中华人民共和国 70 周年献礼交出合格答卷。

第四，国庆前夕围绕招商项目和产业落地，组织古城东北片区建筑修缮和补缺工作、民权路建筑补缺项目。县衙东侧、袁家巷以东项目、抱珠楼项目都已经开始修缮建设，东北片区建筑补缺、民权路建筑补缺项目等完成了方案专家审查阶段。解放路以东区域道路及管线改造项目、慈城南城沿路及部分护城河桥梁、管线等改造整治工程、慈城古县城护城河及官山河综合治理（一期）工程等开发项目开展建设。

第五，引进中旅管理团队具体负责古县城景区运营管理，明确了景区景点管理运营、客流导入、队伍培养等职责。双方携手共同管理、经营、开发，对慈城现有景区资源进行资源盘活、品牌打造及市场营销。将县衙、校士馆、冯俞宅、孔庙等作为双方合作投资的重点，导入港中旅的资源，填充景点内容，提升景点吸引力。

第六，全力破解征迁难题，如期交付了南门停车场、骆慈公路局部改线、解放河开挖等新建项目施工面，基本完成太平桥、棚改二期等征迁项目，全年完成房屋征迁面积 8 万平方米、征地面积 73 公顷，清零 3 年以上历史遗留节点 35 个。其中，历时近 10 年的大东门瓮城项目实现全线征拆清零。

第七，成立招商中心并增设招商部门，重点推进和保障民权路沿街商铺和东北片区民宿招商工作。目前全面启动了古城核心区民权路一期招商工作。已引进商户 47 家，其中精品民宿类 10 家，餐饮类 8 家，休闲类 6 家，其他文创零售类 23 家，已招商落位的商铺占民权路商铺总数的 85% 以上。其中，商铺和配套已开业 8 家，装修中 10 家，预计春节前开业共计 25 家以上，民权路商业氛围基本形成。解放河街区的招商工作也提上议事日程，借鉴韩岭的招商经验，在建筑设计同步启动招商的对接工作，更有效率、更有针对性地做好招商工作，加快商业街区打造。

2020 年

5月17日,"古城复兴 在浙出发"主题活动在慈城镇举行。浙江省、宁波市、江北区、慈城镇有关领导同志,国内文旅专家学者、浙江省26个古城代表、亲历慈城古县城开发保护的建设者和慈城居民,齐聚大东门城墙下,见证了这一全省"古城复兴"计划的盛事。

浙江大地文化荟萃,千年古城既是历史的记忆,也是文化的传承,更是浙江建设"文化大省"的重要载体和资源,因此,浙江省委、省政府提出了"千年古城"复兴计划,主要是对文化挖掘、文物保护、非物质文化遗产传承设施进行保护性开发修缮,严格执行以修复、恢复为主,不搞大拆大建,对基础设施完善改造,对古城整体风貌进行抢救保护,整体提升,实现古城保护和开发辩证统一。而古城复兴工作的主要目标,旨在打造文化复兴、特色产业、百姓宜居的"三大标杆",力争古城成为展示浙江文化的"重要窗口"、展示浙江成就的"示范样板"。

慈城号称"江南第一古县城",中国历史文化名城研究中心主任阮仪三曾这样评价:"慈城作为中国传统县城的典型代表,仍保留着完整形态,在江南乃至全国都少见;古城内文化古迹分布密集,传统民居群落保存完好,都具有很高的保护和开发价值。"所以,"古城复兴"计划率先在这里启动,自然是情理之中、众望所归。伴随着象征"趋吉纳祥、国泰民安、政通人和"的三通鼓声响起,"古城复兴 在浙出发"正式拉开序幕。长阳实业、宁波恒帅、宁波富来、吉星医疗、格劳博机器人、美生医疗等6个项目代表,当场与慈城镇签订投资协议,总投资约27亿元。其中,长阳实业项目将专注尖端新材料研发和应用,通过长阳研究院建设,约定5年内新增投资不低于15亿元,实现年产值10亿元、年贡献税收4000万元以上。同时,慈城镇政府与港中旅、修思文旅、祺影文化、滋晨文化、慈云酒店、念兮勿舍等6个文旅项目签约,总投资约2.3亿元。其中,港中旅的隐庐项目紧邻慈湖湖畔,占地面积3.4万平方米,建筑面积1.4万平方米,总投资约8000万元,将成为慈城古县城又一高端住宿品牌。这一批大项目的签约,标志着古县城机制、平台优势进一步叠加。

是年，江北开投公司的古城项目进展情况如下。

第一，实施国家级文旅融合发展示范区战略策划研究，深化古城整体布局和产业规划。启动开展古城东部区域修建性详细规划研究，合理布局旅游景点、主题街区、文化院落、配套服务等功能，力争在2021年春节前完成古城东部区域修建性详细规划研究前期招标工作，为下一步古城大量填充区域的具体建设提供依据。

第二，已完成的主要有古骢马河水域恢复工程（一期）、古城东部区域配电网及配电项目、民权路沿线补缺工程、走马楼溪上餐厅、古城东北片区街景提升工程（主要包括太阳殿路、民权路、太湖路等）、骆慈公路（清道观至小东门段）杆线下地工作等13项工程。年内预计完成解放河历史商业街区建设并进入招商阶段。该项目连接大东门和民权路商业街，项目的建成，对于古城旅游线路的贯通、商业氛围的形成、文化产业的培育和发展具有极其重要的意义。此外，着力推进抱珠楼图书馆项目、保黎医院改造项目、横滨桥大中修工程等。东入口北段连接线二期工程因受拆迁影响，迎春路区块改造整治工程因考古要求需调整建筑整体布局方案，因此需要加大攻坚力度。

第三，建成开放了慈城历史文化展览馆、药商博物馆、冯定纪念馆、年糕馆等一批特色文化场馆。慈城历史文化展览馆设于恢复后的大东门瓮城城墙一侧，城墙高7.1米，总长150米，半圆形，颇具刚毅而又婉约的江南韵味。展览馆将城墙与现代科技数码技术相结合，通过空间展示让游客在跨越千年的时光穿梭中，真正体验到"江南第一古县城"的历史文化内涵魅力所在。药商博物馆设在冯存仁堂创始人冯映斋故居，重点挖掘推广药商文化；又成功创建慈城古县城中医药特色基地，广州敬修堂、东阿阿胶等一批医药企业签约落户。

第四，对接、对标"千年古城"复兴计划，持续做热慈城古县城开发建设温度。积极挖掘本地民俗节庆文化资源，组织开展了第十二届中华慈孝节、交响乐晚会等系列主题活动，国庆中秋"双节"累计接待游客27万余人次，上榜宁波游客接待人次"前十"A级景区榜单。尤其是大东门"瓮城"成为宁波新晋网红打卡胜地,吸引无数游客拍照留影。

第五,编制完成区域公共交通专项规划,公交场站迁建完成方案设计,全年新增微公交线路4条、公交候车亭19座,火车站等区域停车位700余个。

浙江省重点文物保护单位朱贵祠保养维护方案完成市级审核。朱贵祠坐落在慈城镇大宝山西麓,建于清道光二十三年(1843),是慈溪民众为纪念在鸦片战争中英勇阵亡的朱贵将军及其部下将士而募资兴建。1963年,朱贵祠被公布为浙江省重点文物保护单位,后因历经兴衰,一度破落,江北区委、区政府于20世纪末投资20余万元进行重点整修完善,以弘扬朱贵和阵亡将士爱国主义民族气节,2000年被授予宁波市爱国主义教育基地。

朱贵祠原名"高节寺",又名"慈郭庙",俗称"朱公祠"、"朱将军庙"或"朱贵将军庙"。祠为五间两进硬山式清代建筑,坐北朝南,山门面阔18米,进深7米;大殿面阔18米,进深10米,天井面积215平方米,祠东侧原郑山庙遗址1770平方米已被征用并砌筑围墙,以作今后扩建用地,朱贵祠建筑面积325平方米,总占地面积2500平方米。祠为前后二进各五开间,置一天井,祠后山坡建有鸦片战争大宝山战役阵亡将士墓。祠内现有陈设:朱贵立像一尊,高3米;大型"朱贵将军戎马一生"壁画,以及"浙东鸦片战争"和"抗英大宝山战役"图片陈列。祠内高悬林则徐撰、李天马书"忠规孝矩"金字横匾,沙孟海书"陟大宝山原百端交集,抗外族侵略万古留芳"楹联;朱贵第六代孙甘肃朱光明撰、曹厚德书"浩气长存"匾;凌近仁书"朱贵祠"门匾;溪人捐"武显高节"匾;礼部右侍郎吴忠骏撰书"慈郭庙碑"记16方石刻;孝丰县知事朱绪曾撰"慈溪大宝山武显将军庙之碑"和1939年冬立"重修朱将军庙碑记"等陈设。该祠东面的大宝山就是大宝山战役的古战场,山上尚存堑壕、残垣,祠前马路湾即朱将军阵亡处。而祠北不远处,则是侵华英军"常胜"军头子华尔于1862年被太平军击毙的地方,上有一石碑,镌刻着"华尔击毙处"。

12月,宁波市文化遗产管理研究院公布了慈城镇东门村遗址考古发掘成果。这是一处延续 5000 余年的聚落，分布面积约 18000 平方米，年代可划分为河姆渡文化四期、良渚文化、广富林文化、马桥文化、商周、春秋战国、汉晋、唐宋和明清 9 个时段；5000 余年的文明序列几无间断，其历史延续性和连贯性非常少见，为探究聚落空间形态变迁提供了很好的案例。从中发掘清理出各时期遗迹现象 174 处，出土完整或可修复文物标本近 600 件。其中有一件春秋战国时期鎏金铜带钩，钩面有多道凸脊，通体鎏金，在浙江地区较为罕见，是当时贵族的奢侈品，说明这一时期聚落等级较高，在浙江地区较为罕见。还有一批非常丰富、典型的广富林文化遗存，也填补了宁绍地区文化序列上这一时段的空白。而这次考古最为重大的成果，则是宁波地区首次发现的一处汉晋水井群。该水井群共有四口，按井壁材质分为砖、石和土圹三类，类型丰富，对于了解宁波先民造井技术和用水历史提供了不可多得的实物资料。水井群保存得非常完整。其中两口砖砌水井，每层均用 8 块汉晋钱纹砖上下单砖横向错缝叠砌而成，平面呈正八边形，砖壁及砖的砌法都非常规整。在石构井中，又发现了半个陶井圈残件，说明这里可能存在用陶井圈构成井壁的"高级"水井，这种构造不仅能保持井水干净，不让泥沙渗入井中，还能加固水井，防止水井坍塌。慈城东门村遗址以其出土遗存之丰富、文化序列之完整，在浙江地区较为少见而入选浙江省"十大"考古重要发现。

2021 年

11 月，宁波市发展和改革委发表《宁波上下联动　高质量推进慈城古城复兴》一文，内容如下。

> 千年古城复兴试点工作是（浙江）省委、省政府推进新型城镇化战略、加快共同富裕示范区建设的重要举措，是践行习近平总书记重要指示精神、增强文化自信的浙江行动。为打造新时代文化浙江建设工程新名片，加快打通文化资源向文化生产力转换的有效通

道，宁波市政府出台专项政策，从打造重要平台、建设重大项目、集聚资源要素三方面提出打造高质量发展平台、加快"中国膜都"建设、开展改革性试点探索、加快推进4号线西延工程、提高公共交通出行换乘衔接能力、构建防洪排涝体系、推进乡村振兴、挖掘特色传统文化资源、打造全域体育格局、积极保障用地空间等10条举措，高质量推动慈城千年古城复兴。

慈城镇自2019年全面启动实施古县城"年内提升、次年见效、三年变样"的"三步走"计划以来，古县城保护开发取得显著成效。1—9月，慈城古县城累计接待游客206万人次，同比增长251.4%。主要做了以下六个方面的工作。

一是汇聚各方智慧，明确古城功能和产业发展定位。召开慈城古县城发展系列研讨会，完成了《宁波慈城古县城产业发展定位与战略研究》。明确了慈城古县城以创建国家级文旅融合示范区为目标，以国家5A级景区建设为工作载体，以打造融"游览观光、休闲度假、文化体验"于一体的国内著名旅游目的地为主要功能定位。加快推进"文化、健康与旅游业"有机融合，以此来布局产业，推进基础设施建设，明确古县城"三进三出"（"团队东进东出""散客南进南出""居民西进西出"）三大系统工程建设，统筹古城的形象、游线、配套、民生、文化、健康等项目建设。

二是提速项目建设，优化基础设施配套。相继完成了南游客服务中心、迎春街、骢马河一期、县衙东侧、抱珠楼等地块的拆迁清零和交付，为项目落地创造条件。在"东进东出"系统工程中相继启动了民权路主游线、骢马河—大东门、迎春街等区块改造工作，东护城河、房琯造城、大东门城楼、骢马河历史街区等项目相继完成，民权路商业街完整性进一步显现。在"南进南出"系统工程中先后实施南游客服务中心、火车站地块、南护城河、日新路、轻轨4号线西侧地块、61省道市政绿化改造工程，在南门区域建成了600多个停车位和一批商业、服务设施，打造了与轨道交通4号线慈城站无缝衔接、兼顾日间夜间消费体验的民国特色主题街区——"城南旧事"街区，成为新晋网红打卡地。

三是强化招商引资，丰富旅游功能业态。引进港中旅开展战略合作，成立合资公司——中旅慈城公司，共同投资开发和营运管理古县城旅游景区。加快十大饭店、十大民宿建设，云酒店、聚宽书院、念汾、甬浩轩、浮碧山房等一批民宿和餐饮建成运营，有效解决了古城吃住的短板。预计到年底，古县城内将新增各类民宿酒店15家，床位近550个，基本形成多节点、多轴线、多片区的整体旅游商业服务氛围。

四是深挖文化底蕴，彰显特质人文魅力。启动十大博物馆和十大文化场所建设，建成慈城历史文化展览馆、药商博物馆、冯定真理园、谈家桢生命科学教育馆、年糕博物馆并对外开放；抱珠楼图书馆基本完工；中华慈孝文化园、慈城美术馆、周信芳戏剧艺术馆等特色文化场馆有序推进。组织开展文创集市、龙门茶会、特色美食品鉴等一批传统节事活动和"国潮"概念活动，不断提升古城吸引力。

五是发力药商文化复兴，提速健康产业发展。以打造千年古县城旅游新名片为目标，深挖"药商文化"，做强"健康产业"。相继建成药商博物馆、谈家桢生命科学教育馆，推进宁波市中医药特色基地建设，成功举办宁波·江北中医中药中国行主题活动，让慈城药商文化深入人心。邀请广州敬修堂、南京同仁堂等老字号入驻慈城，建立了复旦大学、第二军医大学等名中医定期到慈城坐诊的互动机制，与磐安县药膳产业协会合作，开设药膳馆和药膳商店，为游客康养提供了健康饮食保障。引进了博肽生物、德康生物、美煜医疗、伊士通医疗、道生科技医疗、知修舍和东阿阿胶浙江总部等一批企业落户慈城，拉动直接投资3.2亿元以上，助力慈城经济增长。

六是加强民生保障，提升居民幸福感和获得感。为了让古城居民享受到古城保护开发的成果，我们启动了"西进西出"系统工程。推进环城西路与中华路西延、日新路西延、民族路西延等项目建设和交通衔接，全面解决西城交通卡口问题。集中力量加快大西门区域慈城卫生院、普迪学校迁建工作，全面提升整体医疗服务和教育水平。启动慈城公交场站迁建工程，以便与轻轨4号线终点站的无缝对接。启动了蛟头公园、国庆三角地的综合改造，为城西居民日常生活和休闲提供便利。谋划启动护城河堤防封闭工程和慈湖东西侧卡口提升改造，下大力气解决困扰古县城百姓多年的内涝问题。

是年，江北开投公司完成项目投资16.06亿元，其中古城完成项目投资11.8亿元。古城项目进展情况如下。

第一，谋深做细古城东部区域城市设计研究。在《宁波市慈城历史文化名镇保护规划》基础上，开展慈城古城东部区域城市设计研究项目，目前已完成阶段性研究成果。该项目研究成果对古城东部区域城市空间、建筑体块关系等实施性要素具有一定的指导意义，同时提升地块出让方案和建筑方案的合理性，为项目实施提供重要依据。

第二，成功搭建古城产业地图，数字化地理信息技术应用走在全国前列。通过数字化赋能实现古城历史文化、规划设计、项目建设、产业招商等全要素管理，不断提升慈城古县城保护开发的科学化管理水平，助力古城高质量发展。

第三，加快推进慈城古城控制性详细规划编制。10月古城控制性详细规划完成服务采购招标工作，正式进入规划编制阶段。该规划编制将进一步理顺古城保护开发规划报批程序，为古城内地块规划条件和出让提供法定依据，并为下一步古城大量填充区域的具体建设奠定指导性基础。

第四，着力CC04-03地块、东镇桥街北侧区域专项方案研究。提前谋划慈城古城CC04-03地块、骢马河传统风貌街区北区改造工程（东镇桥街北侧区域），使已建成民权路及骢马河传统风貌街区风貌趋于完善，古城地块开发建设重点向补短板、提质量方向转变。

第五，骢马河街区正式竣工，于5月1日圆满对外开街。骢马河街区是古城历史风貌恢复的重要节点工程，也是古城主游线重要的入口形象区。骢马河招商工作不等不靠，采取意向项目边审批，边沟通装修方案，在不到两个月的时间里顺利开街。经过半年多的运行，骢马河街区已然成为古城水乡特色代表性街区、夜游慈城的网红打卡地，被列为江北区首批特色街区。

第六，莲庭美悦酒店完成建设并即将对外试营业。该酒店极大解决了古城内特色经济型住宿短缺的问题，并与大东门、骢马河街区连通连片，形成"美景、美物、美食、美宿"相结合的新亮点。甬浩轩民宿、心宿慈府、小隐慈城十八花房、大乐之野等也相继正式对外开业。

第七，特色产业香黛宫馆项目从入驻到开业仅两个多月，开业后策划"思故·非遗特展"、梨园情等多场展览及活动，迅速成为古城内非遗、展览、活动与文化结合的代表性项目，颇受好评。以影视产业为主题，占地近万平方米的修思院项目进展迅速，引入的国际知名品牌雅阁璞邸精品酒店已于10月底对外试营业。

第八，完成古城部分道路、停车场及慈湖景观建设。尤其是慈湖景区景观整治及4个临时停车场建设，新增车位600个，有效解决了古城旅游要素不完善及旅游环境不佳的问题。

骢马河街区

2022年

1月8日，浙江省文化和旅游厅正式发布首批100个"浙江文化标识"培育项目，"千年慈城"名列其中。"浙江文化标识"培育计划是在解码文化基因的基础上，进一步培育、擦亮一批区域性文化标识，以文化标识建设牵引资源普查、基因解码、文化遗产保护传承、文艺精品创作、文化和旅游产业、公共文化服务、国际交流合作等文化和旅游工作模块及流程的整体重塑。希望以此工程为构建中国文化基因理念体系提供"浙江经验"。而这首批文化标识的建设目标，是挖掘文化标志发展内生动力，激活文化和旅游产业发展动能，融入国际交流传播平台。然后，浙江省将根据《建设文化标识推进文旅融合行动计划（2021—2025年）（试行）》有关要求，在5年建设期间，以"一县一品、分批建设、突出重点、有进有出"为建设原则，开展二级建设任务1799项，预计投入项目资金1260亿元。

是年，江北开投公司完成项目投资10.74亿元，其中古城完成项目投入6.86亿元。古城项目进展情况如下。

第一，完成文保单位方山京故居修缮。配合慈城镇政府启动古城西片区文保项目等修缮，如大耐堂、原普迪学校等。完成迎春路区块改造整治工程，迎春路街区将与骢马河街区、民权路街区串联，打通主游线，架构起慈城古城旅游发展空间及景观布局。完成古城城隍庙、孔庙广场北侧停车场。相关基础设施管养顺利移交。完成慈湖景区整治及部分建筑泛光照明工程、钱家弄北侧景观恢复工程。

第二，百年抱珠楼重启开放，正式开馆运营。抱珠楼又名抱珠山房，因北依抱珠山而得名，坐落于始平路6号冯氏故居内，是清道光年间浙东著名藏书楼，为冯骥才高祖的从弟冯本怀所创办。冯本怀钟情藏书，践行藏以致用，曾刻印发行过两部珍贵的地方文献《溪上诗辑》和《溪上遗闻集录》。抱珠楼于2006年被公布为区级文保点，重启后占地面积近千平方米，由三进两层木结构楼房组成，楼房之间有天井，最北面的一进两层楼房就是抱珠楼。在利用原有建筑的空间特性进行修缮改造后，新的抱珠楼融合了传统建筑与现代化风格，并增添了几处独特的新建筑，如"河蚌含珠"的四角亭、"八相之地"的吉祥八字厅等，古今融汇，自成一体。其中最为独特的便是抱珠楼图书馆的营造，主体结构采用复杂的碳烧木纹清水混凝土墙面及新木构无梁屋顶施工工艺，螺旋形穹顶被赋予"拉力海洋之中的受压孤岛"之诗意。据说，这样的结构设计并非复制古法，复现古式，而是一种建筑学意义上的传统木构复兴。如今，改造后的抱珠楼转型成一个集展览展示、文化传承、交流体验和服务配套于一体的公共文化空间，赢得冯骥才等国内知名文艺大家的一致好评，成为江北区乃至宁波市又一文化地标。

抱珠楼

第三，2021年建成的周信芳戏剧艺术馆正式开放。周信芳戏剧艺术馆位于尚志路张尚书房内，占地2000余平方米，坐北朝南。京剧享有"国粹"之誉，周信芳先生开创了京剧的麒派艺术，为传承、发展京剧艺术起到了举足轻重的作用。慈城是周信芳先生的祖根所在地，他对中国戏曲的贡献，永驻在家乡人民的心间。周信芳戏剧艺术馆分为主馆和地方戏曲馆，数字化静态展陈与动态沉浸式演出相结合。主馆展示了周信芳的家乡情缘、艺术人生、麒派艺术与门人以及家庭生活四大篇章，集中展出周信芳曾主演、导演、指导创作戏曲的珍贵照片、书籍、影像资料、衣物用具等。展馆内还设有名家名唱音画作品墙，观众可以戴上耳机或端坐于幕前，聆听韵味醇厚的名家选段。在地方戏曲馆，甬剧、姚剧、宁海平调等宁波地方剧种首次齐聚亮相，散落在民间的地方小剧种如宁海三坑调、象山鸡鸣三坑班、三角棣紫云乱弹等，也在这里得到较为详细的展示。场馆引入文创产品、沉浸式体验等动态内容，充实艺术馆内容，让艺术馆更具活力，从而吸引更多人来到艺术馆，体验传统文化之美。

2023 年

4月1日，《慈城古县城保护开发三年实施方案（2023—2025年）》获宁波市人民政府批复。其工作目标，一是保护开发投入三年不少于50亿元，扎实推进古城重点工程项目，古城风貌进一步协调，基础设施和人居环境明显改善，公共产品供给能力更加健全。二是旅游业态更加丰富，旅游产品不断健全，古县城文旅产业进入可持续发展快车道。2023年接待游客量达250万人次，旅游总收入达1.8亿元，2024年至2025年接待游客量不少于600万人次，旅游总收入不低于4亿元。三是古县城运营管理迈出新步伐，文化"软实力"持续彰显，文化资源挖掘成果不断涌现，精细化管理水平显著提高，文化资源向生产力转换通道全面打通；国家5A级旅游景区创建工作取得实质性进展，力争2023年底前完成编制《慈城古县城创建国家5A级旅游景区总体规划》，明确古城发展定位，科学设置空间布局，使"江南第一古县城"的知名度及影响力进一步提高，在省乃至全国文化教育和旅游事业中发挥更大作用。

7月24日，《慈城古县城创建国家5A级旅游景区总体规划》被正式提交浙江省文旅厅，并于11月13日获批列入浙江省5A级旅游景区意向名单。现已完成国家5A级旅游景区创建实施方案、总体规划方案及专项提升方案等初稿编制工作。

4月1日，《宁波市慈城古城控制性详细规划》经宁波市人民政府批准同意实施。这是对已有的《宁波市慈城历史文化名镇保护规划》的细化和完善，为慈城古城整体性保护、建设和管理提供法定依据。该规划共十四章九十二条，具体内容如下。

  第一章　总则。
    第一条　规划地位与作用。
    第二条　规划依据。
    第三条　规划范围。
    第四条　规划原则。
    第五条　规划期限。
    第六条　规划成果。
    第七条　强制性内容。
  第二章　规划传导落实。
    第八条　主导用途和规划指标。
    第九条　强制性界限。
    第十条　其他重点内容。
  第三章　功能定位与规模结构。
    第十一条　古县城定位与发展目标。
    第十二条　空间结构。
    第十三条　用地规模与布局。
    第十四条　控制街区划分。
  第四章　土地使用控制。
    第十五条　规划用地指标。
    第十六条　用地兼容性要求。
    第十七条　混合用地控制要求。
  第五章　城市"六线"控制。
    第十八条　道路红线控制。
    第十九条　城市绿线控制。

第二十条　城市蓝线控制。

第二十一条　紫线控制。

第二十二条　公益性公共设施橙线控制。

第二十三条　城市黄线控制。

第六章　遗产保护规划。

第二十四条　保护区划与要求。

第二十五条　整体保护与控制。

第二十六条　传统肌理保护。

第二十七条　不可移动文物保护。

第二十八条　历史建筑保护与利用。

第二十九条　传统风貌建筑的保护与更新。

第三十条　历史环境要素保护。

第三十一条　历史街巷保护。

第三十二条　重要景观视线保护。

第三十三条　街巷界面引导。

第七章　社区与公共服务设施规划。

第三十四条　人口容量。

第三十五条　人口调整策略。

第三十六条　社区生活圈划分。

第三十七条　城镇级公共服务设施。

第三十八条　社区生活圈服务设施。

第三十九条　住房改善引导。

第八章　绿地系统规划。

第四十条　绿地系统。

第四十一条　绿地系统指标。

第九章　道路与交通设施规划。

第一节　路网规划。

第四十二条　路网结构。

第四十三条　道路交通组织。

第二节　交通设施规划。

　　第四十四条　公共停车场。

　　第四十五条　配套停车场。

　　第四十六条　公共交通设施。

第三节　旅游交通规划。

　　第四十七条　游客服务中心。

　　第四十八条　截留停车场。

　　第四十九条　接驳车。

　　第五十条　单车驿站。

第十章　市政与公用设施规划。

第一节　给水工程。

　　第五十一条　需水量预测。

　　第五十二条　水源规划。

　　第五十三条　给水管网规划。

第二节　排水工程。

　　第五十四条　排水体制。

　　第五十五条　雨水工程。

　　第五十六条　污水工程。

　　第五十七条　海绵城市建设。

第三节　电力工程。

　　第五十八条　负荷预测。

　　第五十九条　供电设施规划。

第四节　通信工程。

　　第六十条　通信管网规划。

　　第六十一条　通信基站规划。

第五节　燃气工程。

　　第六十二条　气源规划。

　　第六十三条　燃气设施规划。

第六节　环卫工程。

　　　　第六十四条　生活垃圾。

　　　　第六十五条　粪便收集与处理。

　　　　第六十六条　建筑垃圾处理。

　　　　第六十七条　公厕。

　　第七节　管线综合。

　　　　第六十八条　管线综合规划。

第十一章　综合防灾规划。

　　第一节　防洪排涝。

　　　　第六十九条　设防标准。

　　　　第七十条　防洪排涝。

　　　　第七十一条　河网水系规划。

　　第二节　消防规划。

　　　　第七十二条　消防站布局。

　　　　第七十三条　消防车通道。

　　　　第七十四条　消防供水。

　　第三节　抗震。

　　　　第七十五条　设防标准。

　　　　第七十六条　规划要求。

　　第四节　地质灾害防治。

　　　　第七十七条　地质灾害防治。

第十二章　地下空间利用规划。

　　　　第七十八条　开发与利用原则。

　　　　第七十九条　地下空间使用功能。

　　　　第八十条　地下空间避让与建设要求。

第十三章　建设控制与引导。

　　　　第八十一条　地块划分与变更原则。

　　　　第八十二条　建设控制分区。

　　　　第八十三条　高度控制。

　　　　第八十四条　建设强度控制。

第八十五条　绿化控制。

第八十六条　院落建设控制。

第八十七条　建筑退线与贴线控制。

第八十八条　建筑风格控制与引导。

第八十九条　设施、设备、材料引导。

第九十条　店招及广告标识引导。

第十四章　附则。

第九十一条　法律效力。

第九十二条　其他规定。

规划范围

规划范围为宁波市国土空间总体规划确定的城镇控制单元（编号JBKG23），东至东护城河、慈骆路、清道山，南至萧甬铁路，西至江北大道、庙湾路、西护城河，北至慈湖、慈湖中学、慈湖逸墅北侧，面积348.7公顷。

规划结构图

古城定为与发展目标

慈城是宁波翠屏山中央公园的门户、大运河国家文化公园核心文化展示园，是体现慈孝文化、耕读文化、建筑文化、药商文化特色的江南第一古县城，发展目标是打造融游览观光、休闲度假、文化体验为一体的国内著名旅游目的地，打造民生幸福之城、古迹传承之城、文化体验之城、生态优美之城。

围绕文化、旅游、居住、生态四大功能，建立历史文化与生态、生产、生活相结合的发展模式，在保持遗产真实完整性、城市生活延续性的同时，追求产业发展有韧性、低碳生态有活性。

空间结构

规划古县城构建"轴线纵横，连点成网，两区互融，绿环抱城"的发展结构。

（1）轴线

解放路和东镇桥街—民生路为古城历史轴线，融合古城生活与产业发展功能；民权路、中华路强化文旅轴线功能；民主路—鼎新路、太阳殿路—民族路、永明路、迎春街作为联系副轴，组织公共服务与文化空间，加强古城内部联系。

（2）古城核心与重要节点

延续市心口(解放路与民生路交汇处)作为城市商业核心、古县衙作为文化象征核心，延续浮碧山作为古县城制高点的空间特点。

延续大东门、清道观、慈湖节点的文化与景观功能，加强东城冯俞宅与西城永明坊节点功能，增加文化展示、休闲服务与办公产业功能。

通过东镇桥街城市客厅与西门服务中心节点，改善古城社区服务功能。

（3）片区

传统生活片区为古城的主体，应延续居住功能，逐步改善人居品质，对与古城整体风貌不相协调的住宅进行整治更新。

文化展示片区为民权路、太湖路两侧及中华路以北区域，是文化旅游活动相对集中的区域，重点优化和加强文化展示、文化产业、旅游配套服务等功能。

融合发展片区位于古城西、南部，鼓励置入新的产业办公、公共服务、社区服务等功能；在大西门外优化空间布局，配置为全镇居民服务的公共服务设施。

（4）绿环

延续田园山水围抱古城的历史景观特色。优化慈湖周边山水景观；保持古县城东西两侧田园山体空间完整性，体现郊野特色；南护城河至江北大道之间通过绿地形成完整的环城绿带。

保护区划与要求

包括慈城历史文化名镇的核心保护范围、建设控制地带及部分环境协调区。

（1）核心保护范围

慈城历史文化名镇的核心保护范围由以下几部分组成：中华路以北，城墙以南，民权路至民生路之间的区域；太湖路两侧传统建筑集中区域；民主路两侧传统建筑集中区域；民生路以南，原骢马河两岸传统建筑集中区域；慈湖、护城河和各城门遗址范围。核心保护范围总面积97.4公顷。

核心保护范围内，保持传统格局、历史风貌和空间尺度，不得改变与其相互依存的自然景观和环境。

（2）建设控制地带

慈城历史文化名镇的建设控制地带为护城河内核心保护范围以外的区域，同时包括大西门外与清道观区段，总面积122.3公顷。

建设控制地带内不得损害历史文化遗产的真实性和完整性，不得对传统格局和历史风貌构成破坏性影响。新建、扩建、改建建筑物和构筑物的高度不得破坏古县城整体空间特征，其中与核心保护范围相邻的，应当在建筑体量、空间布局、色彩、材料等方面与历史风貌特征相协调。局部道路建设不得破坏古县城的空间格局。

（3）环境协调区

核心保护范围及建设控制地带以外的区域为环境协调区。

环境协调区中的山体仅允许少量小型旅游休憩用房建设，保护农田景观与开放绿地，除必要的基础设施和公共服务设施外禁止建设；其他建设需控制建筑体量、色彩、风貌，确保与古县城风貌相协调。

在历史文化名镇的核心保护范围与建设控制地带内，为保护遗产及其周边环境，难以满足海绵城市、新型建筑工业化、人防、绿色建筑、建筑节能、日照、消防的现行标准建设要求的，可不强制执行。

是年，古城保护与旅游开发的进展情况如下。

第一，举全镇之力加快慈城古县城国家 5A 级景区创建工作，高位规划、匠心建设、精细管理，古城的文化品牌和旅游价值持续彰显。古城复兴高标推进。坚持规划先行、科学利用，慈城古城控制性详细规划、千年古城复兴综合规划编制完成，古县城发展基础更加夯实，方向路径更加清晰。

第二，攻坚"1586"专项行动，推动 21 个新建项目顺利开工，9 个项目竣工交付，全社会固定资产投资完成 56.9 亿元。东镇桥街以北地块建设项目、中华路两侧地块建设项目、东南段城墙重建项目等重大区块前期工作稳步推进，古城风貌进一步协调。

第三，完成 3 个专项研究成果：古城文旅产业交通专项咨询研究；光华路区域改造中期研究，形成保护更新路径阶段性成果；大东门外城市设计成果深化稿，结合国家 5A 级景区创建、水泥厂招商策划咨询进度持续深化城市设计。此外，慈城古城东镇桥街北侧地块建设项目结合招商需求优化设计方案，深化初步设计及施工图设计。东南段城墙重建项目 8 月中旬取得项目用地预审与选址意见书，有力保障项目征地、土地指标报批等工作，并结合文旅运营需求深化施工图设计。中华路两侧地块建设项目概念方案已通过市规委办审查，规划条件已通过区级部门会审及技术审查，结合招商需求深化设计方案。

第四，实施 4 个古建修缮类项目及消防提升类项目。普迪小学修缮工程 9 月开工建设，年底完成总工程量的 30%。慈城古城清风园提升工程年底已开工建设。孔庙等古建筑消防整治提升项目方案于 8 月初获浙江省文物局批复，9 月开工建设，年底完工并通过浙江省文物局验收。统一战线"同心园"主题教育馆项目于 9 月开工建设，年底完成工程建设内容。与此同时，出台古建筑群消防专项整治等 3 个专项工作方案；组建古县城发展咨询委员会，并启动以慈城发展战略、主要街区业态打造提升为方向的2个课题研究工作；召开商户联盟大会构建共建平台优化营商环境。

第五，完成3项招商工作。迎春里以"时尚潮生活主题街区"定位，引入虫影、鲤朵、挪客等正店品牌以及快闪店入驻，10月1日已正式对外开放。新增浙江省金鼎级特色文化主题饭店，浙江省金宿、银宿、文化主题民宿等4家，宁波市五叶级客栈3家，古城旅游接待能力显著提升。原水泥厂地块招商定位亲子主题酒店，启动项目策划定位及产业业态可行性研究等工作，目前已形成第一阶段策划咨询成果，并进行专题研讨会。民权路引入星巴克、肯德基等头部餐饮品牌入驻，推动古城市场化连锁品牌业态补充。

第六，深入挖掘本地民俗节庆文化资源，举办了新春灯会、翠屏山建筑文化节、汉婚文化主题巡游、慈孝朗诵市集活动、"慈城杯"大学生摄影展活动、中秋国庆非遗奇妙游、2023年中国新乡村音乐节等20余项特色活动，获多家媒体多维度、高频次宣传报道，《大江大河3》等多部影视剧取景慈城，许亚军、谭凯等知名演员"站台发声"，慈城知名度持续扩大。

2024年

3月，江北区成立双组长制（区委书记与区长共任）的领导小组，并召开慈城古县城国家5A级景区创建动员会和工作部署会，明确古县城工作机制，以"共建、共享古县城"为核心理念，实施"政府主导＋企业运营＋专家赋能＋居民参与"的经营管理模式；组建古县城咨询专家委员会和商户联盟；编制《慈城国家5A级景区创建总体规划》《慈城国家5A级景区创建提升规划》《古县城城市更新规划》。明确以"东游西居"为古县城总体布局，以集文化体验、休闲度假、慢享生活于一体的国内著名旅游目的地为发展目标，打造文化体验之城、古迹传承之城、民生幸福之城。

是年，古县城传统风貌样板区入选浙江省首批城乡风貌样板区和浙江省首批新时代富春山居图城市样板区。县衙清风园完成提升布展工程并重新对外开放；真理园被宁波市工商联评定为第一批"理想信念教育基地"；新建同心园统一战线教育实践馆；三者串联建成"一城三园"清廉文化项目。慈城古县城顺利通过国家4A级景区复评，上榜十大长三角古镇文旅消费新场景，获评宁波市最具人气景区。全年游客接待量突破300万人次、旅游总收入超1.1亿元。

古城项目进展情况如下：

清道观山下部分及周边景观工程完工；民族路至西护城河区块环境整治工程A区、B区基本完工。原水泥厂地块建设项目已完成前期工作，并与高端文旅企业开元森泊签订意向合作协议，东镇桥街北侧地块项目招商工作稳步推进，智慧景区改造、国家5A级景区VI及标识标牌等项目有序推进；完成中华路两侧地块景观改造及清道观周边景观提升工程，填补了古县城户外大空间欠缺的短板；古城东南段城墙重建项目于9月开工，建成后将贯通城墙历史文化展示渠道；南游客服务中心项目实质性启动，建成后将集成游客服务、会议会展、文化展示等多项功能，成为千年古县城的崭新门户。

新城建设　蓝图初绘

2006 年

慈城新城，又称慈城新区，位于慈城老城区的南面，东至狮子山，西到中横河，北到慈江，南至北环路，总用地面积约520.33公顷。根据上海同济城市规划设计研究院的《慈城历史文化保护区保护规划》方案，新城建设和老城保护同时启动，其发展方向是实施第三产业的集聚效应和规模效应，既提升古慈城的品质、带动城市形象地位的上升，又以城市的形象地位来吸引投资、带动新城的发展。

是年，古县城开发公司完成了新区中心湖景观方案评审，确定了两座慈江桥的设计方案，完成了新城西南片路网的土地申报工作，并通过了该工程的规划和初步设计。全长16千米的新城核心区"两纵一横"路网和28公顷生态湖工程已全面启动，前期完成建设投资3.65亿元。这标志着慈城真正形成了古县城保护与新城建设并举推进、协调发展的大好局面。慈城新城已被列为浙江省重点建设项目。

2007 年

是年，古县城开发公司完成项目投资26398万元，其中新城项目完成投资12887万元。新城项目建设情况如下。

第一，启动了后洋、山西村780户拆迁工作，并顺利完成了现有套型的抽签工作。

第二，已取得新城西南片区外围路网181亩开发用地指标，并办理相关手续。

第三，"三路一湖"项目：道路一期工程一标基本完工、二标塘渣路基完成10%，中心湖开工。

2008年

是年，古县城开发公司完成项目投资4.61亿元，其中新城区完成投资2.97亿元。新城项目建设情况如下。

第一，"三路一湖"项目的一期工程已完成工程量的98%。

第二，官山河以西路网项目的一期工程已完成工程量的98.7%。官山河以西外围路网项目的市政次路网路基已完成。官山河以西418亩开发地块已落实。官山河大桥建成。

第三，两座慈江桥项目已完成工程量的53%。

2009年

古县城开发公司完成项目投资6.16亿元，其中新城项目完成投资3.95亿元。新城项目建设情况如下。

第一，慈城古镇至新城道路连接系统及新区排涝设施项目（纵一路二期路面）已于9月全线竣工。慈城新城中学周边道路项目也于9月全线竣工。新联至新城纵一路连接工程已贯通，并完成工作总量的70%。人民路与师古路道路连接工程已完成工作总量的70%。官山河以西路网二期路面工程于9月完成施工招投标，已进场施工。

第二，获得2008年报批的慈城新区横一路以北六个地块及南部Ⅲ-10地块，共计418亩的开发用地指标。完成慈城新区471.3亩土地出让。

2010 年

是年，古县城开发公司完成项目投资 7.08 亿元，其中新城完成项目投资 5.74 亿元。新城项目建设情况如下。

第一，慈城中心湖景观工程基本成形。

第二，慈城新联地块至新区纵一路连接工程完工。官山河以西路网工程完工。

第三，慈城新区 100 亩土地已完成出让。440 亩土地已与盛高达成投资框架协议。

2011 年

是年，古县城开发公司全年完成项目投资 5.97 亿元，其中新城完成项目投资 2.37 亿元。另据统计，新城历年累计投入建设资金 21 亿元。新城项目建设情况如下。

第一，中心排涝池景观工程已完工。官山河以西路网及管线建成；官山河西侧景观项目已完工。

第二，人民路与师古路道路连接工程铁路缓行点获批，铁路箱涵工程已完成便梁施工。

第三，完成新区 7 块，共计 411 亩土地挂牌出让。

第四，维拉小镇一期、云鹭湾一期开盘销售，维拉小镇二期主体结顶；妇幼医院北部院区开工建设；慈城中学建成并投入使用。

2012 年

是年，古县城开发公司完成项目投资 3.33 亿元，其中新城完成项目投资 1.43 亿元。新成项目建设情况如下。

第一，人民路与师古路道路连接工程：8 月提前完成箱涵顶进工程，四号、五号 U 型槽已完成，一号、二号、三号 U 型槽完成垫层施工，七号、八号 U 型槽完成地基开挖。

第二，新区官山河以东路网工程：完成施工图设计，土地指标已申报。

2013 年

7月，慈城新城初步拟定发展方向，功能定位为：一个独特的、可持续发展的新兴江南水乡生态中心城镇；依托慈城老城区、凭借杭州湾大通道，成为宁波大都市圈通往上海的西北门户。

是年，古县城开发公司完成项目总投资 9.16 亿元，其中新城项目投资 3 亿元。新城项目建设情况如下。

第一，人民路与师古路道路连接工程完工，移交镇政府。

第二，官山河以东路网工程之一期路网完成初步设计及会审；二期的 72 亩土地指标已申报。官山河东岸景观和河岸加固，完成方案设计。

第三，完成新城控制性详细规划调整，并经宁波市政府公布。

第四，新城市政基础设施管理于 5 月移交镇政府，移交内容为目前建成的基础设施，主要包括道路、桥梁、下穿、景观及相关公共设施。

2014 年

是年，古县城开发公司完成项目投资 10.62 亿元，其中新城完成项目投资 1.50 亿元。新城项目建设情况如下。

官山河以东部分路网工程与官山河河道整治工程项目，已完成监理、施工招标工作，年底进场施工。

2015 年

是年，古县城开发公司完成项目投资 6.10 亿元，其中新城完成项目投资 1.86 亿元。新城项目建设情况如下。

第一，官山河以东部分路网工程已完成道路结构层和水稳层。完成投资5241万元。官山河河道整治工程完成河岸加固和绿化回填。完成投资2526万元，占年度目标的82%，项目形象进度已按年初制订的计划完成。官山河以东路网三期工程完成施工图设计，土地指标已下达，完成供地。

第二，新城被列入宁波市海绵城市示范区。目前官山河以西部分已按照海绵城市理念实施完成，目前正在加快实施官山河以东部分。

第三，中心排涝池B1区景观绿化工程，已完成景观构筑物主体施工和乔木种植及园路基础。完成投资248万元。

2016 年

是年，古县城开发公司完成投资7.74亿元，其中计划内新城完成项目投资0.60亿元；计划外新增投资3.49亿元。新城项目建设情况如下。

第一，官山河以东部分路网（一、二期）工程完成竣工验收。官山河河道整治工程项目完成竣工验收。

第二，中心排涝池B1区景观绿化工程竣工。东湖排涝池建设项目及狮山路建设项目，完成工程规划方案设计及防洪评价。

第三，启动慈城新城海绵城市试点区域提升整治工程，完成设计施工工程总承包招标工作，施工进场。启动慈城新城民办高中（上海世界外国语学校）项目前期工作。

第四，完成新城党校北部绿化用地供地工作。完成新城7个地块398亩土地出让，合计地价15.51亿元。

2017 年

是年，古县城开发公司完成项目投资11.42亿元，其中新城完成项目投资0.75亿元。新城项目建设情况如下。

第一，慈城新城海绵城市试点区域提升整治工程完工。完成投资4617万元，占年度计划的105.89%。该工程被住建部纳入海绵城市建设首批典型案例，央视《新闻联播》、《人民日报》、《中国青年报》等多家新闻媒体做了集中报道，引起社会广泛关注。

第二，上海世界外国语学校完成土地摘牌及项目立项，采用 EPC 招标模式。

2018 年

是年，古县城开发公司完成项目投资 10.13 亿元，其中新城完成项目投资 1.45 亿元。新城项目建设情况如下。

第一，稳步推进新城景观环境建设，完善新城教育资源配套，提高新城生态人文品质。

第二，官山河以东部分路网项目三期等工程于 9 月开工。党校北侧和东侧主要乔木种植完成。

第三，启动官山河以东部分路网项目三期、新城民办高中项目和东湖排涝设施建设项目的开工建设。新城民办高中项目完成开工前准备工作及设计试桩；东湖排涝项目完成搅拌桩施工的 50% 及南端地质灾害处理旋挖桩施工的 80%。

2019 年

11 月，宁波市自然资源和规划局就"慈城新区控制性详细规划局部调整"作批前公示。本次调整范围与现行控规保持一致，东至狮子山，西到中横河，北到慈江，南至北外环线，总用地面积约 520.33 公顷。调整后片区整体可开发建筑面积共增加 29.32 万平方米。其中，居住建筑面积增加 41.05 万平方米，商业办公建筑面积增加 6.12 万平方米，产业建筑面积减少 17.85 万平方米，行政办公建筑面积减少 3.97 万平方米。

是年，江北开投公司完成项目投资 20.01 亿元，其中新城完成项目投资 2.75 亿元。新城项目建设情况如下。

第一，完成新区中横河以东区域功能和产业布局研究，进一步优化空间的布局，控规已经完成调整并公示完成。按照目前方案，调整后片区整体可开发建筑面积增加29.32万平方米，主要以住宅和商业为主，体现了较高的经济回报性。中横河以西部分的控规还在研究中。

第二，新区路网工程年底完成70%以上，计划2020年6月竣工；东湖项目年底完成湖面开挖，绿化完成50%，预计2020年5月竣工；新城民办高中年底完成地下主体结构，计划2020年完成主体结构封顶，2021年4月竣工移交给上海世界外国语学校。

第三，围绕土地出让计划补报等工作，在两个月内完成三宗地块出让工作。地块出让总面积12.11公顷，成交总价19.46亿元，最高成交单价每平方米11000元，创新城土地出让最高单价；I-8、I-16、酒店地块已完成出让准备工作，年内可挂牌。2020年以及今后的地块出让计划：2020年计划推出9个地块，总面积38.74公顷；2021年计划推出4个地块，总面积16.09公顷；2022年计划推出2个地块，总面积8.36公顷。

第四，启动酒店地块、新城I-9办公地块、轨道站点的前期谋划工作。酒店地块将作为明年开投公司第一个实体化的商业项目启动；同步与相关综合体运营商洽谈轨道周边商住地块的开发建设、运营管理工作；党校西侧地块、新都会东侧地块等产业用地配合慈城镇与意向单位深化落实招商方案。

2020 年

5月29日，《宁波市江北区慈城新区地段控制性详细规划局部调整》经宁波市人民政府批准同意实施。

一　项目背景

为进一步做好老城的保护开发工作，同时，整体推进慈城老城与慈城新城联动开发，促进新区开发建设，提高新区开发质量，实现慈城新区突破性和可持续发展，并更好地协调各专业各部门的需求和规划管理部门的管理要求，对《宁波市慈城新区（CC09）控制性详细规划》中未建成区的路网结构、用地布局、控制指标等内容进行局部调整。

二 调整范围

本次调整范围与现行控规保持一致，东至狮子山，西到中横河，北到慈江，南至北外环线，总用地面积约520.33公顷。

三 现状概况

1. 用地概况

目前，新区中心湖片区实施基本到位，慈水西街南侧以云鹭湾、维拉小镇为代表的主要楼盘已经建成。慈水西街以北富力等多数地块出让完毕，目前处于在建状态。按现状建筑面积及户数计算，已建地块户均建筑面积约144平方米。官山河东片目前除党校已经建设完毕外，尚有大量发展用地。

2. 配套设施概况

规划范围内现状：主要公共配套设施有妇儿医院北部院区，江北新城外国语学校，绿地新都会、三江购物及配套幼儿园等，在建公共服务设施有24班小学、富力菜场等，结合慈城老城等周边配套，可基本满足居民生活需求。

3. 交通设施

规划范围内现状：中心湖片区道路基本建成，东片区慈水西街以南基本建成，慈水西街北侧道路部分建成；轨道四号线位于慈孝大道的高架轨道及慈城新城站正在建设，预计2021年运营。

四 调整理念与主要参考依据

1. 调整理念

（1）居住定位主导下的功能再完善

从新区与老城关系出发，综合周边功能组团，在延续控规居住片区总体定位的基础上，本次调整进一步完善教育、医疗、文化等配套设施，增加用地复合，提高片区居住质量，增强新城吸引力。

（2）文化传承基础上的特色再塑造

在尊重老城和新区的不同生活方式的基础上，本次调整延续老城历史文脉，强调新区文化构建；以大运河保护为契机，强化运河沿线的保护与公共性开发；以社区生活重构为目标，强化社区营造，注重社区服务、邻里交往，打造组团空间。

（3）人气提升基础上的空间再设计

新区建设当前的核心问题是人气不足、活力不足。以增加人气、提升活力为目标，本次调整突出城市设计的价值与作用。强调官山河东路、锦绣东街街巷空间活力的塑造；强调新区TOD模式下开发强度的提升和人口密度的增加；强调狮子山、官山河等山水空间的塑造与价值发掘。

2. 调整依据

本次调整的主要参考依据有：

（1）《宁波市慈城新区（CC09）控制性详细规划》；
（2）《宁波市中心城区管廊带布局专项规划（2015—2020年）》；
（3）《江北区教育设施专项规划》（在编）；
（4）《大运河（宁波段）保护管理规划——宁波分册》（在编）；
（5）《大运河文化保护传承利用规划纲要》；
（6）《浙江省大运河核心监控区国土空间管控通则》；
（7）涉及城乡规划建设的其他法律、法规；
（8）其他相关的标准规范及规划文件等。

五　调整内容

本次调整主要针对各地块的道路红线、河道蓝线、用地性质、地块控制指标等内容作如下调整，同时强化新区城市设计的管控作用。

1. 道路红线调整

调整局部道路红线，包括官山河东侧支路网调整和慈浦路南端道路红线调整，并根据道路等级，调整交叉口道路渠化，具体包括以下几方面。

（1）慈浦路南端调整线位，依据道路工程规划方案进行落实；

（2）取消狮子山路部分路段（慈水东街以南段），保持沿东湖西岸绿地和步行道路公共开放；

（3）狮子山路部分路段（慈水东街以北段），本次调整接余北快速路，道路红线宽度由24米调整为28米；

（4）慈江东街部分路段（慈孝南路以东段），道路红线宽度由24米调整为28米；

（5）增加谈妙路和狮子山路之间支路一条；

（6）慈孝南路按照现行道路红线实施方案予以调整。

2. 河道水系调整

调整局部河道水系，狮山湖河道水系依据在建的工程规划方案进行落实。

3. 用地性质及商住比调整（略）

按照江北区相关工作计划，DN355萧甬成品油管拟做改迁，取消沿油管两侧防护绿地。近期油管未改迁地块开发需按照《宁波市中心城区管廊带布局专项规划（2015—2020年）》进行控制。

本次控规调整范围内，用地开发需满足大运河文化保护传承的相关要求，做好大运河文化保护传承利用，并满足宁波市国土空间总体规划的相关要求。

4. 地块控制指标调整

调整后片区整体可开发建筑面积共增加25.07万平方米，其中居住建筑面积增加40.3万平方米，商业办公建筑面积增加6.59万平方米，产业建筑面积减少17.85万平方米，行政办公建筑面积减少3.97万平方米。

5. 公共服务设施调整

（1）人口测算

本次调整居住用地的建筑面积增加40.3万平方米。考虑轨道区域开发定位的不同及当前二孩政策影响，按户均130平方米，3人/户测算，调整后规划人口为6.2万人，较现行控规人口增加0.9万人。

（2）教育设施需求

现行控规调整范围内幼儿园需求74班（按42‰、每班30生计），配建75班。小学需求84班（按72‰、每班45生计），配建84班。初中需求38班（按36‰、每班45生计），配建60班。

本次调整若按照人口6.2万人测算，调整范围内幼儿园需87班（按42‰、每班30生计），配建87班。小学需99班（按72‰、每班45生计），配建小学108班，富余9班。初中需50班（按72‰、每班45生计），配建66班，富余16班。可以满足本片区需求。

（3）教育设施调整

结合片区现状建设情况，综合考虑小学、幼儿园服务半径，大运河保护，调整片区幼儿园、小学配建的位置和规模。

CC09-01-03b地块新增的12班幼儿园1所；CC09-04-01地块新增的9班幼儿园1所；CC09-05-06c地块、CC09-04-09b地块和原控规一致，配建的12班幼儿园。

CC09-04-06b*地块内配建的小学调整至CC09-04-03地块，规模由24班调整为36班；CC09-02-10b地块内配建的小学调整至CC09-06-03b地块，规模由36班小学调整为九年一贯制学校，九年一贯制学校可结合招生情况，自由调整中小学办学比例。

（4）社区公共服务设施调整

结合用地布局调整，将CC09-05-07*地块内配建的社区服务站、社区居委会、社区文体活动站、社区警务室、居家养老服务站、社区卫生服务站、可再生资源回收站调整至CC09-05-08a地块，CC09-04-03a*地块内配建的净菜市场调整至CC09-04-10a地块。

6.控制单元调整

本次调整按照人口规模及道路边界，将原控股CC09-01控制单元以和畅路为界，划分为CC09-01a和CC09-01b两个单元，调整后共计7个控制单元。

按照《城市居住区规划设计标准》，新区范围可为1个十五分钟生活圈，3个十分钟生活圈，6个五分钟生活圈，调整相应完善配套服务设施。其中，新区整体为1个十五分钟生活圈，调整完善中小学、文化活动中心、商场等配套设施，但卫生服务中心、门诊部、养老院、老年养护院与西侧中横河以西地块整体统筹，本次调整不做增加。

划分CC09-01a和CC09-01b，CC09-02、CC09-03和CC09-06，CC09-04和CC09-05为3个十分钟生活圈，调整完善中型多功能运动场地、菜场等商业配套设施。

每个控制单元原则上为1个五分钟生活圈，其中CC09-03和CC09-06因人口规模较少，合并为1个五分钟生活圈，本次调整相应完善幼儿园、社区服务站、文化活动站等配套设施。

7. 道路工程设施调整

将CC09-04-07a*地块内配建的社会公共停车场库调至地块北侧公园绿地内，结合公园设置；结合学校操场，增设CC09-04-03和CC09-06-03b地块2处为社区公共停车场库，新增社会公共停车位各100个；将CC09-04-10d*地块的公交首末站调至CC09-04-10a地块，由独立用地调整为结建开发。

8. 市政工程、防灾工程内容调整

结合道路红线调整：取消狮子山路部分路段（慈水东街以南段），增加谈妙路和狮子山路之间支路一条，取消慈南街（慈孝南路—狮子山路段）、云山街（慈孝南路—狮子山路段）、荷塘街（慈孝南路—狮子山路段）、丽景街（谈妙路—狮子山路段）等道路规划情况变化，各类市政管线作相应调整。

（1）给水工程

结合道路路网调整，给水管道相应调整。结合近几年地块开发、轨道站点建设和道路建设，部分规划管道已按原控规管径实施。供水系统同原控规。

（2）排水工程

排水体制：采用雨污分流制。

雨水工程：结合规范更新，本次规划雨水重现期提高，规划雨水管径调整。结合道路路网调整，雨水管道相应调整。结合近几年地块开发和道路建设，部分规划管道已按原控规管径实施。慈城新城是海绵城市试点区，在早期开发中已结合海绵城市建设理念分区域落实地块、道路雨水排放方案：官山河以东地块采用道路路面雨水的收集、净化系统，官山河以西地块采用道路路面雨水的收集、净化系统和地块内部雨水收集、净化系统。本次规划结合《宁波市海绵试点区详细规划》，对道路、地块等排水方案分别予以落实。

污水工程：结合道路路网调整，污水管道相应调整。结合近几年地块开发、轨道站点建设和道路建设，部分规划管道已按原控规管径实施。污水最终去向需结合相关专题研究后再予以明确。

（3）电力工程

结合道路路网调整，电力管道相应调整。结合近几年地块开发、轨道站点建设和道路建设，部分规划管道已按原控规管径实施。电源与原控规一致。

（4）通信工程

由于通信技术的发展，章节内容取消固定电话容量预测、电信设施布局和邮政设施，新增基站布点内容。结合路网调整，新增通信管道，管孔数根据道路等级确定，支路6—9孔，主次干路为9—24孔。

（5）燃气工程

结合道路路网调整，燃力管道相应调整。结合近几年地块开发和道路建设，部分规划管道已按原控规管径实施。气源与原控规一致。

（6）输油管道

遵循《宁波市中心城区管廊带布局专项规划（2015—2020年）》相关内容要求，DN355萧甬成品油管需迁改至沈海高速内侧，沿线地块开发需遵循专项控制要求。管道在未迁改前，沿线地块开发也需遵循专项规划要求。

（7）环卫工程

根据《宁波市城市环境卫生设施专项规划（2014—2020年）》，区内采取垃圾分类，生活垃圾分为厨余垃圾、有害垃圾、可回收物和其他垃圾。生活垃圾分类收集、转运和处置，厨余垃圾送至区外现状厨余垃圾处理厂处理，可回收物通过江北区分选中心分选后进入市场，其他垃圾送至镇海区垃圾焚烧发电厂，餐厨垃圾送至区外现状餐饮垃圾处理厂处理。

公厕建设标准由原来的60平方米调整至80平方米，公厕布局结合《宁波市中心城区公厕规划方案》进行调整。公共管理与公共服务设施用地内公厕要求向社会公众开放，以补充规划区内社会公厕辐射缺口。

（8）防灾工程

河道：官山河以东片规划河道结合现状地形蓝线线形进行优化，东湖（狮山湖）蓝线结合施工图细化，水流流向调整为由北向南流入官山河系统，入官山河处设置一座碶闸和强排泵。

抗震：根据《中国地震动参数区划图》（GB18306-2015）的规定，本区地震动参数有调整，由原来的0.05g（Ⅵ度）调整为0.10g（Ⅶ度）。其他控制要求与原控规一致。

9. 城市设计

为提升新区开发品质，突出大运河文化保护传承作用，本次调整强化城市设计的作用和价值，深化、细化城市设计内容，构建"两轴四心、多链串珠"的功能结构。同时增加城市设计控制条款及图则。

两轴：以慈水西街、慈水东街为依托的商业公建轴和以官山河为依托的文化轴。

四心：以中心湖和狮子山为依托的景观生态绿心；以中心湖为依托的文化商业中心；以轨道为依托的商业公建中心。

多链串珠：以中横河等河道水系和慈水西街等道路绿化形成的多条绿链、走廊、景观性道路串联多个社区服务中心。

10. 大运河保护传承利用

结合《宁波市城乡规划委员会第二届城市发展策略委员会第六次会议纪要》相关要求，总体上考虑本片区按大运河文化带建成区进行管控。落实《浙江省大运河核心监控区国土空间管控通则》文件的相关要求。

（1）开发建设阶段对建筑风貌、高度、密度的管控应满足《大运河文化保护传承利用规划纲要》的相关要求，整体保护大运河沿线空间形态。

（2）沿慈江、官山河两岸应优化滨河生态空间，展现大运河文化及生态价值，沿官山河两岸建筑第一界面应突出公共性，彰显运河活力。

11. 地下空间开发

鼓励充分合理开发利用地下空间，鼓励地块的地下空间可利用支路及公共通道的地下空间整体开发，详见城市设计图。

六 结论

1. 本次调整的内容符合相关规定，满足规范要求。

2. 本次调整以规划实施为导向，对地块用地性质、道路红线、地块开发强度、地块建筑高度等内容作整体调整，对于开发地块内部的交通组织和公共设施配套、城市设计要求等内容作了全面深入的补充和完善，增强规划可操作性。

附件：

1. 调整后功能结构图

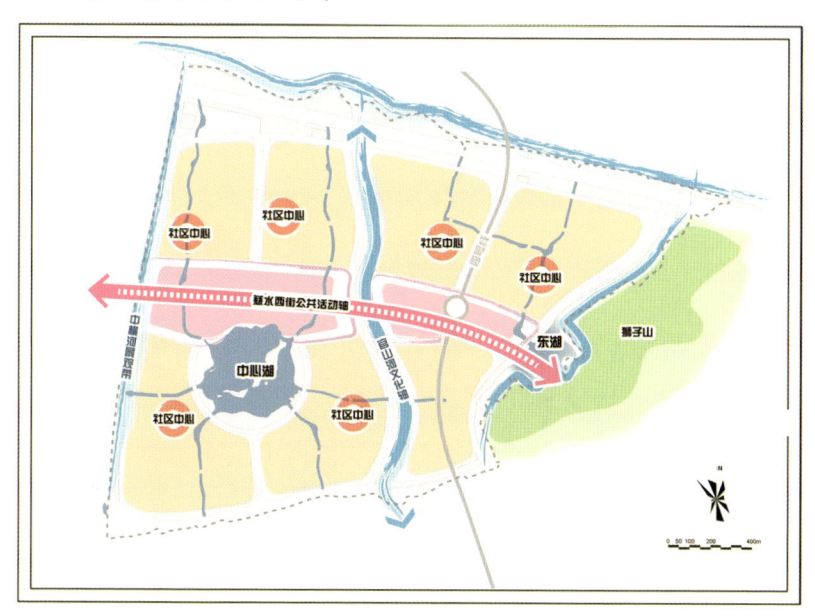

2. 调整后控制单元划分图

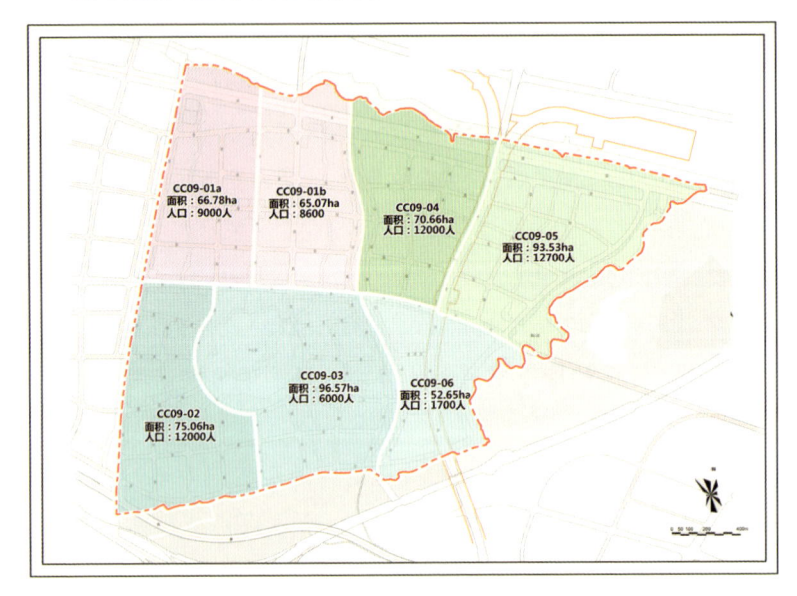

是年，江北开投公司的新城项目进展情况如下。

第一，东排涝池水利工程已完工。高中项目完成中间结构验收，已进入全面装修阶段，2021年完成交付使用。新区官山河以东路网三期工程党校周边道路完成竣工验收，余下部分根据拆迁进度，力争在年内完成。在加快项目建设的同时，公司抢抓机遇，先后推出6宗土地，其中10月13—15日更是连续三天推出3宗土地，吸引了大批国内优质房产企业争夺，最高成交楼面价达14990元/米^2。对比2019年土地出让价格来看，新区的土地楼面价同比涨幅超50%，成为宁波市最受关注的土地开发板块。年内动工开发CC09-01-08a地块，该地产项目作为公司第一个商业地产开发项目，引进具有行业内成熟的专业化管理及市场化运作经验的第三方全过程管理咨询公司，实行自主开发建设销售模式。

第二，完成新城控制性详细规划调整及中横河以西区块产业研究，明确轻轨四号线官山河站两侧TOD地块功能定位，基本规划进一步做深做细。通过中横河以东区域的产业研究专家评审，进一步明确了新城空间布局和功能定位，形成布局合理、集约高效、协调有序、可持续发展的新格局。加快重点地块出让，全年累计出让商业、住宅地块7宗31.42

公顷，创历史之最。东湖建成投用，官山河以东路网三期即将通车，新城世外高中、狮子山公园新建、中心湖景观改造提升等一批补缺性功能项目顺利推进，新城城市功能和品质得到全面系统提升。

2021 年

是年，江北开投公司完成项目投资 16.06 亿元，其中新城完成项目投资 4.26 亿元。新城项目建设情况如下。

第一，公司面向专业投资者非公开发行公司债券（第一期）成功簿记发行。本期债券发行规模 10 亿元，票面利率 3.80%，创近一年全国区县级同级别同品种同期限最低利率。公司取得全国中小企业股份转让系统《关于浙江达人旅业股份有限公司股票定向发行无异议的函》，并完成在中国证券登记结算有限责任公司转让股份登记和达人旅业工商变更登记。公司累计向金融机构筹借资金 9.45 亿元。同时，公司强化地方政府专项债券资金的使用管理，加快支付进度，提高使用效益；截至 9 月末，专项债券资金 3 亿元已全部使用完毕。

第二，新城高中项目建设于 6 月竣工验收，荣获 2021 年度宁波市建筑施工安全生产标准化优良管理工地。完成新城官山河以东路网三期工程、慈水东街北侧雨水主管工程等建设。完成新城 CC09-01-08 地块开发项目中间结构验收。该项目通过启用云计算、物联网、智能设备等"智慧工地"系统进行工程施工可视化智能管理，极大提高了工程管理信息化水平，是公司创新工程施工智慧管理的首次尝试，对其他同类项目具有极强的借鉴意义。

第三，公司首个房地产项目相关工作有序推进，已完成网签 172 户，房款入账约 3.16 亿元。

2022 年

是年，江北开投公司完成项目投资 10.74 亿元，其中新城完成项目投资 3.88 亿元。新城项目建设情况如下。

第一，跟进 4 个区重点项目工作。其中新城酒店和九年一贯制学校为新建项目；新城 CC09-01-08 地块开发项目和迎春路区块改造整治工程为续建项目，年底均已完工。

第二，完成公司首个房地产开发新城慈水心境里项目。完成公司首个慈城域外代建庄桥街道西侧地块项目。新城酒店项目已完成地下室底板。新城九年一贯制学校项目完成地下室施工。完成骆慈公路（清道观—塘家湾路）改造提升工程。完成新区慈浦路一期和二期、慈江东街道路施工，并移交相关基础设施管养。

2023 年

是年，江北开投公司的新区项目建设情况如下。

江北区数字经济城市产业园Ⅰ期项目和金融绿谷产业园项目完成立项赋码及勘察设计招标，江北区数字经济城市产业园Ⅰ期项目及地下工程配合考古避让推进调整设计方案，金融绿谷产业园项目结合产业招商需求深化施工图设计。

慈城新城

2024 年

是年，江北开投公司的新区项目建设情况如下。

新城九年一贯制学校、胡坑基安置房配套道路、普迪学校迁建工程建设完成。胡坑基安置房配套工程、湖心 HX-01-16 地块配套道路工程、妙金线—五星村提升工程、黄山村房屋及道路改造等工程完工。知名连锁品牌星巴克、霸王茶姬及特色文化项目梅霖盲盒剧场相继开业。慈城·我家院子、水隐 SPA 等 10 余家项目成功签约。迎春里引入王一冷艺术家工作室、机车俱乐部等时尚业态，打造主理人共享空间。

旅游开发　全域春色

2006年

慈城镇先后被评为宁波市卫生镇、宁波市文明镇、浙江省生态镇和全国环境优美乡镇。又被"中国特产之乡推荐暨宣传活动组织委员会"评定为"中国年糕之乡"。

是年，古县城开发公司新增借款5.07亿元，其中长期借款新增3.4亿元，短期借款新增1亿元，充分保证了项目建设的顺利进行。累计完成项目投资40171万元，其中征地拆迁费用25100万元，项目费用支出15071万元。

随着社会主义新农村建设的推进，江北区乡村旅游开发蓬勃兴起。是年，总投资1000余万元的五星村绿野山居创建成为全省首批9家三星级乡村旅游点之一，成为宁波市民节假日烧烤、登山、垂钓等休闲旅游的场所。三勤村白茶源景点总投资近500万元，确立以茶文化为特色的休闲庄园发展方向。成功举办了中国（慈城）21世纪小城镇建设与发展论坛和两届慈湖论坛，形成了年糕节、文化庙会等一批传统性节庆活动。

2007年

五星村绿野山居创建成为全国农业旅游示范点和市级"农家乐"特色点；三勤村白茶源创建成为浙江省二星级乡村旅游示范点；兼备湖光山色资源的毛岙村，建成休闲垂钓园和生态污水处理池，被评为"美丽乡村"——浙江省 2007 最佳自然生态村。

是年，古县城旅游开发的举措：组织策划了庙会、开笔礼、成人礼、"慈城杯"定向运动赛、第三届慈城年糕文化节等一系列活动。

2008 年

慈城镇被评为浙江省旅游强镇。五星村被评为省级特色旅游村；村里的绿野山居被评为国家 3A 级景区，省级农家乐通过浙江省旅游局验收；三勤村被评为宁波市农家乐休闲旅游示范点。骨木镶嵌和慈城庙会入选第二批宁波市非物质文化遗产代表性项目名录。

是年，慈城镇旅游开发的举措：杭州湾大桥开通后，"看大桥，游慈城"的游客明显增多，一年内接待游客约 118 万人次，旅游氛围逐渐浓厚，群众创办旅游服务业的热情高涨，农家乐开始大发展；全镇着力打造高标准城乡路网，共完成农村联网公路建设 10 条，总投资 1393 万元，总长 12.8 千米，极大地改善了农村旅游交通状况。

2009 年

10 月 26 日重阳节，由中国文联民间文艺家协会、中国伦理学会、中共宁波市江北区委、宁波市江北区人民政府和宁波城建投资控股有限公司主办，以"和爱和谐、科学发展"为主题的首届中华慈孝节开幕式暨"慈城之夜"颁奖文艺晚会在慈城举行。获奖者为当代中华最感人的十大慈孝人物和两位"当代中华最感人的慈孝人物"。前 10 人分别是：把一切献给老人的鞠爱彬、186 个孩子的"妈妈"史金凤、写了 12 年孝子日记的王春来、陪瘫痪儿子走完 48 年人生路的萧金定、海峡两岸传爱心的毛葆庆、有着大爱情怀的老兵陈瑞明、30 年如一日播孝心的曹翠花、一诺至孝 30 年的谢延信、为亲人撑起一片天空的洪战辉、为同村女童无偿捐肝的林萍。后两人是 22 个少数民族孩子的"父亲"蒋行远和《劝孝歌》的作者倪烈水。

是日下午，作为首届"中华慈孝节"重要活动之一的"传承慈孝、喜庆重阳"民俗活动，在慈城东门广场热闹举行。其中最引人注目的，就是"舂年糕"：9台红火大灶蒸煮生粉，然后将熟粉倒入99个石质捣臼，198位打年糕师傅两人一组，一个抡锤，一个拨米粉，随着喊话师傅的节奏，一上一下来回舂捣。氤氲的蒸汽散尽后，舂好的年糕团转移到九张桌子上，36个年糕师傅又是摘，又是搓，转眼间就变成了猪、羊、鱼、元宝、如意等年糕制品，传统印糕板做的年糕也整齐地码放在桌上，让围观的群众兴奋不已、跃跃欲试。因为参与的年糕师傅有342名之多，堪称中国最大规模的年糕制作，所以该活动又创造了一项上海大世界基尼斯纪录。慈城水磨年糕手工制作技艺被列入第三批浙江省非物质文化遗产代表性项目名录。年糕已成为慈城的一张亮丽名片。

"中华慈孝节"期间，又在全国范围内征集江北区和慈城古县城旅游口号，举办宁波江北—台湾桃园旅游合作签约仪式，举办百名海内外旅行商慈城旅游合作活动，开展百户慈孝家庭"慈孝之旅"慈城游启动仪式，组织万名游客游慈城五项活动，获得广泛好评。

12月15日，慈城古建筑群获得联合国教科文组织亚太地区文化遗产保护荣誉奖。该奖项由联合国教科文组织发起评选，慈城是当年中国唯一获奖的项目。评审委员会专家认为，慈城重要遗产建筑群的保护，是宁波历史文化名城核心以及中国其他城镇未来恢复工作的一个成功先导。本项目将古建筑群作为可持续的资源加以整修维护，体现了对传统建筑结构细部、技术工艺和空间布局的尊重，使地方手工艺传统与建筑维护技术得到了复兴。联合国亚太地区北京代表处文化项目高级主管卡贝丝女士介绍，"文化遗产保护奖"的竞争异常激烈。"10年来，23个国家和地区申报的359个项目中，只有123个获得教科文组织认可。"她说，仅2009年，就有14个国家和地区通过48个项目竞争该奖。该奖设立于2000年，旨在表彰个人及公私部门在保护或恢复区域具有遗产价值的建筑、场所和不动产方面取得的成就，以鼓励个人参与及公私合作，保护本地区的文化遗产，造福于今世后代。该奖申报章程规定，所申报项目的建筑主体必须有50年以上的历史，并在申报当年之前的10年内被维修过。

慈城古建筑群获2009年度联合国教科文组织文化遗产保护荣誉奖

是年,古县城景区游客接待总量26.9万人次,同比下降4.5%;实现旅游总收入327.22万元,同比增长8.3%。

同年,大宝山的传说、水上坟拗孟公的传说、察院巷故事、浙东书风、田间小道、箍桶、行话(做生意暗语)、码子字和重阳节跳水登山比赛被列为第二批江北区非物质文化遗产代表性项目名录。

2010年

英国BBC在全世界精选出18个"传承的英雄"作为文物保护典范,慈城是中国唯一入选者。

古县城景区实现旅游总收入1584万元,游客接待量36.8万人次,实现门票收入365万元,实现酒店经营收入1219万元,与2009年相比酒店减亏47万元。

古县城创建成为市首批休闲旅游基地线,入选长三角世博主题体验之旅示范点。开通了上海、杭州旅游集散中心至慈城古县城的旅游专线和宁波市区到慈城的旅游假日班车；举办了"杭州万人游慈城千人首发团"。

慈城镇农家乐凸显特色，五星村创建省农家乐特色村，绿野山居全年共接待游客 67.01 万人次，实现门票收入 724.01 万元，分别同比增长 12.3% 和 10.7%，半浦龙虾园创建省休闲渔业示范基地和市级农家乐休闲旅游示范点，妙山怡景农庄获评省级三星级农家乐经营户，五星、毛岙共 7 家农家乐获评区级农家乐经营示范户。五星村、五湖村分别创建省、市级绿化示范村，改善文化设施，9 个村创建市、区级村落文化宫，江北区图书馆慈城分馆准备投入使用，丰富了基层群众业余文化生活。

2011 年

慈城镇被授予浙江省文明镇和浙江省民间文化艺术之乡荣誉称号。清风园被中央纪委监察部授予全国首批廉政教育基地。慈城景区成功荣获国内高端旅游杂志《新旅行》2011 年度"可持续旅行大奖"之文化大奖；又入选宁波旅游"十大文化旅游精品景区"。天工慈城文化创意产业职工培训创业基地被中华全国总工会命名为全国第二批女职工培训示范学校。

古县城景区实现旅游总收入 1467.26 万元，游客接待量 41.6 万人次，实现景区旅游收入 369.06 万元，实现酒店经营收入 1098.20 万元。慈城镇的乡村休闲旅游业共接待游客 148.86 万人次，实现门票收入 1571.56 万元，分别同比增长 13.9% 和 9.3%。

是年，古县城景区旅游开发的举措如下。

邀请中央电视台《远方的家》栏目组拍摄慈城端午民俗，分别在央视一套、四套、十套播出。中国康辉旅行社集团有限责任公司、慈城古县城建设开发有限公司和宁波城旅有限公司三方签订了《慈城古县城及周边地区旅游合作经营框架协议》，将重点做好慈城古县城旅游发展策划规划、业态布局和营销推广方案等工作。首批韩国旅游团从上海入境抵达慈城古县城；又有韩国旅游考察团专程前来考察踩线，为今后开发韩国游客入境市场奠定基础；又参加2011甬港经济合作论坛，在中国香港开展旅游宣传促销活动，将古县城景区列入中国香港市民赴普陀山进香团游线；又组团赴中国台湾进行旅游促销，近万名中国台湾游客前来慈城古县城旅游，台湾游客接待量已位居宁波市大范围内景区的前列。

慈城镇的乡村休闲旅游业加快发展，农业经济特色化、产业化明显，形成了年糕、白茶、杨梅、食用笋等地方特色品牌；建成了宁波出口创汇盆景产业基地，并成为全市首个拥有自营出口权的基地；建成双顶山循环农业示范园；启动了国家级宁波杨梅良种园建设。全镇农田多种经营面积达到2.5万亩，平均每亩产值达到7100元，比2006年增长77.2%。在江北区评选的"都市田园新十景"中，慈城镇十占其六，分别是五星绿野山居、三勤白茶源、半浦古村、毛岙村、杨陈村花海稻香、妙山怡景水果农庄。这些乡村休闲旅游目的地，和慈城古县城一起设计了8条"都市田园"特色旅游线。

（1）茶乡风情体验一日游：三勤白茶源—慈城古县城。

（2）半浦古村落观光一日游：半浦古村—慈城古县城。

（3）都市田园风光游：杨陈村花海稻香—慈城古县城。

（4）山水农家度假休闲游：绿野山居—五星村农家乐—毛岙村。

（5）都市田园摄影采风游：毛岙村—绿野山居—半浦古村—杨陈村花海稻香。

（6）踏青赏花游：杨陈村千亩连片油菜花—三勤白茶源采摘—慈城古县城—半浦龙虾园垂钓。

（7）踏春休闲游：毛岙村是"浙江省最佳自然生态村"，依山傍水，有茶山竹海，是原生态的江南山沟。村内有农家乐及农家客栈10多户，是休闲养生、竹笋挖掘、农家菜品尝、垂钓烧烤、登山休闲的好去处。

（8）山水人文游：以慈骆公路为轴心，由慈城古县城、上岙村、大鲵精品园、毛岙村、毛力村等组成。

2012 年

慈城古县城景区继成为国家 4A 级旅游景区之后，又入选第二批中国民族优秀建筑文化遗产名镇和旅游目的地。

古县城景区实现旅游总收入 1746 万元，游客接待量 45.7 万人次，实现景区旅游收入 479 万元，实现酒店经营收入 1267 万元。慈城镇的乡村休闲游共接待游客 155.3 万人次，实现收入 2063 万元，分别同比增长 4.3% 和 31.3%。

是年，古县城景区旅游开发的举措如下。

第一，旅游形象推广。《奢华旅行家》《旅行家》《中国国家地理》等杂志专题报道慈城；央视《舌尖上的中国》《味道中国》拍摄慈城年糕专题；中央电视台《走遍中国》百集系列片"中国古镇"专访慈城；宁波市旅游形象片《香约宁波》重点取景拍摄慈城；慈城古县城作为全市唯一景区接待浙江省旅游局组织的 200 多名境外旅行商考察踩线。本年签订旅行社合作协议 500 余家。

第二，招商与布展。本年有唐记古茶坊、生活方式研究院、纬度玩具公司、国家级非物质文化遗产许谨伦金银绣工作室和腾骁骨木镶嵌工作室 5 家企业签约入驻。关于冯岳彩绘台门的"母亲的艺术展"，已完成中国女红馆和中国刺绣馆的调整提升工作，中国结馆在策划调整中。

11 月 18—19 日，由中国登山协会、宁波市体育局、宁波市旅游局、江北区人民政府主办，江北区体育局、江北区旅游局、慈城镇人民政府和宁波市户外运动协会共同承办的全国山地竞速挑战赛在慈城举行。来自全国各地的 21 支队伍近百名运动员参加了比赛，宁波周边地区的 300 名业余组选手也积极参与。山地竞速赛又称山地跑，是一项在山地自然环境中规定路线上举行的一种山地跑步比赛，赛道包括林间小道、田间路、游步道等多种类型的路面。本次比赛设男、女升降赛和爬坡赛。升降赛男子升降高差近 1100 米，女子升降高差 900 米；爬坡赛男子线路总长 24 千米，女子线路总长 18 千米。赛道是刚建成开放的北山休闲游步道，主要赛段位于慈城镇境内的环英雄水库一带的山地。而本次全国山地竞速挑战赛，将极大地宣传慈城镇丰富的旅游资源与生态保护，吸引更多的户外健身爱好者，把慈城镇打造成为宁波乃至华东地区发展都市休闲体育的新热土。

北山游步道是宁波市和江北区的实事工程与民生工程，俗称"百里休闲绿道"，起点在灵山村，自东向西绵延，经过保国寺、苏湖、毛岙、金沙、环英雄水库周围山脉，终点在慈城镇五星村，全长约58千米。整条步道自然环境幽雅，旅游资源丰富，覆盖区域面积达50平方公里，囊括江北5万亩山林，同时串联了保国寺、慈城古县城、五星绿野山居3个国家4A级旅游景区，直接辐射沿线15个行政村。游步道大都是利用历史遗留下来的原有古道稍加整修、改造完成的，在具有爬山健身功能的同时还具有一定的文化价值。登临步道，景色优美。天气晴好时，向南可远眺宁波城市新貌，向北可见到杭州湾海天一色，还是距离城区最近的大型"天然氧吧"，实乃宁波市民休闲登山最便捷的好去处。

国家4A级旅游景区保国寺，1961年被公布为第一批全国重点文物保护单位，始建于东汉世祖时期，系东汉骠骑将军张意之子舍灵山之宅为寺，故初名灵山寺；唐会昌五年寺宇被毁，广明元年（880）重建，僖宗李儇赐"保国寺"匾额，自此定名为保国寺。保国寺并非以其宗教性闻名于世，而是因为精湛绝伦的建筑工艺令人叹为观止。寺内的大雄宝殿（又称无梁殿），是长江以南最古老、保存最完整的木结构建筑之一，存有大雄宝殿、天王殿、观音殿、藏经楼等殿宇古迹，以及汉代骠骑井、唐代经幢、南宋净土池等文物，古建筑群占地面积13280平方米，建筑面积7000平方米。寺外有28公顷自然山林，再加上西边的苏湖风景区，植被繁盛，松林、竹林、茶园广泛分布，山林深处还有一片古枫林。

绿野山居是国家4A级景区、全国农业旅游示范点和浙江省五星级农家乐示范点。山庄位于慈城镇五星村，集农业观光、休闲、运动、会议等多功能于一体。这里离繁华不远，离自然很近，当真是"结庐在人境，而无车马喧"，所以号称"绿荫中的村庄，城市人的乐园"。农庄以优美、朴实的生态环境为依托，突出"山野与绿野"氛围。景区由爱犬乐园、泗洲佛堂、竹海民俗村、冬枣林、枇杷林、杨梅乐园、水蜜桃园、橙园、桔园、生态茶园、盆山红色据点和商务会所等景点组成。以优美、朴实的生态环境为依托，突出山林与野趣氛围，让游客置身于干农家活、品农家菜的欢乐海洋中。山居核心区占地 500 余亩，另有茶场 200 余亩，苗圃基地 100 多亩，是一个集农业观光、休闲运动、会议等多功能于一体的综合性乡村旅游区。绿野山居休闲旅游区本着走近自然、体验农趣的休闲主题，开设了以泗洲佛堂为核心的禅茶文化、以民俗文化为特色的农业观光园、作坊群、农科教育园、野外拓展。绿野山居还放养着孔雀、珍珠鸡、松鼠、荷兰猪、马、骆驼等动物。各类乔灌花木，浓郁叠翠；草坪，绿毯如画；水体，碧波荡漾。有休憩花园、松风听涛、竹溪观鱼、霜林赏秋等十余处景观。安逸的田园风光，让你洗尽都市喧嚣、尽享田园美景。

绿野山居

2013 年

为了全力配合大运河申报世界遗产工作，慈城镇政府全面完成大运河（慈城段）水环境和沿线环境综合治理；慈江东排工程投入5000万元进行河道堤坝构筑、两岸绿化水利疏浚景观恢复。7月13日国家文物局专家和9月23日联合国教科文组织专家分别前来进行验收，给予充分肯定。同年，大运河慈城段被公布为全国重点文物保护单位。

9月，全长62千米的"宁波市民家门口的游步道"——北山休闲游步道全线贯通，其中慈城段全长58千米。游步道的基本格局大致如下。

一条主线：保国寺—荪湖—毛力—毛岙—五联—金沙—公有—五星形成的登山步道。

三条环线：以主线为基础，依托登山步道支线、部分乡村道路而形成。首先是保荪环线（户外攀登道环线）：依托保国寺—小灵峰寺—荪湖登山步道、荪湖环线公路以及安山至荪湖乡村公路，形成环线，此步道以标准化登山健身道建设为特色。其次是毛慈环线（休闲散步道环线）：整合湖心—毛力、毛力—毛岙、毛岙—慈湖三条登山步道以及慈城—毛力公路以开发休闲散步道环线，强化林间、滨水步道建设。最后是五金南环线（丛林探险道环线）：整合五联—金沙、金沙—公有、公有—南联登山步道以及英雄水库环线休闲绿道，结合植物辨识、露营、教育等项目开发，开发丛林探险道环线。

四个主入口：灵山村入口（起点）、毛岙村入口、慈湖入口、五星村入口（终点）。

十二个次入口：桃花岭入口、永传寺入口、公有村入口、南联村入口、五联村入口、五湖村入口、护龙寺入口、七夹岙入口、荪湖入口、小灵峰寺入口、金沙（至公有）入口、毛力（至七夹岙）入口。

四类景观：一是石景景观，有象鼻峰、骆驼峰、马鞍山、乌龟山等峰岩景观；二是遗迹景观，有小灵峰寺、朱贵祠、金沙战斗遗址、各类古驿道等；三是湖岛景观，有五婆湖、毛力、慈湖、荪湖、英雄水库等；四是植物景观，有红豆杉林、樱花园、五湖田园风光、五联高山茶海、高山蔬菜基地、幸福岭古树群、石柱岭杉树群、白茶园、金沙竹海、杨梅园、通天岭茶园等。

北山游步道还可按照服务功能分为四种绿道。

北山游步道

精品道：一般选择坡度较小、寺庙较为集中的区域，主要服务上香、休闲、观景的大部分人。这些路段用花岗岩规则型台阶和自然条石路面平铺，设计宽度为 1.5～2 米。集中在灵山村—小灵峰寺—荪湖—七夹岙、永传寺—望海尖—金沙两段，总长 15.7 千米。两段路行走时间分别为 200 分钟与 180 分钟。

散步道：功能与精品道接近，包括毛力村—毛岙村—五湖村段，沿湖设置亲水平台，总长为 5 千米。路面宽度 3 米，为滨水和竹林道，用花岗岩铺装路面，行走时间为 80 分钟。

健步道：主要选择在坡度稍大、相对安静的区域，路面用花岗岩、弹石铺设起来，设计宽度为 1.2 米，总长 18.3 千米。人们可以赤脚步行其上，按摩足下穴位，这种道路最合中老年健身人群的"口味"。包括七夹岙—毛力村、公有—南联—郭塘岙—五星、护龙寺—慈湖—毛岙三段，标准行走时间分别是 40 分钟、120 分钟、180 分钟。

驴友道：遇上坡度较大、山势险峻的区段，路面依托原有古驿道，以块石、毛石不规则形式铺设，打造适合登山探险的驴友道。包括毛岙—五联—永传寺、金沙—后茅山—公有两段，总长12千米，路面宽度1.2米，标准行走时间分别是180分钟、120分钟。

是年，古县城景区游客接待量48.36万人次，实现景区旅游收入518万元、酒店经营收入942万元，旅游总收入1460万元。慈城镇的乡村休闲游实现直接经济收入1300余万元，直接带动农户增收500余万元。

古县城景区旅游开发的举措如下。

第一，旅游形象推广。国内外著名媒体专题报道慈城；清华大学"非物质文化遗产开发运用成功典范"项目组于慈城研习；青年学者劳工研究与实践讲习班在慈城举行；慈城特色文化旅游产品"九九消寒图"荣获2013年浙江省旅游商品大赛一等奖，同时荣获第五届中国国际旅游商品博览会之中国旅游商品大赛银奖。

第二，招商与布展。太湖路国家级非物质文化遗产泥金彩漆工作室签约入驻；慈湖书院处于装修阶段；江北区甬港联谊会活动中心、九州书院慈城项目等处于洽谈阶段。完成"母亲的艺术展"中国结馆调整和"郑雷孙旧时故乡图"展的布展工作，冯骥才祖居布展进入方案深化及布展施工前期准备阶段，冯俞宅越窑青瓷工艺展、福字门头慈城戏曲馆（暂定名）、甲第世家慈城名人馆（暂定名）、江南竹工艺展（暂定名）处于策展阶段。

第三，营销推广。不断完善和改进景区官网、微博等网络宣传平台；针对节庆活动推出"冬至巧制消寒图""元宵节制花灯"等特色游客参与活动项目和端午主题游；与境内外500多家旅行商建立合作关系，浙江商旅宁波分公司等旅游企业入驻慈城；南通旅行社协会百名旅行商考察踩线暨旅游推介活动。举办了全国龙之旅联合体万名游客游慈城、上海万名游客游慈城等系列主题活动。

慈城镇的乡村休闲游实施扩容提质，除了北山游步道，累计投入4000余万元提升田园十景和农家乐品质；毛岙村完成生态公园一期工程，并申报国家级生态村；半浦村完成周家祠堂厢房、半浦小学等修复工作，创建市级特色村。

2014 年

慈城镇成功入选首届"浙江省小城镇大文化示范样本",系宁波市唯一入选的小城镇。

6月22日,中国大运河在第38届世界遗产大会上获准列入《世界遗产名录》,成为中国第46个世界遗产项目。评价是:大运河(Grand Canal),是中国东部平原上的伟大工程,是中国古代劳动人民创造的一项伟大的水利建筑,为世界上最长的运河,也是世界上开凿最早、规模最大的运河。大运河始建于公元前486年,包括隋唐大运河、京杭大运河和浙东运河三部分。

慈城镇域范围内的大运河遗产,为浙东运河宁波段的慈江和刹子港小西坝段。这段运河修建年代久远,可以追溯到春秋时期"句章城"的开发,是中国人工修筑的最早运河之一,具有突出的历史价值。不但是慈城对外交流和运输的重要通道,更是体现了宁波地区适应海潮影响而发展的运河系统特点。刹子港是沟通慈江和姚江的直河。宋丞相制使吴潜于宝祐五年(1257)修筑疏浚而成,全长约4千米,是浙东运河宁波段干流(姚江和甬江)与复线(慈江和中大河)之间的直河,取代丈亭以东姚江自然段,避免了海潮对航运的影响。这种自然江河与人工塘河并行结合、复线运行、因势取舍的设计、构筑理念与航运方式,体现了古代航运线路规划的科学性,在中国大运河中具有独特性。大运河慈城段南端的小西坝旧址,最早建于南宋,已经不存。现存的小西坝,有新老两坝(闸),相距150米。老闸建于1964年,河道及导航渠仍存,但已废弃。新坝建于1993年,根据"过水不过船"的原则,设4孔,闸孔净宽16米,沿用至今。

是年,宁波市文物考古研究所编著的《句章故城——考古调查与勘探报告》由科学出版社出版。为了寻找消失在历史长河中的句章故城确切位置,经国家文物局批准,宁波市文物考古研究所于2007—2012年多次对慈城镇王家坝村一带进行了大规模、高密度、拉网式的实地考古调查、勘探和局部解剖试掘。累计数十万平方米考古勘探范围的排查，八十多平方米试掘探沟面积的解剖，几百份珍贵文物标本的获取，以及遥感考古方法和科技测试手段的应用，终于确定句章故城的位置——今慈城镇王家坝村与乍山翻水站一带，基本确认句章故城的始建年代——至迟不晚于战国中晚期。这份报告给慈城镇的历史文化和旅游资源带来了巨大的收获。

第一，确定位于慈城镇的句章是目前所知宁波史上建造最早的城邑。据北魏地理学家阚骃的《十三州志》称："勾践之地，南至句无，其后并吴，因大城句余，章（彰）伯（霸）功以示子孙，故曰句章。"意思就是越王勾践灭吴之后，特在此地建造句章城，向子民们彰显自己的"霸功伟业"。建城的时间应在越国灭吴的周元王三年（公元前473）。而考古的结论是："商周时期，在句章故城一带当已有了比较频繁的人类活动存在，并逐步形成了具有一定规模的生活聚落和相对集中的墓葬区域，这为以后句章故城的兴起和发展打下了基础，创造了条件。句章故城的始建年代至迟应不晚于战国中晚期，这与后世文献的相关记载大体吻合。"所以，句章是宁波史上第一座城邑，坐落于慈城镇。

第二，确定慈城镇不仅是慈溪县治所在地，也是更早的句章县治所在地。秦始皇统一六国后建立郡县制（公元前222），在今之江浙一带设置会稽郡，下辖二十六县，句章为其中之一。考古报告称："县治即建立在早期句章城的基础之上。"而"东吴至西晋显然是句章故城最为繁盛的时期"，证据是"考古发现的大量东吴时期的建筑材料"。一直持续到东晋安帝隆安四年（400），当时的东晋将领、后来的刘宋武帝刘裕与海寇孙恩在句章一带发生激战，史称"孙恩之乱"。考古报告还指出："孙恩之乱对句章故城造成的破坏是不言而喻的，对地方经济带来的影响也是难以估量的。在我们长达十年之久的句章故城考古调查、勘探和试掘中，很少发现有东晋晚期的遗迹和遗物，这一事实为此提供了很好的注解。……我们倾向于认为，句章故城毁于东晋末叶孙恩之乱当是可信的，此后句章县治也应有迁移，至于迁治的具体时间，推测可能是在句章之战结束的隆安五年（401）或稍后，而非诸志记载的隆安四年（400）。"这就是说，作为被确定的宁波史上最早县治所在地，句章县治在慈城镇至少存在了623年。

第三，确定句章城南的余姚江畔建有句章港，印证了司马迁在其《史记》中记载，西汉元鼎六年（公元前111）"天子（汉武帝）遣横海将军韩说出句章，浮海从东方往（击东越叛臣）"。这也是关于句章港的最早记录。此前对句章港的说法是"甬江流域出现的最早港口"、"越国的通海门户"和"中国最古老的海港之一"，它随着句章县治的迁移而逐渐废弃了。但这次考古勘探发现了一处东汉—东晋时期码头遗迹和一处唐宋时期卵石路面遗迹，经过研究，得出结论："东晋末叶，句章城池被残破，县治迁往他处，但句章古港的功能并未因此而完全丧失，L1（卵石路面）的发现就是一个有力的证明。直至唐宋时期明州港、城逐步崛起后，曾经喧嚣一时的句章古港才最终步句章故城之后尘，消失在历史的长河中"。再结合这次发现的大湾山越窑青瓷窑址，加上早先在慈城镇境内发现的云湖窑址、鸡步山窑址、郭塘岙窑址、季岙窑址等遗迹，可以断定，句章港是早于明州港的越窑青瓷始发港，可惜被人遗忘太久了。

《句章故城——考古调查与勘探报告》为慈城镇提供了丰富而又宝贵的旅游资源，如宁波第一城、宁波第一县治、宁波第一港、越窑青瓷始发港的称号；又如越王勾践卧薪尝胆报仇雪耻，汉武帝和司马迁，三国东吴水师首航台湾，印度高僧那罗延由海道登陆句章、在五磊山创建五磊寺，南朝刘宋开国皇帝刘裕和"孙恩之乱"等名人轶事。如果在这里建造一个"句章遗址公园"，把上述资源具象化；同时重建汉唐码头、卵石路面，设计一条水上旅游线，必定成为慈城镇又一旅游胜地。

是年，古县城景区实现游客接待量56.95万人次；实现旅游收入680.99万元，实现酒店经营收入1076.02万元，实现旅游总收入1757.01万元。另据统计，慈城主要景区全年接待游客112.8万人次，实现旅游综合收入超亿元。

古县城景区旅游开发的举措如下。

第一，招商与布展。"天工慈城"文创园区招商有序进行，7家企业事业单位入驻，实现租金收入，现正根据园区建筑性质、结构全力引进特色精品酒店、民宿及简餐类项目。完成冯岳彩绘台门"母亲的艺术展"之"中国结"展区第二、第三展区调整，冯俞宅越窑青瓷展布展，金家井巷国保区（甲第世家—福字门头—布政房）展览思路论证并启动前期研究；冯俞宅坐具馆改馆已确定方案并开工；冯骥才祖居布展工程开工并完成阶段性布展工程等。

第二，营销推广。继续开展传统节庆民俗系列活动；完成签约合作旅行社700余家，与同程旅行、途牛旅游网等电商签订合作协议，与同程旅行网合作开展的"一元游活动"，极大地提升了景区人气，吸引了大量网络散客；积极通过微博、微信等平台开展慈城四季风物游和手工课堂等活动，实现了线上线下互动；多举措、全方位地开拓境内外旅游市场，加大对广东、湖南、山东等国内中长线市场及长三角周边区域新兴市场的开发力度；继续开拓韩国、新加坡、中国台湾等入境市场；借助中国（上海）国际旅游交易会，邀请150多名境外旅行商与媒体前来考察踩线，洽谈合作。

慈城镇的美丽乡村实现"点""线"并进。围绕打造"都市农业"和"山水人文"两条精品线，完成半浦、上岙、虹星三村建筑立面改造及道路绿化工程；建成开放半浦古村陈列室、毛岙环村登山步道7.8千米；基本建成南联环湖绿色长廊、金沙绕村道路。半浦、毛岙、金沙、南联等一批历史、生态村的环境更加整洁、形象特色更加鲜明，为美丽乡村加快转化为农村致富载体提供更多支撑。

北山休闲游步道成功举办宁波首届山地马拉松赛事，3000多名来自全国的马拉松爱好者来到北山参赛。《北山休闲游步道管理维护办法》开始实施，游步道属地管理的长效机制得以落实；完成金沙（后茅山）—五星段约24千米的标识标牌、垃圾桶、休闲椅凳等配套服务设施建设。同时，北山游步道沿线农家乐餐饮经营火爆，经营收入增幅在10%以上。游步道沿线覆盖5万亩山林，辐射15个行政村，有效带动毛竹、茶叶、蜜橘、竹笋、杨梅、年糕等农副产品销售。

2015 年

古县城景区实现游客接待量60.03万人次，旅游业务收入752万元，酒店经营收入1169万元；年度完成旅游总收入1921万元。另据统计，全镇主要景区实现游客接待量120余万人次，旅游总收入超过1.3亿元。

是年，古县城景区旅游开发的举措如下。

第一，招商与布展。引进9家项目企业入驻；首次引进精品民宿项目，引入咖啡生活馆、茶餐厅等休闲业态。除需扶持的国家级"非物质文化遗产"项目及社会公益类项目外，对园区已到期项目洽谈续租并收取租金。完成冯俞宅明式坐具文化馆布展并开放，完成冯骥才祖居、甲第世家竹工艺展布展，维修改造部分景点设施，展馆的设立充分利用古建筑空间布局，满足慈城旅游发展需求。

第二，营销推广。继续举办"过大年"等三大传统节庆系列活动，推出腊八、立春等特别节日、节气民俗活动及慈城风物系列活动；做大做强学生春游和夏令营市场，顺利承接"童行中国"万名武汉中小学夏令营活动。加大平面媒体、网络媒体及旅行社渠道的宣传与推广力度，积极参加省市外的大型旅游展会及旅游推介活动，完成签约合作旅行社600余家，加大对福建、江西等国内中长线市场及长三角周边区域新兴市场的开发力度。

第三，打造智慧景区。慈城古县城"智慧景区"一期项目启动，明确建设方案及相关细节，已完成公开招标工作，进入实施阶段。

慈城镇继续推进农旅融合，举办慈城蓝莓采摘节、杨梅采摘节、花海稻香观赏节等大型活动。制订全镇民宿、农家乐发展方案，重点打造毛岙村民宿；引进康辉旅行社建设半浦青少年"耕读基地"；充分挖掘北山游步道带动效应，连续两年承办宁波山地马拉松赛。三勤绿荟生态农业园建成慈城首家温室大棚智能监控系统，引进3000平方米智能玻璃温室立体水培观赏体验项目。

三勤村是一个集蔬果种植、加工配送、观光旅游、务农体验、科普教育于一体的综合低碳生态美丽乡村，浙江省特色旅游村。全村总面积2.64平方千米，其中耕田1598亩，山林2118亩。三勤村大力发展传统规模农业和科技农业相结合，总面积1000余亩的绿荟生态农业园，是全国绿色食品种植基地。引进科技设备，建成7000平方米智能玻璃温室、30000余平方米连栋温室、50000平方米单栋大棚，年产无公害蔬菜1500吨，绿色标准蔬菜400吨。游客可以品尝到有机蔬菜和橘子、杨梅、蓝莓等新鲜水果。三勤村白茶的种植面积有1010亩，是宁波市最大、浙江省第二大的白茶生产基地，并通过了有机食品、绿色食品等一系列认证。村里依托三勤白茶源，开发建立白茶源山庄，现为浙江省四星级农家乐、宁波市农家乐休闲旅游示范点。山庄占地约150亩，建有垂钓中心、农家运动场、烧烤园、登山步道等；还有所谓"素拓研学旅行营地——句章旅行营地"，即研学旅行营地、亲子活动营地、户外拓展营地（陆地、水面、高空）、国防教育营地"四位一体"的综合性营地。山庄以品慈城白茶、享农家风情主题，突出乡情、乡味、乡土特色，可供游人观赏、采摘。山庄北靠山、南临江，如果再将"句章遗址公园"建成，那么"品慈城白茶，望姚江山水，发思古幽情"，必定成为三勤村最具特色的旅游名片。

2016年

慈城镇成功创建全国文明镇，入选第一批浙江省美丽乡村示范乡镇；荣获浙江省首届"我心目中最美生态乡镇"称号；获评"宁波市文化示范乡镇"；成功创建国家级出口苗木质量安全示范区，并被列入首批省级特色农业强镇创建名单。

4月17日，由浙江省体育竞赛中心、宁波市慈城古县城开发公司等单位主办，慈城镇人民政府、宁波市户外运动协会等单位承办的"2016宁波山地马拉松赛"在北山游步道举行。比赛设有全程马拉松、大半程马拉松、团队跑、体验跑等四个参赛项目。共吸引了4100人参加。其中，马拉松组1000人、大半程马拉松个人组1500人、大半程马拉松团队组150队600人，体验组1000人。

全程马拉松赛道全长42.195千米，从荪湖水库出发，途经毛力水库→毛岙→公有村→英雄水库→五婆湖水库→慈湖，最后回到荪湖水库。赛段最高海拔316米，总爬升1900米。大半程马拉松、团队跑赛道全长27.6千米，从荪湖水库出发，途经毛力水库→毛岙→五婆湖水库→慈湖，最后回到荪湖水库。赛段最高海拔214米，总爬升1066米。体验组赛道8千米，从荪湖水库北山游步道西侧入口出发，途经下灵峰寺→小灵峰→电视转播台→从灵山村出口下，最后回到荪湖水库。赛段最高海拔123米，总爬升480米。全程要跑过中灵峰、老虎嘴、八美山等6个山峰，要经过荪湖、毛力水库、云湖、五婆湖、慈湖5处湖泊湿地，还有千年古县城、名刹保国寺……高难度的山地赛道，超级多的美景胜迹，再添上漫山遍野的盎然春色，宁波山地马拉松足以让来自全国的选手们体验到什么叫"累并快乐着"。它荣获了2016年度浙江省特色赛事大奖。

7月，慈城镇半浦村被公布为第五批浙江省历史文化名村。主要理由：一是半浦村具有真实、完整的村落结构和保存较为完整的传统建筑等历史遗存，是研究地方文化和历史的宝贵实物资料；二是展现了具有宁波地方特色的浙东文化，独特的藏书文化、商贾文化、仕林文化和丰富多样的市井文化；三是村落的规划和选址与自然山水有机结合，体现了人与自然的和谐相处。

半浦村，古时称鹳浦，亦称灌浦、官浦，位于姚江之滨，三面环水，南端的"灌浦古渡"闻名遐迩，是一个有着八百年历史的代表性渡口古村。村落由若干家族集居此地、不断繁衍扩大而构成。其中，郑氏为村里最早最大的第一家族，数百年来人丁兴旺、才俊辈出，创建的二老阁对浙东文化、藏书文化有重大贡献（参见上篇）。周氏家族次之，清康熙年间自慈城迁来，系郑氏姻亲，历代经商、注重商贾文化，更注重家族凝聚力，多次修谱，用七年时间建成名为惇德堂的周家祠堂。而该村标志半浦渡口，在南宋《宝庆四明志》中已有记载，为南宋十四渡之一，后因故停渡；清咸丰年间重新通航。清道光七年（1827），郑氏族人捐置田三十一亩，重建渡口，设三条船，行人可免费渡船过江。对岸建有待渡亭，亭里有碑刻《义渡碑示》，记载了半浦古渡的前世今生。渡口现存的是一个石柱天灯，灯柱高约3.2米，下部为一根四方石柱，其上置一石龛，四壁开窗，龛顶仿木构建筑，刻成歇山顶造型，典雅古朴。石龛内可用菜油点灯照明，便于夜间摆渡行旅，曾给无数的来往渡客送上光明和温暖。所以半浦村民风淳朴，古迹众多，文化底蕴相当深厚，被宁波市政府于2005年公布为首批市级历史文化名村，今又被列入省级历史文化名村。

历史上的半浦村，素有"三庙六祠堂，一庵一阁一义庄"之说。从老街、挨坝到周家、郑家、孙家，一路都能看到鳞次栉比、错落有致的马头墙。载入清光绪《慈溪县志》的就有翰林第、书带草堂、二老阁、二砚窝、一隅阁、丈七间、野云居、望云楼、藏笏楼、有怀轩、三星阁、半生亭、大椿堂、西江书屋、石叟居等。规模庞大的古建筑群，如今早已支离破碎，或者摇摇欲坠。幸存的历史遗存，除了半浦渡口这个省级文物保护单位，还有区级文物保护点23个，分别是：清代古建筑中书第、前八房、茶栈、老安仁庙、九房、乐善堂、和庆堂、周家祠堂、前新屋、周家、周家四扇墙门、周家前后进、益丰门头、孙家、半浦大屋、老祠堂郑家、五间头、后八房、老房、朱西门头、老高墙、塘路墩、九间头。也有民国建筑半浦小学。

中书第，据说已有400多年历史，最早的毁于火灾，现存的建于1804年，呈方形，占地面积4000平方米左右，3个正大门，厚实的高墙，20多个大小天井，几百米的檐廊和檐下走道，上千平方米的砖石板地面，外加青砖灰瓦封头墙，营造出深宅大院特有的宁静幽深的氛围。宅院坐北朝南，前后两进。前房为主楼，五大开间，前面两侧各有三间二层的厢房与主楼相衔，主楼两边的弄堂和楼梯，使主厢房形成走马楼，院子的天井用红石板铺成，阶沿都是厚重的梅园石，四周有水缸和花卉。从中书第的照壁、门厅、砖石月洞门、大天井周边厚实工整的砖石条上，还能依稀可见中书第主人的荣华富贵。

半浦村

　　乐善堂与和庆堂，建于清道光年间（1821—1850），是一处保存较完善的四合院建筑，坐北朝南，占地面积1672平方米。前进为七开间，硬山顶，明间为门楼，两侧厢楼各为六间二弄，硬山顶，重檐楼房；东厢为乐善堂，西厢称和庆堂，四周均采用檐廊相通，建筑整体保存完好。和庆堂大门楼与前大门之间两侧为厢房；进入内院，方正的天井尽头是重檐楼房，标准的七间二弄；两侧又是六间，十九间正房围着天井，楼上也是如此格局。围廊的骑窗对外，卧室在走廊另一侧。乐善堂宅院坐北朝南，前后三进，成"回"字形；中院为主楼，除去南面为中院的围墙、两米多高外，两层的厢房与主楼相衔，主楼两边有弄堂和楼梯，使主厢房形成走马楼。

　　周家祠堂（惇德堂），已有130年历史，是半浦六祠堂之一，也是仅存的祠堂。建筑坐北朝南，由门楼、正厅、后进和西偏房组成，共有三进，院落两重，占地面积1495平方米。门楼三开间，硬山顶，前顶为船篷轩，木构件雕刻精细，梁架采用抬梁穿斗混合式结构，明间进深五柱七檩。正厅是祭祖祭祀及宗族进行重大活动的场所，正厅后进有寝楼，设有形似阁楼被称为"神龛"的橱，上下梯形分为数层；同一辈分的神主牌放在同一层上，形成一个立体族谱，并在祠堂存有一份族谱。正厅西首是一个小厅，供族人存放寿棺等寿器。小厅朝南的门外是一处水池，池中央有荷花、金鱼等。水池西南首有一圆洞门，曲径通幽，便是花园，靠南首墙壁边还有一口古井，景色幽雅宜人。建筑整体仍保存完好，红柱石磉，木格门窗花样各异，房檐雕花图案精美，石窗装饰镂空图案，门口红石板上都刻着铜钱。近年政府共投入200万元重修，周家祠堂才恢复原先格局，美观大方，现为村文化宫。

茶栈，一栋坐北朝南的三合院，门楼颇为气派，院子相当宽阔，院后是一排仓库式的老房子。这是一家与渡口有关的特别场所，原先类似于来往行人歇脚喝茶的大型凉亭，后来成为商人经营茶叶之地，门上牌匾写有"半浦茶栈"，顾名思义，此地既是茶馆，又是栈房即茶叶仓库。周边山上采下来的茶叶可以暂时存储在此，再集中用船只从渡口运往各地。

"半浦历史文化名村保护规划"也制定完成，其目标是"傍姚江，依环河，四水环抱，彰显水乡秀美；游长街，踏石板，宅第古朴，独现名村风貌，忆古人，住古宅，梦似旧时，再展半浦神韵"。

是年，古县城景区游客接待量64.87万人次，实现旅游业务收入810.93万元，酒店经营收入1207.80万元。完成旅游总收入2018.73万元。

古县城景区旅游开发的举措如下。

第一，招商与布展。确立"文创优先、储备商户"的招商思路和"文化为魂，融合发展"的项目及展馆配置思路，完成华工坊创意手工制品工作室、邑城文化传播有限公司等5家项目（企业）的引进入驻；聘请著名作家为公司文化顾问，筹划慈城文化的江山书院项目；完成冯骥才祖居博物馆、甲第世家竹工艺文化展的布展并对外开放。

第二，旅游形象推广。不断开拓境内外客源市场，参加省市外的大型旅游展会及旅游推介活动10次，完成签约合作社400余家；与同程旅行、途牛等旅游网站合作，进一步深化网络电商市场的影响力，实现线上票务营收160余万元；有序建设慈城"智慧景区"一期项目，软件开发和硬件施工、安装已完成总工作量的80%。

第三，营销推广。持续举办"过大年""庆端午"等传统节庆系列活动，通过对外征集活动策划方案，确定慈城古县城景区2016年总体活动框架，以"来慈城办一场唯美浪漫的中式婚礼""老外穿汉服"等文化活动提升知名度。

2017 年

古县城被评为中国旅游合作联盟年度十佳合作景区。景区完成旅游总收入 2030.12 万元；游客接待量 64.98 万人次；旅游业务收入 838.42 万元；酒店经营收入 1191.70 万元。另据统计，全镇共接纳游客 180 万人次，旅游总收入超 2.1 亿元。

古县城景区旅游开发的举措如下。

第一，招商与布展。以太阳殿路—太湖路历史街区和城隍庙为重点招商区域，以文创产业为主要招商目标，对民权路历史街区功能分区、业态定位等进行研究，形成初步成果；启动慈城特色旅游产品研发，初步确定"慈城·年"旅游产品形象标志，推出三款主题旅游产品套餐。配合区纪委清风园提升改造工程，完成前期研究和室内空间及布展设计。

第二，营销推广。参加在上海展览中心举办的"2017 上海世界旅游资源博览会"。联合政企办节聚人气，先后举办"大过鸡年"传统年节系列活动、冯骥才祖居博物馆开馆周年庆、"清明"、"端午"等文化活动；多举措开拓境内外旅游市场，持续巩固与完善线上、线下渠道，推出国学课堂、剪纸等体验类文化旅游产品；"智慧景区"一期项目顺利完成并投入试运行，实现了慈城景区向信息化模式的转变，提升了景区的管理模式，优化旅游服务质量，有效集聚旅游人气。

是年，慈城镇加快休闲旅游产业发展，半浦村、毛岙村、虹星村、金沙村、南联村被住房和城乡建设部评为全国第一批绿色村庄；虹星村获评浙江省文明村；观庄、洪陈等村成为市级美丽乡村合格村；毛岙、南联成为全市美丽乡村典型。素心别院精品民宿顺利开业，勿舍书吧建成试运营，家春秋、汉花缘、居善地、勿舍等民宿项目签约落户。"多村竞秀、点面共进、全域绽放"的农村新景象加速形成。此外，全镇总投入超过 20 亿元的 25 个整治工程同步实施，成功举办全省小城镇环境综合整治现场会。全年拆违 60 余万平方米，改造和提升危旧房 205 户，成功获评宁波市"无违建创建先进乡镇"。

2018 年

慈城镇成功入选浙江省第一批省级特色农业强镇（果蔬盆景特色农业强镇）。以达人村为核心的全市唯一一家宁波"城市田园·欢乐乡村"创建国家首批农村产业融合发展示范园。南联村被评为浙江省休闲旅游示范村；半浦古村落被评为浙江省休闲旅游示范基地。毛岙村被评为中国美丽乡村。

4月15日，由中国田径协会、人民网、宁波市体育局、江北区人民政府共同主办的"健康中国"马拉松系列赛之国际山地马拉松赛在北山游步道举行，来自全国各地以及日本、美国等多个国家的6000余名选手共同参与了这场奔跑盛会。赛事设有全程组、半程组、团队组和体验组。全程马拉松组600人，要翻越北山游步道的三座山峰，赛段最高海拔316米，总爬升1125米。半程马拉松组1500人，需翻越北山步道的一个山峰，赛段最高海拔214米，总爬升470米。团队组共计100队400人，赛段距离11.8千米。体验组1000人，赛段距离11.8千米，需翻越一座海拔123米的小山峰，总爬升205米。

赛事赛道全部设置在慈城镇境内，由湖泊、山地、运河、古镇、新城等景观元素组成，赛道除了公路以外，其余为沙土、砾石、落叶、草地等自然气息浓郁的山路，非常适合越野跑步。线路从慈城新城出发，经世界级历史文化遗产中国大运河末端慈城段河岸、慈城湖心村、北山游步道中毛力水库、五湖、慈湖和云湖，最后穿过慈城古县城回到出发点慈城新城，全长42.195千米。赛道集公路、山地、湿地、竹林、古城等特色于一体，穿越六座山、四个湖和一座古城，一个全国重点文物保护单位，汇聚了江南地区风光特色。宁波山地马拉松自2014年举办以来，已成为华东地区规模最大、美誉度最高的山地越野类赛事。

是年，古县城景区再次被评为中国旅游合作联盟年度十佳合作景区。景区游客接待量65.88万人次，实现旅游业务收入833.08万元，酒店经营收入1172.09万元；实现旅游总收入2005.17万元。

古县城景区旅游开发的举措如下。

第一，营销推广。加强镇企合作，借助各类传统媒体、新媒体及自媒体，将慈城人文之美和特色文化呈现给更多游客。开展"大过狗年""我们的节日——端午"等传统年节系列和民俗活动，举办冯骥才祖居博物馆开馆两周年主题活动及三周年前期系列活动等。积极参加各类旅游展会及旅游推介活动，巩固线上渠道，加强线下优质旅行商重点合作，并利用"智慧景区"探索自营模式，有效拓展旅游客源市场。

第二，招商。以太阳殿路—太湖路历史街区和城隍庙为招商重点区域，以"非遗"项目大师工作室、设计或策划公司及手工培训等为主要招商目标，引进国家"非遗"项目之"螺钿镶嵌"邵益达工作室等2家企业；配合区纪委完成清风园提升改造，完成"浙东书风"传习所布展。

被评为"中国美丽乡村"的毛岙村，位于慈城镇毛力水库上游，三面环山一面傍水，自然风光优美，生态环境宜居。村庄建成区域面积较小，主要以山林为主，拥有山林面积3548亩，农林特产有杨梅、茶叶、红豆杉、橘子等。近几年来，毛岙凭借优质的山水资源，定下了"山水毛岙·品真静修"的新蓝图，旨在将毛岙打造成"生态山地、绿色产业共建，原真乡村、品味生活共享"的样板。毛岙村统一建成了有"白墙青瓦"的江南特色农村宅基地房，同时重点对环村休闲旅游线路景观风貌打造节点景点，已建成一个以"和谐自然"为特色，集生态养生、休闲度假等于一体的休闲生态村。毛岙村先后获得"浙江省最佳自然生态村""浙江省卫生村""浙江省美丽乡村""浙江省特色旅游村"等省级荣誉称号，2018年底毛岙村被评为"中国休闲乡村"。

毛岙村在村中心建立了居家养老站点——慈孝食堂，最多可同时容纳50多人就餐。慈孝食堂的开设，为村内老年人提供可口的菜品和舒适的用餐环境。目前70周岁以上老年人交纳7元一餐的费用，就可以在食堂内就餐；如果行动不便，只需多交1元，还可以享受便捷的上门送餐服务。60周岁以上低保老人，享受五折优惠。本村村民则利用自家民房办起了农家乐，如茶语山庄、茂湖山庄、村门口农家乐、百汇农家乐、李家斗农庄、山水农家、阿斌农家乐、毛岙生态农家乐等，又引进商业资本开设了勿舍书吧、勿舍民宿、景岳山庄、红杉谷农家乐、莲心谷等。其中，勿舍书吧是宁波唯一的乡村书吧，由村内民居改建而成，一共有三层，可以提供阅读、品茗、咖啡、简餐、小型团建活动等。"可以老去，不曾放弃"是勿舍书吧的理念，也是书吧主人开创书吧的初心。勿舍内一砖一墙、一桌一木，都独具匠人之心，给游客打造出一片清新真实的私人空间。而莲心谷最为高端，以"春有百花秋有月，夏有凉风冬有雪"为主题由 4 幢独立 loft 公寓组成，分别以"春、夏、秋、冬"来命名。这 4 幢独栋小木屋共有 9 个房间，为了满足不同客人的需求，每栋木屋里房间数量也各不同，并在木屋边公园新建了几个巨无霸"鸟笼"——丛林秘境，以增加情趣。

毛岙村村民又利用林地优势，发展橘子、杨梅、白茶、毛竹笋等农特产品种植。目前全村橘子园面积有 200 亩，白茶园 360 余亩，毛竹林 600 多亩，杨梅树 6200 多棵，可以供游客进行农产品采摘体验。而在村内，更是随处可见长势喜人的红豆杉。红豆杉浑身是宝，有净化空气效果，红豆杉果内可提纯出一种紫杉醇的物质，可用来作药物。除此以外，它还可以作为原木用于制作家具，作为盆景供人们观赏。此外，因山好、水好、空气好，商业资本在毛岙村大力发展起了中药材和大鲵产业。村庄内建起了环毛力水库自行车道，北部山区登山游步道也贯穿全村，康体养生游在毛岙方兴未艾。目前，毛岙村已为游客设计了一条观光休闲路线：村口游客服务中心临湖乡愁咖啡吧，品一杯咖啡，赏一片美景→毛岙村农特产品超市逛逛当地土特产→村内公园散步（小桥流水、帐篷露营、小孩乐园）→勿舍咖啡吧（浏览经典名著）→村内美丽庭院欣赏→村文化礼堂。

此外，慈城镇新增 A 级景区村庄 6 个，培育市级美丽乡村合格村 11 个，示范村 3 个。家春秋、隐居、莲心谷等精品民宿顺利开业。

毛岙村

2019 年

10月12日，中共江北区委常委会暨"不忘初心、牢记使命"主题教育现场学习会走进慈城，深入古县城保护开发现场学习调研，进一步凝聚共识、集聚智慧、汇聚合力，全力推动慈城古县城高质量保护开发。

是年，古县城景区实现经营收入2.03亿元，净利润5144.19万元，实现游客接待量86.1万人次，同比增长18.76%。

古县城景区旅游开发的举措如下。

国庆长假期间，景区参考盛唐灯饰风格布置了极具特色的夜景，并结合慈城古县城历史文化特色，上演了"大唐科考、县官判案"等沉浸互动式节目和景区快闪活动。筹办文创集市、美食集市、龙门茶会等活动，吸引大量游客。长假期间，景区成为宁波市旅游打卡胜地。国庆黄金周期间，古城游客人数创历史新高。截至10月底，实现游客接待量75.39万人次。此外，全力配合第十一届中华慈孝节及世界"宁波帮·帮宁波"发展大会等活动，充分挖掘慈城古城历史文化资源，打造慈城古城文化IP，讲好古城故事。

是年，慈城镇37个行政村中，3A级景区村庄有毛岙村、南联村、半浦村、三勤村、公有村；2A级景区村庄有虹星村、金沙村；A级景区村庄有五星村、毛力村、白米湾村、五联村，总数约占全镇村庄的30%。慈城镇决定围绕这些村庄，再加上慈城古县城和绿野山居两个国家4A级景区，下大力气创建宁波市乡村全域旅游示范区。

首先，专门出台乡村旅游发展政策，支持村集体将闲置宅基地和闲置农房进行收储，投资发展民宿、农家乐，对符合条件的给予20%的补助。鼓励和引进社会资本投资农村民宿、餐饮、茶馆、咖啡馆、书吧、文创手作和亲子研学、农事体验基地等旅游项目，对符合条件的给予20%的补助。其次，制定《慈城镇全域旅游总体规划》，建立了慈城文旅融合的"四梁八柱"项目库系统。专门编制《慈城南部片区国土空间郊野单元规划》，将旅游发展规划与古县城保护规划、村庄专项规划、土地利用规划等有效融合，实现在现有乡村旅游产业开发区域点状供地难点上有所突破。最后，目标是让乡村"净起来、美起来、富起来"，让游客"静下来、留下来、住下来"。走出一条"城乡融合、产业融合"的乡村旅游新路径，让美丽乡村更富足。

为此，在古县城建成基本实现无缝对接的全域旅游交通换乘服务中心；在毛岙和南联启动智慧村庄平台建设，将村庄AR全景、"吃、住、行、停"智慧导航、数字管控、党建引领等功能嵌入一个平台，实现游客"吃喝游玩"一键搞定。又围绕"一村一特色"目标，因地制宜在公有村引进红色党章学堂项目、南联村引进九九云湖谣茶社、毛岙村引进大乐之野勿舍、花筑莲心谷等几家精品休闲民宿项目、三勤村引进句章军旅文化园、半浦引进国学教育基地等；同时设计了慈城特色的文创产品，如融入慈孝文化的孝笋、云湖窑青瓷伴手礼、"云湖姑娘"杨梅罐头等，有效丰富了乡村旅游业态。

慈城镇又统筹加快美丽乡村建设。毛岙村成功承办全市新时代美丽乡村暨乡村产业发展现场会，成为展示慈城乡村振兴成果的重要窗口；完成公有、南联等村庄品质提升工程，因地制宜打造了一批美丽田园、美丽庭院；毛力、白米湾等4村被评为市级美丽乡村示范村，全镇A级以上景区村庄增至12个。年糕、盆景、特色果蔬即"慈城三宝"持续健康发展,年糕产业园建成投用,盆景展示交易中心完成建设,特色果蔬产业基地发展壮大,农旅融合发展的思路更加清晰、效果逐步显现。

2020年

慈城镇成为浙江省4A级景区镇、宁波乡村旅游季最具人气乡村旅游目的地;又获评浙江省首批文化礼堂示范乡镇。半浦村获评浙江省首批美育村试点;南联村获评中国最美乡村公共卫生奖。

江北开投公司全年完成投资15亿元,经营收入0.69亿元。工作重点在于系统推进古城业态布局和招商营运。

首先是抓实抓紧招商落地,统筹推进与古城深厚的文化底蕴相协调的产业,不断引入和发展乡愁产业、餐饮住宿、旅游商业配套服务等产业,丰富业态,完善服务体系。其次是开业运营了一批特色文旅项目,如民宿类聚宽书院、慈云酒店、歇心界等。餐饮类走马楼·溪上、甬浩轩、浮碧山房、乡遇面叙等;展示并开放一批特色文化项目,如慈城"年糕餐厅"、民艺展示"囍园"等。还有如念兮勿舍、心宿慈府、兹晨十八花房等即将开业。民权路已基本形成了较为浓厚的商业氛围,而夜间经济最有特色。民权路文创街区获评浙江省级夜间经济重点建设坐标。

是年,慈城全镇A级以上景区村庄增至14个,省新时代美丽乡村精品村及达标村17个。而作为宁波市乡村全域旅游示范区,全镇围绕最美云湖、山水乡愁,创建了"最美云湖四月天""寻春、品春、迎春、画春"为主题的游玩活动。"最美云湖四月天"乡村旅游节以最美云湖为概念,以"寻春、品春、迎春、画春"为游玩主题,打造一个美食、美景、美人、美宿沉浸式周末体验模式。活动当天为促进游客消费,提高当地村民收入,设置了当地农产品集市。来自南联村、公有村的村民携带着当季云湖绿茶、羊尾笋、梅干菜等特色干菜,年糕干、年糕胖等江南传统年糕小食。活动当天,在乡遇·九九云湖谣、湖边草坪度假营地,帐篷音乐节也同期举行,以天为幕,以地为台,音乐符号敲击着风涛竹林,也拨动着游客的心弦。此外，还在绿野山居、南联村举办了"乐享慈城，梅你不行"杨梅采摘节等系列活动。通过这一系列活动，让更多市民到慈城农村来旅游、到农村来消费。4—6月，慈城乡村旅游累计接待旅游人数约5.5万人次，乡村旅游各类收入约200万元。此外，编制完成区域公共交通专项规划，公交场站迁建完成方案设计，全年新增微公交线路4条、公交候车亭19座，火车站等区域停车位700余个。

2021年

慈城镇的整体实力跃升全国千强镇第31位；荣获全国特色小镇称号，成功创建省级特色农业强镇。

《宁波市慈城历史文化名镇保护规划局部调整》经省政府批准同意实施。内容如下。

一 调整背景

《宁波市慈城历史文化名镇保护规划》（以下简称原《保护规划》）于2017年9月经省政府批准同意实施。近年来，慈城古县城的内外部发展条件发生了变化，如轨道交通建设、公共服务需求提升等，为了满足社会经济发展要求，更好地解决民生问题，进一步推进古县城保护开发工作，同时坚持保护与发展的依法依规，特对原《保护规划》内容进行局部调整。

二 调整内容

1. 慈城镇社区卫生服务中心

原《保护规划》中古县城西侧部分绿地调整为医疗卫生用地。

原《保护规划》中民主路医疗卫生用地（现状为工业用地），调整为文商住兼容用地。

2. 公交首末站

原《保护规划》中古县城西侧部分绿地调整为交通设施用地。

原公交首末站位置结合轨道交通站点和南门旅游入口功能改为

停车场用地。

3. 古县城西门外区域

原《保护规划》中古县城西侧环路由护城河西侧向西调整到新卫生服务中心东侧。

古县城民族路外延伸段结合医院适当调整，与江北大道交叉口设置在路南小区门口，有利于交通信号灯设置。

取消大西门外居住和商业用地，在医院南侧新设居住用地。

4. 大宝山地块

大宝山山塘由农林用地调整为城市建设用地，具体功能待定。

5. 清道观区域

清道观现状主要出入口西侧部分文化设施用地调整为绿地，形成大东门与清道观山体之间的景观廊道。被廊道分隔开的西侧部分文化设施用地调整为商业用地。清道山上部分文化设施用地调整至山体南侧，少量调整至山体制高点。

是年，古县城景区实现游客接待量336.72万人次；旅游营业收入911.57万元。古县城景区旅游开发的举措如下。

首先，特色产业香黛宫馆项目从入驻到开业仅两个多月，开业后策划"思故·非遗特展"、梨园情等多场展览及活动，迅速成为古城内非遗、展览、活动与文化结合的代表性项目，颇受好评；以影视产业为主题，占地近万平方米的修思院项目进展迅速，引入的国际知名品牌雅阁璞邸精品酒店已于10月底对外试营业；宁波华侨文化产业基地项目正式入驻骢马河街区。该项目建成后将古县城景区打造成浙江特色乃至全国具有影响力的侨文化输出与销售的创新示范基地。

其次，古城旅游运营逐渐步入正轨，创造性地打通"大东门瓮城—骢马河历史街区—民权路商业街"这一精品游线路。营销推广活动加大力度，古城旅游品牌凸显。统筹传统媒体投放，选择高铁动车、社区灯箱、公交候车厅等，形式多样，覆盖面广。充分利用新媒体营销，官方微信、微博、西瓜视频、快手、小红书等网络营销矩阵逐步建立。

最后，古城节庆活动持续不断，丰富多彩，彰显古城特色。2021年春节的花灯、五一的国风主题活动、十一的非遗民俗文化节等，既有参与性，也有观赏性，非常契合当下旅游体验经济的需求。尤其是十一国庆非遗民俗文化节，再次燃爆朋友圈，慈城共接待游客38.19万人次，带动旅游综合收入上千万元，再次成了浙东古城游首选目的地。

慈城镇纵深推进美丽乡村建设，完成公有、三勤等村品质提升工程，创建提升美丽乡村通景公路3条，灵山慈水休闲生态带成为市级精品线。新建黄山、国庆等村文化礼堂17个，成功创建省市级文明村10个、省新时代美丽乡村精品村9个、A级以上景区村庄19个，其中南门村获评浙江省3A级景区村庄；毛岙、南联成为全市美丽乡村典型。围绕北山慢生活休闲区、南部姚江农业公园两大农旅板块，相继引进隐居、勿舍等农旅融合项目13个，全年累计接待游客110余万人，被列入浙江省首批大花园耀眼明珠名单。

围绕北山慢生活休闲区、南部姚江农业公园两大农旅板块，相继引进隐居、勿舍等农旅融合项目13个，2021年累计接待游客110余万人，获评全市乡村全域旅游示范区。完成公有、三勤等村品质提升工程，创建提升美丽乡村通景公路3条，灵山慈水休闲生态带成为市级精品线。新建黄山、国庆等村文化礼堂17个，成功创建省市级文明村10个、省新时代美丽乡村精品村9个、A级以上景区村庄19个，毛岙、南联成为全市美丽乡村典型。

2022年

古县城景区实现游客接待量205万人次；旅游自营收入3984万元。全镇乡村旅游接待游客约95万人次，旅游总收入突破6800万元。

是年，江北开投公司的工作重点如下。

首先，积极应对融资政策全面受限等制约因素，采取一系列积极措施，成功获批授信额度33亿元。完成2022年地方政府专项债券发行申报工作，其中共同富裕项目1亿元、古县城文旅项目0.5亿元，已实际完成债券资金使用100%。根据国企改革工作精神和要求，组建"宁波江北开投控股有限公司"，已完成整合方案、工商变更登记及"两年一期"设计报告相关工作，力争春节前完成主体信用AA+评级。

其次，加大营销推广活动力度，古城旅游抖音、微博、公众号等全年发布消息600余篇，阅读量在350多万。成功举办春节灯会、七夕、重阳等传统节日民俗活动，"慈城十二时辰 假装你在宋朝"、宋潮市集等活动精彩不断，先后五次登上央视荧屏，得到多家主流级媒体报道。又完成走马楼、莲庭酒管股权注入旅投公司；全资设立江北开投科创公司，实质参与小微企业园开发建设；完成中旅慈城60%股权收购所涉及的相关工作。

最后，召开系列座谈会，收集、整理及吸纳专家、媒体及商户提出的各类问题及建议；开展"三为"主题实践活动，实行商户包干服务责任制，解决各类经营问题40余个；成立商户联盟，搭建文旅企业沟通交流、共同发展的平台；根据相关政策，为所辖区域95家商户减免租金近500万元。

是年，慈城镇农旅项目焕发勃勃生机，云湖片区围绕两新红领学院，打造云湖露营基地、山地车越野公园等项目，颇受欢迎；截至9月末，接待游客2.4万人次，与2021年同期相比增长33%。又投资近亿元，先后启动姚江古渡传承精品线项目、红色根脉传承精品线项目及和美北山示范带沿线提升项目，为沿线涉及乡村开展立面、绿化景观改造，促进乡村面貌改善。乡村旅游也保持热度，以农民丰收节、杨梅音乐节等本土特色活动为载体，充分展示国家4A级景区绿野山居、生态毛岙、云湖环湖绿道等景点农文旅魅力。成功创建市级乡村旅游共同富裕示范区；又创建省级未来乡村1个，成功打造省级美育村1个、省级美丽宜居示范村3个。

同年，全镇投资4400万元，完成农村生活污水处理设施纳管及提标改造，污水零直排成果持续巩固。毛岙村成为浙江省生态文化基地。浙江省"千村示范、万村整治"工作协调小组公布的2022年度全省深化"千万工程"建设新时代美丽乡村工作优秀名单中，虹星村、三勤村获评浙江省美丽乡村特色精品村，滨江农业风景线（三勤—半浦）获评浙江省新时代美丽乡村风景线。

虹星村位于慈城镇西南部，距慈城古县城4千米，地处姚江北岸，西以赭山为屏障，依山傍水，自然环境优美。虹星村通过加大农业产业、科技、水利等项目申报，积极实施农田水利基础设施改善、标准化示范基地建设、盆景精品园打造、科技设备投入等，打造中国微型盆景第一村。目前，全村共有以宁波市虹星园艺中心、宁波市超艺苗木专业合作社为代表的企业，以及农民合作社、种植大户共20余家，直接带动农户就业300余人。全村盆景苗木基地面积达1100余亩，年出口微型盆景50万盆以上，盆景苗木年销售产值4000多万元，成功创建国家级苗木出口示范基地，已成为浙东地区最大的苗木生产核心产区，被评为国家级农村科普示范基地。三勤村地处慈城镇西南部的半山区，南临姚江，与七千年前的河姆渡人栖息之地只隔一个山梁，境内有华夏最古老的渡口之一——城山渡。三勤村围绕"宜居、宜业、宜游"的发展定位，强化配套设施建设，先后实施三勤村文化礼堂新建与装修工程、城山渡公园打造、观景台修建、老仓库翻新、古窑区风貌提升等项目，全面改善人居环境质量，打造"一三"产业融合发展促共富的新时代美丽乡村。三勤村近年来先后获得浙江省旅游特色村、卫生村、民主法治先进村等荣誉称号。

虹星村微型盆景直播基地

滨江农业风景线全长10千米，位于姚江以北，慈城镇南部。风景线以姚江古渡文化和农业公园现代农业风光为特色，沿线串联半浦古渡、半朴园、灌浦农场、盆景园、盆景大道、赭山禅寺、赭山老街、春波蓝莓农场、森田蓝莓农场、灵芝园、句章军旅文化园、城山渡，以及各类农家乐与特色精品民宿等许多可供游人休闲观光、游玩休憩的场所。全线建设工程项目实际投资约2.4亿元，通过实施项目提升主线干道和两侧景观节点，对半浦村、三勤村、虹星村等沿线重要村庄风貌整改提升，打造半浦古渡、城山渡等历史文化景点，提升改造滨江绿色交通系统，打造集历史人文体验、美丽乡村特色风采、花海稻香田园风光、"现代农业+"产业园等于一体的多彩风景线。

投资近亿元，先后启动姚江古渡传承精品线项目、红色根脉传承精品线项目及和美北山示范带沿线提升项目，为沿线涉及乡村开展立面、绿化景观改造，促进乡村面貌改善。投资4400万元，完成农村生活污水处理设施纳管及提标改造，污水零直排成果持续巩固。创建省级未来乡村1个，成功打造省级美育村1个，省级美丽宜居示范村3个，五联村风貌提升、半浦村美丽乡村建设再添新景。

慈城镇在全省"古城复兴"试点评估和小城市培育试点单位考核中荣获"双优秀"；又上榜全省首批城乡风貌样板区，成为宁波市非遗旅游景区和市级民宿产业集聚区。慈城南片区古城拆改项目入选全省十佳拆改示范典型，城南旧事街区荣获全市"席地而坐"城市客厅示范区域。

2023年

慈城镇综合实力在全国千强镇排名全省靠前、位居全市第一；荣获浙江省首批"红色根脉"强基示范乡镇等市级以上荣誉45项。

古县城景区成功入围全省国家5A级景区创建意向名单。慈城古县城民权路街区被评为2023年浙江省高品质步行街；古城东北片区被评为第二批城乡风貌整治提升优秀案例；成功构建云湖片区以红色游和生态游为核心的红色党建和生态旅游互动发展新局面；宁波山地车越野公园登上《人民日报》海外版头版；莲庭美悦酒店获评浙江省"金鼎级"特色文化主题饭店；走马楼饭店获宁波餐饮行业特色餐饮十强企业称号。玉成窑紫砂制作技艺入选浙江省第六批非物质文化遗产代表性项目名录，"慈城年糕"入选十个"共富浙江 非遗传承篇"主题即开型体育彩票。同时，全镇30个行政村获评浙江省新时代美丽乡村达标村，13个村荣获浙江省新时代美丽乡村精品村。累计建成浙江省A级及以上景区村庄20个，半浦村获评第三批未来乡村，毛岙村成功创建浙江省美丽宜居示范村。

是年，江北开投公司全年完成投资31.93亿元。古县城景区实现游客接待量275.57万人次，旅游营收10520.43万元；全镇乡村旅游接待游客近100万人次，旅游总收入超6000万元；若与2006年的完成项目投资40171万元、旅游人数约12万人次、累计旅游收入122万元的数据相比较，18年间，分别增加6.95倍、30.30倍、134.41倍。

2024年

慈城镇锚定"以农促旅、以旅兴农、文旅融合"的发展路径，深入挖掘乡村旅游潜力，做足"旅游+"文章，全力打造集休闲农业、生态康养、民俗体验于一体的乡村全域旅游。截至12月底，全镇现有2个国家4A级景区（绿野山居、慈城古县城），20个省A级景区村庄（其中6个为3A级），五星、毛岙、半浦等5个省级特色旅游村，1个全省首批金3A级景区村庄（毛岙村），6家民宿（其中省白金宿1家、省金宿2家、省银宿1家），27家农家乐、4家咖啡店、2家露营地、2家研学基地以及书吧、美术馆、驿站、茶社、游步道等。

全年累计举办各类文体活动逾百场，龙年灯会、应氏杯"回家"、慈湖打铁花等活动出圈出彩，连续荣登宁波市景点收藏榜、人气榜、热搜榜等多项榜单榜首，全年累计被新华社、央视等央级媒体宣传报道71次，总曝光量超千万次。文旅线路更新换代，串点连线清风园、真理园、同心园等红色线路,"一城三园"荣获市级首批"清风廉路"廉洁文化主题活动精品线。成立慈城古县城景区研学中心,新开发10余条研学线路,累计接待研学游人数超6万人次,同比增长200%。文旅产业迭代升级,成功落地星巴克、肯德基等连锁引流品牌,虫影自然博物馆、汉泊·机车俱乐部等亲子休闲项目,三关六码头、董升阳、宏昌源等老字号、国营理发店、句章书铺等国潮商业业态,古城"市井气、年轻态、时尚感"不断涌现。

是年,全镇乡村旅游总收入6314万元,接待游客100.3万人次,南联村获评宁波市乡村旅游共同富裕示范村。全镇乡村项目建设情况如下。

首先是完善基础配套。深入实施环云湖片区行动和以半浦为龙头的七彩姚江片区行动,进一步整合乡村山水、人文、产业等各项旅游资源。投入2900万元完成和美北山示范带沿线整治提升、七彩姚江党群服务中心、红色根脉传承精品线沿线、毛岙游客服务中心、卫生院以北景观提升工程等项目,城南旧事街区全面投用新能源充电桩,进一步提升优化旅游基础设施和公共服务,为农文旅发展夯实基础。

其次是激活发展引擎。坚持政府主导、国有资本破题、社会资本引进,大力盘活乡村"沉睡"资源资产,积极招引培育文旅新业态,吸纳社会资本超过3000万元,先后落地梵行疗愈空间、五联集市、公有驿站、云湖窑、竹咖啡、古渡口咖啡、静川露营、朴素民宿等多个经营业态,乡村旅游"食、住、行、游、购、娱"产业链不断完善。

再次强化宣传赋能。深挖本土民俗、产业、文化资源,举办了年糕文化节、云湖杨梅音乐嘉年华、"之江同心·云湖生活"、城南旧事"国潮狂欢节"、"庆中秋 迎国庆"等大型活动。借助小红书、抖音等平台持续宣传推新,"云湖慢生活"品牌全网累计视频播放量600万、粉丝量4.3万、话题浏览量153.8万,多角度展示乡村文化,不断增强吸引力。

最后是丰富文化载体。毛岙、半浦等村与中国写生协会、浙江文艺创研中心、市文联等组织结对;半浦美术馆先后举办了农民画作品展、写生作品展、村民摄影展等；宁波市文化旅游研究院原创音乐戏剧《听·见黄宗羲》、象山影视学院"剧点艺美"系列实践课堂走进半浦，通过多元的文化载体不断增强群众的体验感、幸福感，以文化赋能乡村振兴。

附　录

附录一　《宁波市慈城古县城保护条例》

2010年4月28日由宁波市第十三届人民代表大会常务委员会第二十三次会议通过。2010年7月30日由浙江省第十一届人民代表大会常务委员会第十九次会议批准。

第一章　总　则

第一条　为了有效保护和合理利用慈城古县城，根据《中华人民共和国文物保护法》《历史文化名城名镇名村保护条例》等法律、法规的规定，结合本市实际，制定本条例。

第二条　本条例适用于慈城古县城的规划、保护、管理和利用。

慈城古县城内文物保护单位、文物保护点和历史建筑的保护，适用相关法律、法规的规定。

第三条　本条例所称慈城古县城的保护范围，是指位于江北区慈城镇的原古城区（护城河以内）和慈湖及其周边地区。

第四条　慈城古县城的保护管理应当遵循科学规划、有效保护、依法管理、合理利用的原则。

第五条　市和江北区人民政府应当将慈城古县城保护纳入本地区国民经济和社会发展规划。

江北区人民政府应当根据慈城古县城保护的需要，设立慈城古县城保护专项资金。

第六条　慈城古县城保护管理机构行使市和江北区人民政府依法授予的职权,具体负责慈城古县城的保护和管理工作。

市和江北区规划、建设、文物、城市管理、环境保护、国土资源等主管部门及慈城镇人民政府,应当按照各自职责做好慈城古县城的保护和监督管理工作。

第七条　鼓励企业、事业单位、社会团体和个人参与慈城古县城保护工作。对在保护工作中作出显著成绩的单位和个人,各级人民政府应当给予表彰、奖励。

任何单位和个人有权对损害慈城古县城的行为进行劝阻、制止和举报。

第二章　保　护

第八条　本条例所称慈城古县城保护主要是指:

(一)保护古县城的传统格局、历史风貌和空间尺度;

(二)保护古县城文物古迹和具有传统特色的历史街区、传统建筑、道路、河流、古树名木等;

(三)保护古县城的传统手工艺和民间艺术产业;

(四)保护古县城的民间传统文化和乡土民风民俗。

第九条　江北区人民政府应当根据浙江省人民政府批准的《慈城历史文化保护区保护规划》结合慈城古县城实际,组织编制慈城古县城保护详细规划。

慈城古县城的保护、管理、改造及建设活动应当符合《慈城历史文化保护区保护规划》和慈城古县城保护详细规划的要求。

第十条　慈城古县城实行分区保护,保护范围分为核心保护区、风貌协调区和建设控制区:

(一)核心保护区为古县城内的文物保护单位和文物保护点及其建设控制地带、历史建筑和传统建筑群、沿街沿河风貌带;

(二)风貌协调区为古县城内除核心保护区之外的历史街区地段;

(三)建设控制区为古县城护城河(包括慈湖)以外东、西、北至山脊线、南至 S319 省道的范围。

分区保护的具体范围由江北区人民政府划定及公布，并在核心保护区的主要出入口设置标志牌。

第十一条　在核心保护区内不得进行与古县城保护无关的新建、改建、扩建活动；但是，新建、改建、扩建必要的基础设施和公共服务设施除外。

在风貌协调区内新建、改建、扩建建（构）筑物，其高度、体量、外观形象及色彩应当与古县城风貌相协调。现有与古县城风貌不相协调的建（构）筑物应当予以逐步改造或者拆除。

在建设控制区内的各项建设，应当与古县城风貌相协调。

第十二条　在慈城古县城保护范围内禁止新建工业企业，现有工业企业应当予以逐步搬迁。

第十三条　慈城古县城内街巷恢复应当尊重历史格局与传统风貌。

慈城古县城内历史建筑和传统建筑的维护和修缮应当符合保护规划的要求，保持原有的风貌和工艺。

第十四条　国有历史建筑和传统建筑的维护和修缮经费由管理单位承担，非国有历史建筑和传统建筑的维护和修缮经费由所有人承担。单位和个人自筹资金维护和修缮历史建筑和传统建筑的，江北区人民政府可以根据其维护和修缮的面积和程度给予补助。

非国有历史建筑和传统建筑有损毁危险，所有人难以承担修缮义务的，可以向江北区人民政府申请修缮资助，江北区人民政府应当给予适当资助。所有人有能力承担修缮义务但拒不履行的，江北区人民政府应当组织抢救修缮，所需费用由所有人承担，也可以与所有人协商予以置换或者购买。

使用国有历史建筑和传统建筑的单位和个人，不按要求采取保护措施，造成损毁危险且拒不改正的，江北区人民政府可以责令其搬迁。

第十五条　江北区人民政府对慈城古县城内单位和个人所有的历史建筑和传统建筑，在同等条件下享有优先购买权。

第十六条　江北区人民政府应当按照保护规划，改善古县城的基础设施、公共服务设施和居住环境，有计划地引导古县城内的居民向外分流，使古县城人口密度达到合理水平。

第三章　管　理

第十七条　在核心保护区内新建、改建、扩建必要的基础设施和公共服务设施以及在风貌协调区和建设控制区内新建、改建、扩建建（构）筑物的，应当经规划等有关主管部门批准。规划主管部门在批准前应当征求同级文物主管部门的意见。

第十八条　对慈城古县城内的传统建筑进行外部修缮装饰、添加设施以及改变结构或者使用性质的，应当经规划主管部门会同同级文物主管部门批准。

第十九条　在核心保护区和风貌协调区内新建的通讯、电力、有线电视等管线设施，地下空间能满足的，应当入地埋设。对原有的通讯、电力、有线电视等空中管线，有关单位应当逐步改造、入地埋设。

第二十条　禁止在慈城古县城保护范围内覆盖、改道、堵截现有水系、缩小过水断面和开采地下水。禁止直接向地表水体排放污染物。

禁止在慈城古县城保护范围内从事开山、采石、开矿、建坟等破坏传统格局和历史风貌的活动。

第二十一条　慈城古县城保护范围内的消防设施、消防通道应当按照消防技术标准和规范设置。确因古县城保护需要，在核心保护区内无法按照标准和规范设置的，由公安机关消防机构会同规划主管部门制订相应的防火安全保障方案。

慈城古县城保护范围内的单位和个人应当做好消防工作，并按照消防要求配备相应的消防设施、器材，消除火灾隐患。

禁止在核心保护区和风貌协调区内经营和燃放烟花爆竹。

第二十二条　慈城古县城保护范围内的生活垃圾实行集中收集。居民应当按照规定的方式、地点、时间倾倒生活垃圾。

慈城古县城保护范围内应当按照相关规定配套建设公共厕所及相应的化粪设施。禁止乱倒粪便、污水。

禁止在核心保护区和风貌协调区内饲养家禽家畜和食用鸽。

第二十三条　任何单位和个人不得损坏和擅自拆除、占用、迁移慈城古县城的市容环境卫生设施；不得依附市容环境卫生设施搭建构筑物。

第二十四条　慈城古县城保护管理机构应当会同有关部门，根据城市容貌标准，结合实际情况，制定慈城古县城容貌标准，报江北区人民政府批准后公布实施。

第二十五条　禁止在核心保护区内的建（构）筑物上安装影响古县城风貌的设施。

在风貌协调区内的建（构）筑物上安装有关设施时，应当进行必要的装饰，并符合慈城古县城容貌标准。

第二十六条　慈城古县城内的沿街广告、标识、标志及店铺的招牌、门面装修、照明灯具和光色应当与古县城风貌相协调，并符合慈城古县城容貌标准。

第二十七条　慈城古县城保护管理机构应当对慈城古县城保护范围内的古树名木设置保护标识。任何单位和个人不得擅自砍伐、毁坏和迁移古树名木。

第二十八条　公安机关交通管理部门可以根据道路和交通流量的具体情况，对慈城古县城内的车辆通行与停放实行控制，并及时向社会公布。

第四章　利　用

第二十九条　鼓励单位和个人在慈城古县城投资，发展旅游业及相关产业。

鼓励在慈城古县城内从事下列活动：

（一）博物馆的举办、民俗客栈的开发经营；

（二）传统手工作坊、民间工艺及旅游产品开发经营；

（三）传统饮食、医药文化研究和开发经营；

（四）传统娱乐业及民间艺术表演；

（五）民间工艺品开发、收藏、展示和交易；

（六）文化创意产业经营；

（七）其他历史文化研究、开发和利用。

第三十条　鼓励单位和个人利用、购买或者租赁慈城古县城的历史建筑和传统建筑作为参观游览场所和经营活动场所。

单位和个人使用历史建筑和传统建筑时，不得对其造成损坏。

第三十一条　利用慈城古县城开展大型群众性活动、影视拍摄活动应当依法报有关部门批准，有关部门在批准前应当征求慈城古县城保护管理机构的意见。

第三十二条　江北区人民政府应当对慈城古县城的开发利用进行指导和监督，适时发布鼓励和限制经营的项目目录。

第五章　法律责任

第三十三条　违反本条例，相关法律、法规已有处理规定的，依照其规定处理。

第三十四条　违反本条例第十八条规定，未经有关主管部门批准，擅自对传统建筑进行外部修缮装饰等活动的，由慈城古县城保护管理机构责令停止违法行为、限期改正或者恢复原状；逾期不改正或者不恢复原状的，可处五千元以上五万元以下罚款；造成损失的，依法承担赔偿责任。

第三十五条　违反本条例第三十条第二款规定，损坏传统建筑的，由慈城古县城保护管理机构予以警告、责令停止违法行为、限期改正或者恢复原状；逾期不改正或者不恢复原状的，可处五千元以上五万元以下罚款；造成损失的，依法承担赔偿责任。

第三十六条　违反本条例规定的慈城古县城容貌标准，安装和设置户外设施影响古县城风貌的，由慈城古县城保护管理机构责令限期改正或者拆除，逾期不改正或者不拆除的，依照省、市市容环境卫生管理条例的有关规定予以处罚。

第三十七条　有关行政管理部门及其工作人员，在慈城古县城保护管理工作中滥用职权、玩忽职守、徇私舞弊的，由有权机关责令改正，对直接负责的主管人员和其他直接责任人员依法给予行政处分；构成犯罪的，依法追究刑事责任。

第六章　附　则

第三十八条　本条例所称传统建筑是指江北区人民政府根据《慈城历史文化保护区保护规划》确定公布的具有一定年代和保护价值，能够反映慈城古县城历史风貌和特色的，未公布为文物保护单位、文物保护点和历史建筑的建（构）筑物。

第三十九条　江北区人民政府可以根据本条例规定，结合实际情况，制定慈城古县城保护实施细则。

第四十条　本条例自 2010 年 10 月 1 日起施行。

附录二　慈城文物保护单位保护范围

序号	级别	名称		保护范围	建设控制地带
1	国家级	慈城古建筑群	甲第世家	建筑本体	东至太湖路，南延伸20米，西至民权路，北至尚志路
			福字门头	建筑本体	
			布政房	建筑本体	
			冯岳彩绘台门	建筑本体	由保护区向外延伸20米，根据实际街坊、建筑布局确定边界
			孔庙	建筑本体	东至民权路西侧，南至竺巷东路南侧，西至解放路东侧，北至太阳殿路北侧
			冯宅	建筑本体	东至俞宅出口处，南至两层楼房，西至保护范围建筑本体向外延伸10米，北至俞宅
2	国家级	大运河	浙东运河宁波段（慈江、刹子港）	沿河道岸线外扩5米，有堤的区域依据背水面堤脚线划定	南侧以保护法内向外扩200米为界，北侧至铁路南界，慈城镇至姚江刹子港两侧以保护范围外扩30米
			姚江水利设施（小西坝旧址）	本体沿河道上下游、左右侧各3—5米	保护范围外延15—30米
3	省级		朱贵祠	建筑本体	东至围墙向外延伸15米，南至大门向前延伸100米，西至墙体向外延伸60米，北至将士墓向外延伸50米
4	省级	慈城明清古建筑群	姚镆故居	建筑本体	东至解放路西侧，南至民族路北侧，西至民主路东侧，北至三块桥板
			桂花厅	建筑本体	
			刘家祠堂	建筑本体	
			莫驸马宅	建筑本体	东至莫家弄，南从建筑本体向外延伸10米，西至铁路工具厂东围墙，北至镇中心小学南围墙
			大耐堂	建筑本体	
			向宅	建筑本体	东至大耐堂东厢房向外延伸10米，南至三明路北侧，西至民主路东侧，北至中华路南侧
			冬官坊	建筑本体	
			恩荣坊	建筑本体	

续表

序号	级别	名称	保护范围	建设控制地带
		程氏庆余堂	建筑本体	东从建筑本体向外延伸 5 米，南从建筑本体向外延伸 5 米，西从建筑本体向外延伸 5 米，北至蔡园巷北侧
		世恩坊	建筑本体	东至民生路 113 号东山墙，南从建筑本体向外延伸 8 米，西至吉祥庵西山墙，北至民生路北侧
		贞节坊	建筑本体	东至太湖路西侧，南至尚志路南侧，西从建筑本体向外延伸 10 米，北从建筑本体向外延伸 10 米
		方家砖雕台门	建筑本体	东至方家弄西侧，南至对面二层楼房，西、北均从建筑本体向外延伸 10 米
5	省级	彭山塔	建筑本体	从塔基起向周围各延伸 50 米
6	省级	半浦渡口（含石灯柱）		
7	市级	郭塘岙遗址	以标志碑为中心，四周向外延伸 50 米	以标志碑为中心，四周向外延伸 100 米
8	市级	俞宅	建筑本体	东至部队围墙、泡沫塑料厂围墙，南至冯宅，西至太湖路东侧，北至完节坊
9	市级	三忠墓	墓本体	东至墓墙向外延伸 50 米，南至朱贵祠被墙，西至将士墓，北向外延伸 50 米
10	市级	八字桥遗址	以标志碑为中心，四周向外延伸 50 米	以标志碑为中心，四周向外延伸 100 米
11	区级	师古亭	建筑本体	以建筑本体为中心，四周向外延伸 20 米
12	区级	朱洪山烈士墓	慈湖烈士陵园本体	东至部队围墙，西至慈湖中学围墙，南至环湖路，北至山顶
13	区级	应宅	建筑本体	东至小灵堂，南至杨家巷照壁南 2 米，西、北至保护范围外延伸 3 米
14	区级	周信芳故居	建筑本体	东至鼎新路，南至秧田弄二层楼房墙角，西自保护范围向外延伸 10 米，北至后天井围墙向外延伸 10 米
15	区级	符卿第	建筑本体	东至民权路东侧，南至英家巷，西至本体建筑向外延伸 10 米，北至三层楼房

续表

序号	级别	名称	保护范围	建设控制地带
16	区级	凌宅	建筑本体	东南两面从本体围墙向外延伸5米，西至日新路17号弄堂，北至日新路北侧
17	区级	太平天国公馆	建筑本体	东向延伸5米，南至粮管所北侧，西至鼎新路东侧，北至新弄
18	区级	云湖窑		英雄水库北端部分山地和水域
19	区级	应修人故居	建筑本体	东至民屋墙脚，南至天井院墙脚向外延伸10米，西至应小金屋西墙脚，北至应嘉伦院墙脚
20	区级	中华路79号民宅	建筑本体围墙及顾家池	东至民主路西侧，南至顾家巷北侧及顾家池四壁 向外延伸1米，西至顾家巷18号东围墙，北至中华路北侧
21	区级	太湖路24号民宅	建筑本体围墙	东至太湖路东侧，南至察院巷北侧，西至围墙向外延伸15米，北至中华路北侧
22	区级	光华路10号民宅	建筑本体围墙	东至人民路西侧，南至光华路南侧，西至陶家弄东侧，北至觉民路南侧
23	区级	周仰山宅	院内传统建筑、近现代建筑及其东侧长花坛、四周外围墙	东至东侧外围墙向外延伸1米，南至尚志路南侧，西至民主路东侧，北至三民路南侧
24	区级	王桥	建筑本体	东至道路东侧，南至桥梁向南延伸50米，西至桥西村道西侧，北至桥梁向北延伸70米
25	区级	郭塘桥	建筑本体外延1米	东至村道东侧，南至桥梁向南延伸50米，西至桥梁向西延伸30米，北至桥梁向北延伸40米

注：保护范围与建设控制地带以文物部门最终公布为准。

附录三　慈城文物保护点

序号	名称	位置	类别	年代	级别	公布日期
1	五星遗址	妙山五星村东	遗址		市级	1992.9
2	慈湖遗址	慈湖西北岸	遗址		市级	1992.9
3	小东门遗址	小东门外 200 米	遗址	新石器	市级	1992.9
4	乍山遗址	原乍山中学操场内	遗址	商代	市级	1992.9
5	鸡步山窑址	妙山鸡步山	窑址	东汉	市级	1992.9
6	季岙窑址	妙山八字桥村季岙	窑址	东汉	市级	1992.9
7	阚山摩崖石刻	慈湖中学后阚山	石刻	不详	市级	1992.9
8	陈三谟墓前石刻	妙山朱春岙	石刻	明	市级	1992.9
9	冯氏节孝坊	东镇桥街 34 号对面	牌坊	清	市级	1992.9
10	陈氏坊	金家井巷口	牌坊	明	市级	1992.9
11	太平军击毙华尔碑	慈湖抱子山顶	近现代重要史迹及代表性建筑	现代	市级	1992.9
12	邵氏坊	民权路 46 号	牌坊	明	市级	1992.9
13	应家池	太阳路 54 号	古建筑	明	区级	2002.9
14	明墓前石刻	上岙	石刻	明	区级	2002.9
15	半浦小学	半浦村	建筑	民国	区级	2004.4
16	中书第	半浦村	古建筑	清	区级	2004.4
17	前八房	半浦村	古建筑	清	区级	2004.4
18	茶栈	半浦村	古建筑	清	区级	2004.4
19	老安仁庙	半浦村	古建筑	清	区级	2004.4
20	九房	半浦村	古建筑	清	区级	2004.4
21	陆善堂、和庆堂	半浦村	古建筑	清	区级	2004.4
22	周家祠堂	半浦村	古建筑	清	区级	2004.4
23	前新屋	半浦村	古建筑	清	区级	2004.4
24	周家	半浦村	古建筑	清	区级	2004.4

续表

序号	名称	位置	类别	年代	级别	公布日期
25	周家四扇墙门	半浦村	古建筑	清	区级	2004.4
26	周家前后进	半浦村	古建筑	清	区级	2004.4
27	益丰门头	半浦村	古建筑	清	区级	2004.4
28	孙家	半浦村	古建筑	清	区级	2004.4
29	半浦大屋、老祠堂郑家	半浦村	古建筑	清	区级	2004.4
30	五间头	半浦村	古建筑	清	区级	2004.4
31	后八房	半浦村	古建筑	清	区级	2004.4
32	老房	半浦村	古建筑	清	区级	2004.4
33	朱西门头	半浦村	古建筑	清	区级	2004.4
34	老高墙	半浦村	古建筑	清	区级	2004.4
35	塘路墩	半浦村	古建筑	清	区级	2004.4
36	九间头	半浦村	古建筑	清	区级	2004.4
37	钟塔	虹星村严家池头	近现代重要史迹及代表性建筑	民国	区级	2004.4
38	翰林第	杨陈村	古建筑	清	区级	2004.4
39	后新屋	杨陈村	古建筑	清	区级	2004.4
40	黑屋白屋	新华村	古建筑	清	区级	2004.4
41	陈家祠堂	金沙村	古建筑	清	区级	2004.4
42	叶家祠堂	金沙村	古建筑	清	区级	2004.4
43	关帝庙	金沙村杨家门口自然村29号	古建筑	清	区级	2004.4
44	曹家（路登陈家）	金沙村	古建筑	清	区级	2004.4
45	槽碾	金沙村	民俗文物	近代	区级	2004.4
46	叶朴齐墓	金沙村	古墓	清	区级	2004.4
47	李红飞宅	金沙村	古建筑	清	区级	2004.4
48	陈家	金沙村	古建筑	清	区级	2004.4

续表

序号	名　称	位置	类别	年代	级别	公布日期
49	徐天泓宅	五联村	古建筑	清	区级	2004.4
50	徐忠祥宅	五联村	古建筑	清	区级	2004.4
51	下王桥	民丰村	桥梁	清	区级	2004.4
52	朱贵祠凉亭	庙湾	古建筑	清	区级	2004.4
53	坦园	庙湾	古建筑	清	区级	2004.4
54	白米湾老屋	白米湾	古建筑	清	区级	2004.4
55	陈家庆余堂	白米湾	近现代重要史迹及代表性建筑	民国	区级	2004.4
56	时家	慈湖村	古建筑	明	区级	2004.4
57	贞社	慈湖村小岙6号	近现代重要史迹及代表性建筑	民国	区级	2004.4
58	抱珠楼	始平路6号	古建筑	清	区级	2006.4
59	宝善堂	华家巷7号	古建筑	清	区级	2006.4
60	张尚书房	察院巷3号	古建筑	清	区级	2006.4
61	郑家祠堂	雷家巷8号	近现代重要史迹及代表性建筑	民国	区级	2006.4
62	普迪小学	民族路46号	近现代重要史迹及代表性建筑	民国	区级	2011.1
63	冯君木故居	太阳殿路44号	古建筑	清	区级	2011.1
64	侵华日军狮子山军事遗址	白米湾狮子山	近现代重要史迹及代表性建筑	民国	区级	2011.1
65	前新屋冯家	西北马头桥边	古建筑	清	区级	2011.1
66	太阳殿路22号民居	太阳殿路22号	古建筑	清	区级	2011.1
67	太阳殿路24号民居	太阳殿路24号	古建筑	清	区级	2011.1
68	太阳殿路26号民居	太阳殿路26号	古建筑	清	区级	2011.1

附录四　慈城建议文物保护点

序号	名　称	地　点	类　别	年代
1	唐县衙甬道	浮碧社区县衙内	古遗址	唐
2	彭山闸	国庆村彭山自然村彭山浦	古遗址	宋辽金
3	句章故城遗址	王家坝村王家坝自然村一带	古遗址	不详
4	傅家山遗址	八字桥村傅家山自然村	古遗址	不详
5	东门村遗址	东门村北	古遗址	不详

附录五　慈城镇历史建筑

序号	编号	名称（或门牌号）	院落面积（平方米）	建筑面积（平方米）	院落类型	建筑年代
1	ZXD-02	竺巷东路16号杨家	889	723	二进院	清代及以前
2	ZXD-02	缪家	410	618	三合院	清代及以前
3	SP-02	后新屋冯家	2621	2751	多轴线型	清代及以前
4	TY-01	原太阳殿路6号民宅	1859	880	多轴线型	清代及以前
5	TH-01	原太湖路10号民宅	1285	869	独栋建筑	清代及以前
6	TH-02	陈宅	739	432	三合院	清代及以前
7	YJ-01	原杨家弄2号民宅	379	208	三合院	清代及以前
8	MQ-04	葛家	1819	1361	多轴线型	民国
9	MZ-04	葛家洋房	250	304	独栋建筑	民国
10	MZ-01	冯骥才祖居	405	223	简单合院	清代及以前
11	MZ-08	民主路30—31号民居	201	60	简单合院	清代及以前
12	MO-01	阮宅	689	806	三合院	清代及以前
13	RX-03	颜鸣皋祖居	308	338	简单合院	民国
14	JM-02	钱家洋房	608	582	简单合院	民国
15	GH-03	钱家祠堂	1296	1112	三进院	清代及以前
16	LS-02	柳山庙	1482	418	多轴线型	清代及以前
17	ZN-01	慈城火车站	5586	1346	独栋建筑	近现代
18	JF-05	宓石安私人诊所	134	134	独栋建筑	民国
19	CB-01	朝北门头1#	600	741	多轴线型	清代及以前
20	CB-02	朝北门头6#	449	241	三合院	清代及以前
21	TJ-02	陶家弄8#	1267	415	四合院	清代及以前
22	CJ-01	蔡家弄4#	739	355	简单合院	清代及以前
23	CS-01	串梭堂4#	1295	752	三合院	清代及以前
24	CY-01	察院巷5#	901	776	简单合院	清代及以前

续表

序号	编号	名称（或门牌号）	院落面积（平方米）	建筑面积（平方米）	院落类型	建筑年代
25	DC-01	东城沿路 2#	482	538	三合院	清代及以前
26	DC-02	东城沿路 3-5#	995	1020	多轴线型	清代及以前
27	DH-01	东横街 1、3#	283	264	简单合院	清代及以前
28	DHE-01	东河弄 1-3#	553	104	二进院	清代及以前
29	DZ-01	鼎新路 14、15#	1392	1423	多轴线型	清代及以前
30	FJ-01	方家弄 1#	432	437	三合院	清代及以前
31	GH-01	光华路 3#	577	470	三合院	清代及以前
32	GH-02	光华路 9#	700	409	独栋建筑	清代及以前
33	GJ-01	顾家巷 13#	395	465	三合院	清代及以前
34	HT-01	河头弄 6#	841	482	多轴线型	清代及以前
35	HY-01	花园弄 4、5#	826	787	三合院	清代及以前
36	JF-01	解放路 307#	439	141	简单合院	清代及以前
37	JF-02	解放路 295#	991	410	二进院	清代及以前
38	JF-03	解放路 79#	384	154	简单合院	清代及以前
39	JF-04	解放路 164#	852	955	简单合院	民国
40	JN-01	井弄 1#	437	325	二进院	清代及以前
41	JN-02	井弄 3#	1722	1021	多轴线型	清代及以前
42	LIU-01	刘家弄 4#	589	446	四合院	清代及以前
43	LJ-01	雷家巷 3#、6#	1505	771	多轴线型	清代及以前
44	LJ-02	雷家巷 7#	2152	968	多轴线型	清代及以前
45	LS-01	柳山庙沿 3#	274	460	三合院	清代及以前
46	MFM-01	莫驸马宅前院	896	566	多轴线型	民国
47	MJ-01	茅家水仓 1#	308	446	四合院	清代及以前
48	MQ-01	民权路 64#	553	542	现代院落	清代及以前
49	MQ-02	民权路 30#	2557	1311	简单合院	清代及以前

续表

序号	编号	名称（或门牌号）	院落面积（平方米）	建筑面积（平方米）	院落类型	建筑年代
50	MQ-03	民权路93#、中华路44#	814	860	多轴线型	清代及以前
51	MS-01	民生路112#（含100#）	1070	614	多轴线型	清代及以前
52	MS-02	民生路118#，邬沈弄2、2-2#	626	553	二进院	清代及以前
53	MS-03	民生路120-126#（双）	121	221	简单合院	清代及以前
54	MS-04	民生路150#	808	419	二进院	清代及以前
55	MS-05	民生路162、164#	96	135	简单合院	清代及以前
56	MS-06	民生路170-176#（双）	303	390	简单合院	清代及以前
57	MS-07	民生路178-186#（双）	349	328	三合院	清代及以前
58	MS-08	民生路121—127#（单）	782	1124	多轴线型	清代及以前
59	MS-09	民生路119#	702	851	多轴线型	清代及以前
60	MS-10	民生路166#，永明路6、10#	1932	1201	多轴线型	清代及以前
61	MZ-02	民主路68#	418	385	二进院	清代及以前
62	MZ-03	民主路79#	772	404	三合院	清代及以前
63	MZ-05	民主路67#	649	740	三合院	清代及以前
64	MZ-06	民主路57#	723	409	二进院	清代及以前
65	MZ-07	民主路15#，中山路45—2#	2118	855	三合院	清代及以前
66	MZ-09	民主路165#	722	377	三合院	清代及以前
67	MZU-01	民族路19#	440	460	三合院	清代及以前
68	MZU-02	民族路21#	530	356	简单合院	清代及以前
69	MZU-03	罗宅（民族路32#）	3308	1609	多轴线型	清代及以前
70	QJ-01	钱家弄5#	601	559	四合院	清代及以前
71	QW-01	蔷薇弄3#	493	538	二进院	清代及以前
72	RX-01	日新路3、4、6#	2333	1233	多轴线型	清代及以前

续表

序号	编号	名称（或门牌号）	院落面积（平方米）	建筑面积（平方米）	院落类型	建筑年代
73	RX-02	日新路 11#	629	787	四合院	清代及以前
74	RX-04	日新路 30#	703	850	四合院	清代及以前
75	RX-05	日新路某厂	1718	509	二进院	清代及以前
76	SD-01	伞店弄 1#	66	63	三合院	清代及以前
77	SD-02	伞店弄 2、2—1#	422	232	简单合院	清代及以前
78	SJ-01	沈家弄 4#	298	219	简单合院	清代及以前
79	SM-01	三民路 27#	304	191	二进院	清代及以前
80	SN-01	石柱弄 5、6#	1155	736	二进院	清代及以前
81	SP-01	始平路 4#	1051	871	三合院	清代及以前
82	SZ-01	尚志路 76#	1799	1145	多轴线型	清代及以前
83	SZ-02	尚志路 14#	975	674	三合院	清代及以前
84	SZ-03	尚志路 118—122#	2264	1012	多轴线型	清代及以前
85	SZ-04	尚志路 18、20#	1348	816	简单合院	清代及以前
86	SZ-05	尚志路 102—110#	1704	1031	独栋建筑	民国
87	TJ-01	陶家弄 1—3#	486	366	简单合院	清代及以前
88	TY-02	太阳殿路 19、21、23#	1505	1153	多轴线型	清代及以前
89	TY-03	太阳殿路 25#	581	597	三合院	清代及以前
90	TY-05	太阳殿路 66#	610	652	三合院	清代及以前
91	WS-01	邬沈弄 1#	407	366	三合院	清代及以前
92	WS-02	邬沈弄 10—16#	879	763	多轴线型	清代及以前
93	XN-01	新弄 2—8#	1086	858	多轴线型	清代及以前
94	XN-02	新弄 24#	658	960	四合院	清代及以前
95	XY-01	县衙西院	637	552	三合院	清代及以前
96	YB-01	营边弄 5#	754	513	四合院	清代及以前
97	YM-01	永明路 5、7#	222	331	四合院	清代及以前

续表

序号	编号	名称（或门牌号）	院落面积（平方米）	建筑面积（平方米）	院落类型	建筑年代
98	YM-02	永明路 23、27#	1335	1202	多轴线型	清代及以前
99	ZH-01	中华路 81、83#	1410	918	二进院	清代及以前
100	ZS-01	中山路 7—15#	1874	1557	多轴线型	清代及以前
101	ZS-02	中山路 53、55#	964	517	二进院	清代及以前
102	ZS-03	中山路 62#	647	399	三进院	清代及以前
103	ZS-04	中山路 66#	1387	1093	二进院	清代及以前
104	ZXD-01	竺巷东路 17#	937	496	二进院	清代及以前
105	ZXD-04	竺巷东路 20#	1062	1073	二进院	清代及以前
106	ZXD-05	竺巷东路 22、24#	3216	3121	二进院	清代及以前
107	ZXD-06	竺巷东路 29#	607	809	二进院	清代及以前
108	BP-01	郑保华宅	242	354	简单合院	清代及以前
109	BP-02	进士第	310	388	简单合院	清代及以前
110	BP-03	谷厢房	336	248	简单合院	清代及以前
111	BP-04	周家民居	882	847	简单合院	清代及以前
112	BP-05	二老阁民居	655	312	简单合院	清代及以前
113	BP-06	大会堂	1085	501	独栋建筑	1950 年代
114	BP-07	西河沿	318	321	简单合院	清代及以前
115	BP-08	下新屋郑仁房	723	443	简单合院	清代及以前
116	BP-09	下新屋郑宅	654	339	简单合院	清代及以前
117	BP-10	水闸	--	--	--	1950 年代
118	YM-03	女学堂	538	335	三合院	民国

注：第一批公布历史建筑太阳殿路 44 号与文物保护点冯君木故居重复，已去除。

附录六　慈城镇非物质文化遗产代表性项目名录

序号	名称	级别	类型	公布时间
1	水磨年糕技艺	省级	传统技艺	2009 年
2	骨木镶嵌	省级	传统技艺	2016 年
3	泥金彩漆	省级	传统技艺	2012 年
4	半浦民间故事	省级	传统口头文学	2016 年
5	玉成窑紫砂制作技艺	省级	传统技艺	2023 年
6	慈城庙会	市级	传统节庆	2008 年
7	微型家具制作技艺	市级	传统技艺	2022 年
8	螺钿雕刻	市级	传统美术	2022 年
9	大宝山的传说	区级	传统口头文学	2009 年
10	故事：察院巷故事	区级	传统口头文学	2009 年
11	浙东书风	区级	传统美术	2009 年
12	田间小道	区级	传统音乐	2009 年
13	箍桶	区级	传统技艺	2009 年
14	光饼制作	区级	传统技艺	2010 年
15	乌馒头制作	区级	传统技艺	2010 年
16	行话（做生意暗语）	区级	其他	2009 年
17	码子字	区级	其他	2009 年
18	重阳节跳水登山比赛	区级	传统体育和游艺	2009 年

附录七　慈城镇景区村（镇）民宿、农家乐与获奖统计

村名	星级	民宿	农家乐	获奖
毛岙村	3A	花筑·莲心谷，大乐之野·勿舍，居善地	茶语山庄，茂湖山庄，村门口农家乐	中国美丽休闲乡村，全国民主法治示范村，浙江省美丽乡村特色精品村、特色旅游村、森林村庄，宁波市最洁美村庄、
南联村	3A	乡遇·隐居，九九云湖谣	南珍家，明悦园，绿道人家，环湖人家，山水人家，北游人家，甬生人家	浙江省休闲旅游示范村、美丽乡村特色精品村、卫生村，宁波市级生态村、卫生村、森林村、最洁美村庄，中国最美村镇"公共卫生典范奖"
半浦村	3A	家春秋，半樸园		浙江省特色旅游村、最美古村落、卫生村，宁波历史文化名村、千村绿化工程示范村、生态村
公有村	3A			浙江省新时代美丽乡村梳理式改造村、宁波市卫生村
三勤村	3A			
南门村	3A			
虹星村	2A			
金沙村	2A		阿南农家乐	
五星村	2A	绿野山居		
白米湾村	1A			
五联村	1A			
毛力村	1A			
八字村	1A		慈城建良面馆，慈城驰诚农家乐餐馆，慈城应芦客栈，慈城朱旱君客栈，慈城桂家客栈，慈城朱忠海客栈，慈城天话第地客栈，慈城朱忠法客栈，慈城周凌旅馆，慈城	

续表

村名	星级	民宿	农家乐	获奖
			诚杰饭店，慈城良君客栈，慈城海达客栈，慈城海峰小吃店，慈城松来客栈	
慈湖村	1A			
王家坝村	1A			
五湖村	1A			
上岙村	1A			
黄山村	1A			
观庄村	1A			
国庆村	1A			
古县城	4A	素心别院，慈舍，慈栖里，弄堂里，枫林小院，句章楼		

图书在版编目（CIP）数据

慈城之春：慈城镇历史文化与旅游开发 / 宁波市江北区史志中心（档案馆）编 . -- 北京：社会科学文献出版社，2025.6. -- ISBN 978-7-5228-5258-4

Ⅰ . K295.55；F592.755.5

中国国家版本馆 CIP 数据核字第 2025YA3106 号

慈城之春
——慈城镇历史文化与旅游开发

编　　者 / 宁波市江北区史志中心（档案馆）

出 版 人 / 冀祥德
组稿编辑 / 任文武
责任编辑 / 王玉霞
责任印制 / 岳　阳

出　　版 / 社会科学文献出版社
　　　　　　地址：北京市北三环中路甲 29 号院华龙大厦　邮编：100029
　　　　　　网址：www.ssap.com.cn
发　　行 / 社会科学文献出版社（010）59367028
印　　装 / 三河市东方印刷有限公司

规　　格 / 开　本：787mm × 1092mm　1/16
　　　　　　印　张：16.5　字　数：238 千字
版　　次 / 2025 年 6 月第 1 版　2025 年 6 月第 1 次印刷
书　　号 / ISBN 978-7-5228-5258-4
定　　价 / 128.00 元

读者服务电话：4008918866

版权所有 翻印必究